非遗数字化
与文旅产品设计研究

李人杰　于雯雯 ◎ 著

吉林出版集团股份有限公司

版权所有　侵权必究

图书在版编目（CIP）数据

非遗数字化与文旅产品设计研究 / 李人杰，于雯雯著. — 长春：吉林出版集团股份有限公司，2024.3
ISBN 978-7-5731-4880-3

Ⅰ．①非… Ⅱ．①李… ②于… Ⅲ．①数字技术－应用－非物质文化遗产－文化产品－产品设计－研究－中国 Ⅳ．①G12-39

中国国家版本馆CIP数据核字（2024）第079267号

非遗数字化与文旅产品设计研究
FEI YI SHUZIHUA YU WENLÜ CHANPIN SHEJI YANJIU

著　　者	李人杰　于雯雯
出版策划	崔文辉
责任编辑	徐巧智
封面设计	文　一
出　　版	吉林出版集团股份有限公司
	（长春市福祉大路5788号，邮政编码：130118）
发　　行	吉林出版集团译文图书经营有限公司
	（http://shop34896900.taobao.com）
电　　话	总编办：0431-81629909　营销部：0431-81629880/81629900
印　　刷	北京昌联印刷有限公司
开　　本	787mm×1092mm　1/16
字　　数	300千字
印　　张	16
版　　次	2024年3月第1版
印　　次	2024年3月第1次印刷
书　　号	ISBN 978-7-5731-4880-3
定　　价	88.00元

如发现印装质量问题，影响阅读，请与印刷厂联系调换。电话：010-82751067

前　言

随着社会的不断发展和全球化的加速，文化多样性和传统文化的保护与传承变得至关重要。非物质文化遗产作为一种文化资源，代表了一个民族或地区的独特文化传统和历史价值，正日益引起人们的关注。同时，数字化技术在当今世界的方方面面催生了前所未有的机遇和挑战，为非遗的保护与传承提供了新的途径。

非遗数字化，是指将非物质文化遗产进行数字化处理、记录、保存、传播和应用的过程。数字化技术可以用于采集、储存、展示和分享非遗的各种元素，其中包括口头传统、表演艺术、社会实践、传统知识等。

非遗数字化不仅包括了多种文化传统，还具有多样性的表现形式。不同地区和民族的非物质文化遗产具有独特性，因此数字化的方法和策略也应因地制宜。从传统手工艺品的数字化到口头传统的录音和数字展览的开发，非遗数字化有着广泛的应用领域，涵盖了文化、艺术、历史、民俗等各个方面。

尽管非遗数字化带来了许多机遇，但也伴随着一些挑战。首先，数字化技术需要适应不同的非遗元素和文化特点，因此需要深入的研究和定制化的开发。其次，数字化内容的长期保存和可持续性也是一个重要问题，需要解决数据安全、技术更新和资源维护等方面的挑战。最后，数字化技术的应用还可能引发文化保护和知识产权的法律与伦理问题，需要制定相应的政策和法规来保护非遗资源的合法权益。

非遗数字化与文旅产品设计是一个充满活力和潜力的领域，它不仅涵盖了文化传承和创新，还涉及旅游业的可持续发展和社会文化认知。通过深入的研究和合作，我们有机会实现文化遗产的保护和发展，同时为游客提供丰富多彩的文化体验。本研究的目标是为促进非遗数字化与文旅产品设计之间的合作与创新提供有益的见解和实践经验，为实现文化可持续性和社会发展贡献力量。

目 录

第一章 非遗数字化概念与技术 1
 第一节 非遗文化遗产的定义与重要性 1
 第二节 数字化技术在文化遗产保护中的作用 11
 第三节 数字化技术的种类与应用 21
 第四节 非遗数字化的潜在挑战与问题 28

第二章 文旅产品设计与发展 38
 第一节 文旅产品概念与范围 38
 第二节 文旅产品设计原则 41
 第三节 文旅产品开发流程 52
 第四节 文旅产品与非遗数字化的关联 62

第三章 非遗数字化在文旅产品中的应用 67
 第一节 非遗数字化与文旅产品创新 67
 第二节 非遗数字化对文旅产品体验的影响 75
 第三节 文旅产品的数字化推广与营销 85

第四章 文化保护与可持续发展 96
 第一节 非遗数字化对文化保护的影响 96
 第二节 可持续发展与非遗数字化的关系 104
 第三节 文化遗产的社会经济价值 113
 第四节 非遗数字化与社区参与 124

第五章 文化可持续性与生态环境 130
 第一节 非遗数字化在文化可持续性中的作用 130

第二节　生态环境与文旅产品的影响 139
　　第三节　环保与可持续性的关系 147
　　第四节　生态旅游与文化保护的交汇点 158

第六章　文旅产品的创新与竞争力 169
　　第一节　创新设计与竞争优势 169
　　第二节　市场分析与消费者需求 179
　　第三节　竞争市场中的战略定位 185
　　第四节　文旅产品的品牌推广与发展 196

第七章　研究发现与分析 207
　　第一节　非遗数字化在文旅产品中的潜在机会 207
　　第二节　非遗数字化带来的挑战与问题 217
　　第三节　文旅产品设计中的成功因素 226
　　第四节　可持续性与社会经济影响 238

参考文献 250

第一章 非遗数字化概念与技术

第一节 非遗文化遗产的定义与重要性

一、非遗文化遗产的概念

非遗文化遗产,即非物质文化遗产,是联合国教科文组织于2003年创建的一个重要概念。它包括了人类口头传统、表演艺术、社会实践、仪式、节庆、知识与实践、手工艺传统等各种非物质文化元素,以及与这些元素相关的社会组织、文化空间和自然环境。非遗文化遗产是一个文化传承与保护的重要领域,有助于维护各种社区和文化的多样性,推动文化的可持续发展,弘扬传统价值观念,以及推动跨文化对话和相互理解。在本书中,我们将深入探讨非遗文化遗产的概念、重要性、保护与传承,以及它与现代社会的关系。

(一)非遗文化遗产的概念

非遗文化遗产的概念源自联合国教科文组织于2003年通过的《保护非物质文化遗产的代表名录》,这一概念强调了文化遗产不仅仅包括物质遗产,如建筑物、文物等,还包括了无形的文化元素。非遗文化遗产的定义包括了以下几个关键要点。

无形性:非遗文化遗产是指那些无法触摸、看见或摸索到的文化元素,它们存在于人们的言语、表演、实践和传统知识之中。

社会性：非遗文化遗产是与社会和社区密切相关的，它表现了人们的生活方式、价值观念、信仰体系和社会组织。这些文化元素通常是通过社交互动和传统学徒制度传承下来的。

传承性：非遗文化遗产是代代相传的，它在社群中被保持、演化和传递。这种传承有助于维护文化的连续性，确保它不会在历史的长河中消失。

多样性：非遗文化遗产具有多样性，不同地区、不同社群和不同文化之间存在着各种不同的非遗元素。这些元素表现了地域特点和文化差异，有助于文化的丰富性。

可持续性：非遗文化遗产的保护与传承有助于文化的可持续发展。它有助于社区的认同感，增强社会凝聚力，并为经济和社会发展提供机会。

（二）非遗文化遗产的重要性

非遗文化遗产对社会、文化和经济都具有重要意义，以下是它的几个重要方面。

文化传承：非遗文化遗产是人类文化传承的关键部分。它帮助人们了解自己的文化传统，传承和弘扬古老的价值观念、技艺和实践。这有助于维护文化的连续性，使新一代能够从过去汲取智慧和经验。

社区认同：非遗文化遗产在社区中扮演着重要的角色，它是社区认同的一部分，有助于提高社区凝聚力。通过参与非遗传统，人们能够建立联系。

经济发展：非遗文化遗产可以推动经济发展。文化旅游业、手工艺品销售、传统表演等与非遗相关的经济活动可以提供就业机会，为社区创造收入，增加旅游业收入，并促进地方经济的增长。

文化多样性：非遗文化遗产反映了不同文化之间的多样性。通过保护和传承非遗元素，我们有机会尊重和欣赏其他文化，促进跨文化对话和相互理解。

文化创新：非遗文化遗产不仅仅是过去的遗产，它还可以为当代社会提供灵感和创新。传统知识和技艺可以与现代科技和创意相结合，创造出新的艺术和产业。

（三）非遗文化遗产的保护与传承

为了保护和传承非遗文化遗产，需要采取一系列的措施和政策。以下是一些关键措施。

确认与记录：确认与记录需要先确认和记录非遗文化遗产的元素。这可以通过采集口头传统、音乐、舞蹈、戏剧、手工艺等信息和表演，以及与社区合作，建立非遗文化遗产档案。

保护法律框架：国家和地方政府可以通过立法来确保非遗文化遗产的保护。这包括颁布专门的文化遗产保护法律，为非遗文化遗产提供法律保护。

教育与传承：教育是非遗文化遗产传承的关键部分。培训新一代传承人，传授他们传统知识和技艺，是保证文化传承的重要途径。这可以通过学校课程、工作坊、导师制度等途径来实现。

社区参与：社区的参与和支持对于非遗文化遗产的传承至关重要。社区成员可以通过参与传统表演、手工艺制作、节庆仪式等活动来积极参与。这有助于传承人传承技艺，并确保传统仪式得到持续举行。

国际合作：非遗文化遗产通常跨越国界，因此国际合作也非常重要。各国可以合作制定共同标准和原则，分享保护和传承经验，以及共同申报非遗元素为联合国教科文组织的"人类非物质文化遗产代表名录"。

制定政策：政府可以制定文化政策，鼓励非遗文化遗产的传承和保护。这包括提供经济支持，鼓励文化活动，以及推广文化教育。

文化保存技术：现代技术也可以用于非遗文化遗产的保护。数字化技术可以用于记录和保存口头传统，音乐和舞蹈表演，以便将它们传承给后代。另外，现代技术也可以用于文化传播和推广，将非遗元素带入现代社会。

培养意识：意识的培养对于非遗文化遗产的保护至关重要。公众需要了解非遗文化遗产的重要性，认识到它们的价值，并积极支持保护和传承工作。

（四）非遗文化遗产与现代社会的关系

尽管非遗文化遗产具有悠久的历史和传统，但它与现代社会之间并不是互相排斥的关系。相反，非遗文化遗产可以与现代社会相互融合，带来许多积极的影响。

传统与创新：非遗文化遗产不仅仅是保守的力量，它也可以为现代社会提供创新的灵感。传统技艺和知识可以与现代科技和创意相结合，创造出新的艺术和产业。这种结合可以帮助文化保持活力，适应不断变化的社会环境。

文化认同：在全球化的时代，人们更加关注自己的文化认同。非遗文化遗产可以作为文化认同的象征，帮助人们创建自己的文化身份。这有助于增强社会凝聚力，促进文化的多样性。

文化交流与对话：非遗文化遗产可以促进跨文化对话和相互理解。它可以作为不同文化之间的桥梁，帮助人们更好地了解其他文化，并建立友好关系。这对于维护和平和协作至关重要。

经济发展：非遗文化遗产可以为经济发展提供机会。文化旅游业、手工艺品销售、传统表演等与非遗相关的经济活动可以创造就业机会，提高地方经济的收入，推动地区的经济增长。

社会凝聚力：非遗文化遗产有助于增强社区凝聚力。参与非遗传统的活动，如节庆仪式、音乐演出和手工艺制作，可以建立联系，增强社区成员之间的互信和合作。

总之，非遗文化遗产是人类文化的宝贵财富，具有重要的文化、社会和经济价值。保护和传承非遗文化遗产是一项重要的任务，需要政府、社区和个人的共同努力。同时，非遗文化遗产也与现代社会相互融合，为文化创新、社会凝聚力和经济发展提供机会。它是一个不断演化的概念，需要不断适应变化的社会环境，以确保其在未来得以传承和发展。

二、非遗文化遗产的重要性

非遗文化遗产对于维护文化多样性、增强社会凝聚力、传承文化传统、推动文化创新等方面具有深远的重要性。下面我们将深入探讨非遗文化遗产的重要性，以及它对文化、社会和经济的积极影响。

（一）传承文化传统

非遗文化遗产是文化传统的活体载体，它包括了民间故事、传说、谚语、歌曲、舞蹈、戏剧、手工艺技艺等各种无形的文化元素。这些传统代代相传，通过口头传统、实际实践和社会仪式等方式，将文化知识和技艺传递给后代。通过非遗文化遗产的传承，人们能够了解和尊重自己的文化根源，保持文化的连续性，确保它不会在历史的长河中消失。

（二）促进文化多样性

非遗文化遗产不仅仅存在于一个地区或一个文化，它具有地域性和文化特点，代表了不同社群和文化之间的多样性。通过保护和传承非遗元素，我们能够尊重和欣赏其他文化，促进跨文化交流和相互理解。这有助于维护全球文化多样性，防止文化同质化的发展，促进世界各地的文化交流与合作。

（三）社会凝聚力与认同

非遗文化遗产在社区中扮演着重要的角色，它是社区认同的一部分，有助于增强社区凝聚力。通过参与非遗传统，人们能够建立联系，感到自己属于某个社群。这种社会凝聚力有助于社区的稳定和发展，也对社会的和谐起到积极作用。

（四）经济发展

非遗文化遗产可以为经济发展提供机会。文化旅游业、手工艺品销售、传统表演等与非遗相关的经济活动可以创造就业机会，为社区创造收入，增加旅游业收入，并促进地方经济的增长，非遗文化遗产还可以激发文化创意产业的发展，为文化和创意领域的从业者提供就业和商业机会。

（五）文化创新

尽管非遗文化遗产代表了传统的文化元素，但它不仅仅是过去的遗产，还可以为现代社会提供灵感和创新。传统知识和技艺可以与现代科技和创意相结合，创造出新的艺术和产业。这种结合可以帮助文化保持活力，适应不断变化的社会环境，创造出具有竞争力的文化产品和服务。

（六）跨世代的传承

非遗文化遗产的传承是代代相传的，它在社群中被保持、演化和传递。这种传承有助于维护文化的连续性，保证传统知识和技艺不会在时间的流逝中丧失。通过传承，年轻一代可以从长者那里学习技艺和知识，继续传统文化的发展。

（七）跨文化对话与相互理解

非遗文化遗产可以作为不同文化之间的桥梁，帮助人们更好地了解其他文化，建立友好关系，促进文化交流与相互理解。这对于维护和平和协作至关重要，尤其是在今天的全球化社会中，跨文化对话变得更为重要。

（八）社会发展与可持续性

非遗文化遗产的保护与传承有助于文化的可持续发展。它有助于社区的认同感，增强社会凝聚力，并为经济和社会发展提供机会。非遗文化遗产也对可持续发展目标具有积极影响，包括社会平等、性别平等、教育和文化保护等方面。

（九）文化教育

非遗文化遗产可以成为文化教育的重要资源。通过学习和参与非遗传统，人们能够了解自己的文化背景，培养文化敏感性，增加对传统知识和技艺的尊重。此外，非遗文化遗产也可以作为学校教育的一部分，使学生更好地理解文化多样性，培养跨文化交流和理解的能力。

（十）文化保存

随着全球化的加速和现代化的进程，许多传统文化元素面临失传的危险。非遗文化遗产的保护和传承对于防止文化元素的消失至关重要。它可以帮助保护那些濒临灭绝的语言、传统技艺和社会实践，确保它们得以保存下来。

（十一）艺术和审美体验

非遗文化遗产中包含丰富多彩的艺术形式，如音乐、舞蹈、戏剧和手工艺。这些艺术形式不仅仅是一种文化表现，也提供了独特的审美体验。观众和观众可以通过欣赏非遗艺术，获得美的享受，提高生活质量。

（十二）人类共同遗产

非遗文化遗产不仅仅是某个国家或社群的遗产，它属于整个人类。许多非遗元素具有全球性的重要性，如世界各地的节庆、仪式、音乐和舞蹈。通过保护和传承非遗文化遗产，我们能够共享人类的文化财富，弘扬人类共同的价值观念和传统。

（十三）社会认可与尊重

对非遗文化遗产的保护和传承，有助于提高社会对文化的认可和尊重。这促使人们更加注重和保护自己的文化传统，鼓励人们积极参与传承活动，推动文化的发展。

（十四）增强文化自信

非遗文化遗产的保护和传承有助于提高文化自信。它使人们更有自豪感，更加自信地面对文化传统，同时也增加了文化的可持续性和韧性。

（十五）文化与创造力

非遗文化遗产中的传统知识和技艺为创造力提供了资源。艺术家、设计师和创意从业者可以从非遗元素中汲取灵感，将传统知识与现代创新相结合，创造出新的作品和产品。这种创造力有助于文化的发展和推广。

总的来说，非遗文化遗产具有多方面的重要性，包括文化传承、文化多样性、社会凝聚力、经济发展、文化创新、跨文化对话、社会发展与可持续性、文化教育、文化保护、艺术和审美体验、社会认可与尊重、文化自信、文化与创造力等多个方面。它不仅是一个国家和社会的宝贵文化财富，也是人类共同的遗产，需要得到持续的保护和传承，以确保其在未来的发展中继续发挥重要作用。

三、非遗文化遗产的多样性

非遗文化遗产的多样性是一个令人惊叹的特点,它涵盖了各种文化元素、传统实践和表现方式,代表了不同地域、民族、社群和文化的多种多样。这种多样性反映了人类文化的丰富性,同时也强调了文化的复杂性和多元性,我们将深入探讨非遗文化遗产的多样性,包括它的不同形式、传承方式和文化意义。

(一)非遗文化遗产的多种形式

非遗文化遗产包括多种形式的文化元素,覆盖了各个领域,下面介绍了一些主要的形式。

口头传统:口头传统是一种通过口头方式传承的文化元素,包括故事、传说、谚语、神话、歌曲、歌谣、诗歌等。不同文化中的口头传统具有独特的特点,反映了当地的历史和价值观。

音乐和舞蹈:音乐和舞蹈是非遗文化遗产的重要组成部分,它们反映了不同社群的音乐和舞蹈传统。不同地区和民族的音乐和舞蹈形式各具特色,包括民俗音乐、民间舞蹈、庆典舞蹈等。

戏剧和表演艺术:戏剧和表演艺术包括戏曲、话剧、舞台剧、民间表演等,它们是一种通过表演方式传承的文化元素。不同地区和文化拥有各自的戏剧传统,如中国的京剧、印度的卡塔克舞蹈等。

手工艺传统:手工艺传统包括各种手工制作技艺,如陶瓷制作、纺织、木工、金属工艺、珠宝制作、编织等。这些技艺代代相传,保留了古老的制作方法和设计风格。

节庆和仪式:各种节庆和仪式是非遗文化遗产的重要组成部分,它们包括宗教仪式、庆典活动、宴会、婚礼、葬礼等。

传统知识与实践:传统知识与实践覆盖了各种领域,如农业、草药医学、星座观测、航海技巧等。这些知识和实践是社群的智慧积累,反映了人们对自然和社会环境的认知。

文字和书写系统:某些非遗文化遗产与文字和书写系统有关,如不同文化的文字、书法、铭文和古代手稿。这些文化元素反映了语言和文字的演变，以及文化的知识传承。

美术和装饰艺术：美术和装饰艺术包括绘画、雕塑、织物艺术、陶瓷装饰等。不同文化的美术和装饰风格各具特色，反映了当地的审美价值观。

以上列举的形式仅是非遗文化遗产的一小部分，实际上，它包括了众多不同领域和表现方式的文化元素。这种多样性使非遗文化遗产成为一个丰富多彩的文化宝库，具有无限的探索和学习价值。

（二）传承方式的多样性

非遗文化遗产的传承方式也具有多样性，不同文化和社群采用各种不同的方法来传承和保护这些文化元素。以下是一些不同传承方式的多样性示例。

师徒传承：师徒传承是一种通过个人指导和实践学习的方式，将技艺和知识传递给下一代。这种传承方式在手工艺制作、音乐、舞蹈和其他实践领域广泛应用。

家庭传承：一些文化元素是在家庭中传承的，父母将传统知识和技艺传递给子女。这种方式在口头传统、家庭食谱、家庭庆典等领域被常见。

社区传承：社区传承涉及社群成员共同参与文化传统的传承，如节庆仪式、社交舞蹈、合作制作等。

学校和教育机构：一些非遗文化遗产通过学校和教育机构的课程和培训传授给学生和有兴趣的人。这种方式有助于推广文化知识和技艺，同时确保传承的连续性。

社交媒体和数字技术：现代社交媒体和数字技术提供了新的传承方式，可以用于记录和分享口头传统、音乐演出、舞蹈表演等。这有助于将非遗元素传递给更广泛的受众，尤其是年轻一代。

传统文化节庆和展示活动：许多文化都会举行传统文化节庆和展示活动，如民俗节庆、手工艺市场、传统音乐会、舞蹈表演等。这些活动有助于将非遗文化遗产展示给公众，并吸引人们参与和学习。

不同的传承方式反映了文化传统的特点和社会环境的影响。多样性的传承方式有助于确保非遗文化遗产的传承连续性，并推动了文化元素的活跃和发展。

（三）文化意义的多样性

非遗文化遗产的多样性不仅体现在形式、地域和传承方式上，还体现在其文化意义和价值观念上。不同文化和社群对非遗文化遗产的理解和评价有着各自的特点。以下是一些不同文化意义的多样性示例。

社会凝聚力：一些非遗文化遗产有助于提高社区和社群的凝聚力，如社交舞蹈、社区庆典、合作制作等。这些文化元素促进了社交互动和合作，有助于社区的和谐发展。

认同和归属感：非遗文化遗产有助于个体和社群建立文化认同和归属感。人们通过参与和学习传统文化元素，加深对自己文化的认同，感到自己属于某个社群或民族。

教育和知识传承：非遗文化遗产提供了教育的机会，帮助人们学习历史、技艺、传统知识和价值观。这种知识传承有助于培养文化敏感性，增加对传统文化的尊重。

创造力和艺术表达：非遗文化遗产可以激发创造力和艺术表达，艺术家和表演者可以从传统文化元素中汲取灵感，创作新的作品和表演。这有助于文化的创新和发展。

社会发展和经济价值：一些非遗文化遗产可以为经济发展提供机会，如文化旅游业、手工艺品销售、传统表演等。这些经济活动创造就业机会，增加收入，并促进地方经济的增长。

跨文化对话和相互理解：非遗文化遗产可以作为跨文化对话的桥梁，帮助人们更好地了解其他文化，建立友好关系，促进文化交流与相互理解。这有助于维护和平与协作。

不同文化意义的多样性使非遗文化遗产具有丰富的文化内涵和社会价值。它们在不同文化背景和社会环境中发挥着不同的作用，为人们提供了不同层面的文化体验和认知。

非遗文化遗产的多样性是一个令人着迷的特点，它表现在形式、地域、传承方式和文化意义上。这种多样性丰富了文化的面貌，为人们提供了了解不同文化的机会，促进了跨文化对话和相互理解。非遗文化遗产的多样性是人类文化的宝贵财富，需要持续的保护和传承，以确保其在未来的发展中继续发挥重要作用。同时，多样性也使非遗文化遗产成为一个不断发展和创新的领域，有助于促进文化的持续活力和发展。非遗文化遗产的多样性为人们提供了深入了解和欣赏不同文化的机会，促进了文化的多元共存和共享。

第二节　数字化技术在文化遗产保护中的作用

一、数字化技术的作用和优势

数字化技术是指将模拟信息转化为数字形式，便于处理、存储、传输和展示的技术。随着科技的不断发展，数字化技术已经在各个领域发挥了重要作用，对社会、经济和文化产生了深远的影响。本书将探讨数字化技术的作用和优势，以及它们对各个领域的影响。

（一）数字化技术的作用

数字化技术在各个领域发挥着重要作用，以下是一些主要作用。

数据存储和管理：数字化技术使大规模数据的存储和管理变得更加高效和便捷。大型数据库和云存储系统允许组织和个人存储和管理海量数据，包括文档、图片、音频、视频和其他多媒体内容。

数据分析和决策支持：数字化技术为数据分析和决策支持提供了有力工具。数据分析算法和人工智能技术可以帮助组织从大数据中提取有价值的信息，支持决策制定和战略规划。

通信和连接性：数字化技术促进了全球通信和连接性的发展。互联网、移动通信和社交媒体使人们能够迅速互相联系，分享信息和合作。

自动化和智能化：数字化技术使各种自动化和智能化系统成为可能。自动控制系统、物联网和机器学习技术在制造、交通、农业等领域发挥重要作用。

媒体和娱乐：数字化技术改变了媒体和娱乐行业的格局。数字化内容制作和分发，如数字电视、在线视频和数字音乐，已经成为主要的娱乐渠道。

教育和培训：数字化技术为教育和培训提供了新的方式。在线教育、远程学习和电子教材使学习变得更加灵活和全球化。

医疗保健：数字化技术在医疗保健领域有重要作用。电子病历、远程医疗和医疗传感器有助于提高医疗服务的效率和质量。

商业和经济：数字化技术促进了商业和经济的创新和增长。电子商务、在线支付、数字广告等已经改变了商业模式和市场竞争。

文化和创意产业：数字化技术在文化和创意产业中发挥了巨大作用。数字艺术、虚拟现实、游戏和数字出版等领域的发展丰富了文化体验和娱乐选择。

环境保护：数字化技术有助于监测和管理环境资源。传感器技术、地理信息系统和大数据分析可用于环境监测和可持续发展。

政府和公共服务：数字化技术为政府和公共服务提供了更高效的方式。电子政府、在线服务和电子选举等提高了政府的透明度和效率。

社会互动和文化传播：数字化技术为社会互动和文化传播提供了新的平台。社交媒体和数字文化内容的分享使人们能够更广泛地传播和分享文化信息和体验。

（二）数字化技术的优势

数字化技术带来了许多优势，对社会、经济和文化产生了积极影响，以下是一些主要优势。

提高效率和生产力：数字化技术使工作流程更加高效，减少了手工劳动和重复性任务。自动化系统和机器学习可以提高生产力，降低错误和成本。

提供更广泛的信息和知识：互联网和数字媒体提供了更广泛的信息和知识资源，人们可以随时随地获取所需的信息。

促进创新和创造力：数字化技术为创新和创造力提供了更多的机会。数字工具和软件允许人们创造新的内容、产品和服务。

加强全球连接：数字化技术促进了全球连接和合作。人们可以跨越地域界限进行远程合作、跨文化交流和国际贸易。

提供个性化体验：数字化技术允许提供个性化的体验和服务。个性化推荐、广告和内容定制使人们获得更符合自己兴趣和需求的体验。

促进社交互动和社区建设：社交媒体和在线社区促进了社交互动和社区建设。人们可以与朋友、家人和志同道合的人建立联系。

促进可持续发展：数字化技术在环境保护和可持续发展方面发挥了重要作用。监测和数据分析可以帮助识别环境问题和资源管理的最佳实践。可再生能源、能源效率和清洁技术得以推广和应用，推动了可持续发展。

提高便捷性和无障碍性：数字化技术使生活更加便捷和无障碍。在线购物、远程工作、数字支付和智能家居技术为人们提供了更多便捷的选择。

提高安全性和隐私保护：数字化技术在安全性和隐私保护方面也发挥了重要作用。密码学、生物识别技术和网络安全措施帮助保护个人和机构的信息和数据安全。

促进医疗保健进步：数字化技术在医疗保健领域带来了创新和进步。电子病历、远程医疗和医疗传感器有助于提高医疗服务的效率和质量。

提高教育和培训的全球化：在线教育和远程学习使教育和培训的机会更具全球化，人们可以通过互联网获得高质量的教育资源。

提供文化体验和文化保存：数字化技术为文化体验和文化保存提供了新的机会。数字艺术、虚拟现实、数字博物馆和在线档案帮助传统文化得以传承和传播。

改善政府服务和透明度：数字化技术增强了政府服务和透明度。电子政府、在线公共服务和数字政府平台使政府更加开放和高效。

支持紧急响应和危机管理：数字化技术在紧急响应和危机管理方面有着重要作用。无人机、卫星图像和社交媒体可以用于监测和协调救援行动。

促进民主和参与：数字化技术促进了民主和参与。电子选举、在线投票和政治参与平台帮助人们更广泛地参与政治决策。

数字化技术的优势是显而易见的，它们在各个领域中发挥着巨大的潜力，为社会、经济和文化的发展带来了深远的影响。然而，数字化技术也伴随着一些挑战，如数字鸿沟、隐私问题和网络安全问题，需要继续解决和管理。

（三）数字化技术的影响

数字化技术对社会、经济和文化产生了深远的影响，以下是一些主要影响。

社会影响：数字化技术改变了社会互动和人际关系。社交媒体和在线社区改变了人们与他人的联系方式，但也带来了一些社交问题，如信息过载和虚假信息传播。同时，数字化技术也增加了数字鸿沟，即那些无法访问数字技术的人可能会被边缘化。

经济影响：数字化技术对经济产生了深刻影响。它促进了新的商业模式和市场竞争，但也引发了一些经济问题，如数字经济的垄断和竞争不平等。数字化技术还改变了劳动市场，自动化可能导致某些岗位的消失，但也创造了新的就业机会。

文化影响：数字化技术改变了文化传播和体验。它提供了新的文化表达方式，如虚拟现实和数字艺术，但也引发了一些文化问题，如数字版权和文化多样性的挑战。数字化技术还促进了文化全球化，人们可以更容易地接触和了解其他文化。

教育影响：数字化技术改变了教育和培训方式。它提供了更广泛的学习资源和机会，但也引发了一些教育问题，如在线学习的质量和有效性。数字化技术还提出了关于数字素养和信息素养的教育需求。

环境影响：数字化技术对环境产生了影响，既积极又消极。虽然数字技术可以用于环境监测和资源管理，但也带来了一些环境问题，如电子废弃物和能源消耗。可持续发展和数字技术之间的平衡需要仔细考虑。

安全影响：数字化技术引发了安全问题。网络安全和数据隐私成为重要问题，数字化技术的滥用可能导致个人和机构的信息泄漏和网络攻击。因此，加强网络安全和数据隐私保护至关重要。

媒体影响：数字化技术改变了媒体和新闻业。数字新闻和社交媒体改变了新闻传播和消费方式，但也引发了一些新闻问题，如信息可信度和虚假新闻。数字化技术还提出了关于言论自由和新闻业模式的问题。

健康影响：数字化技术对健康产生影响。虚拟现实和数字游戏改变了娱乐和娱乐方式，但也引发了一些健康问题，如数字成瘾和健康信息的可信度。数字化技术还提出了关于数字健康和心理健康的问题。

总的来说，数字化技术对社会、经济和文化产生了复杂的影响，既有积极的方面，也有挑战和问题。正确管理和应对这些影响，促进数字化技术的可持续发展，是一个重要的任务。

数字化技术在各个领域发挥着重要作用，提供了许多优势，同时也引发了一些挑战。数字化技术已经改变了社会、经济和文化的面貌，对人们的生活方式和工作方式产生了深远的影响。然而，数字化技术的影响不仅局限于技术领域，它也触及到社会和伦理问题，需要持续的讨论和监管。

在数字时代，我们需要认真思考如何平衡数字技术的发展和社会价值观的维护。我们需要提高数字素养，加强网络安全和数据隐私保护，促进数字技术的可持续发展。数字化技术是一个强大的工具，它为解决全球问题和推动社会发展提供了机会，但也需要负责任的使用和管理，以确保其对人类和社会的利益。

综上所述，数字化技术是现代社会的关键驱动力，它对社会、经济和文化产生了深远的影响。理解数字化技术的作用和优势，同时也认识到其潜在的影响和挑战，将有助于更好地应对数字时代的挑战，推动社会的可持续发展。数字化技术的未来充满希望，但也需要谨慎和负责的管理和应用。

二、数字化技术在文化遗产保护中的应用领域

文化遗产是人类历史、文化和传统的珍贵遗产，是连接过去、现在和未来的纽带。然而，文化遗产面临着多种威胁，包括自然灾害、污染、人为破坏和文物失窃等。数字化技术在文化遗产保护中发挥着越来越重要的作用。下面将探讨数字化技术在文化遗产保护中的应用领域，包括数字化档案、文化传承、教育和可持续发展等方面。

（一）数字化档案与文化遗产保护

数字化档案的创建和管理：数字化技术允许将文化遗产中的文物、档案和资料转化为数字形式。这包括扫描、拍摄、录音和数字化建模等方法。数字化档案的创建和管理有助于文化遗产的保存和传承，防止物品损坏和丢失。

文物保护和修复：数字化技术可以用于文物的保护和修复。通过三维扫描和建模，文物的原貌可以得以还原，有助于修复和保护文化遗产。数字技术还可用于监测文物的状态，及时发现损坏和变化。

虚拟档案和数字展览：数字化档案和虚拟展览使人们可以在线访问文化遗产，无须亲临现场。这为更多人提供了了解和欣赏文化遗产的机会，促进了文化传播和教育。

文化遗产的数字记录：数字化技术可以用于记录文化遗产的信息和元数据。这包括文物的年代、历史背景、地理位置、制作者等信息。数字记录有助于文化遗产的研究和管理。

（二）文化传承与数字化技术

传统文化的数字保存：数字化技术有助于保存传统文化的语言、音乐、舞蹈、传说和仪式。录音、摄像和数字化档案可以记录传统文化元素，便于后代学习和传承。

跨代传承与在线教育：数字化技术提供了跨代传承的机会。老一辈的传统艺术家和文化传承者可以通过在线教育和远程培训将知识和技艺传授给年轻一代，无须面对面接触。

互动式文化体验：数字化技术允许人们参与和互动式体验文化遗产。虚拟现实、增强现实和数字游戏可以让人们身临其境地参与文化活动和传统仪式。

文化传播与数字媒体：数字化技术改变了文化传播的方式，社交媒体、在线视频和数字出版为文化遗产的传播提供了新的平台，使人们更容易分享和欣赏文化信息和内容。

（三）教育与数字化技术

教育与文化遗产保护：数字化技术在教育中的应用有助于提高学生对文化遗产的认识和尊重。在线教育、数字教材和虚拟课程可以帮助学生学习文化遗产的历史和价值观。

文化遗产教育与研究：数字化技术为文化遗产教育和研究提供了强大的工具。学者和研究人员可以使用数字档案、在线数据库和数字分析工具进行文化遗产研究。

文化遗产的在线展示和教育项目：许多文化遗产机构和博物馆建立了在线展示和教育项目，以教育公众。这包括虚拟博物馆、在线讲座和互动式教育资源。

（四）可持续发展与数字化技术

文化遗产的可持续管理：数字化技术可以用于文化遗产的可持续管理。地理信息系统和大数据分析可以帮助监测文化遗产的状态和环境影响，以制定可持续保护策略。

可持续旅游和文化产业：数字化技术有助于推动可持续旅游和文化产业的发展。在线预订、虚拟导览和数字营销可以吸引更多游客和文化消费者，同时保护文化遗产的完整性。

文化遗产的数字创新：数字化技术推动了文化遗产的数字创新。虚拟现实、数字艺术和文化创意产业为文化遗产带来了新的生命和价值。

数字化技术在文化遗产保护中的应用领域广泛而多样。从数字化档案和文物保护到文化传承和教育，再到可持续发展，数字化技术为文化遗产的保存、传承和发展提供了众多机会和方法。以下是一些关键总结：

数字化档案的创建和管理有助于文化遗产的保存和传承，同时防止文物的损坏和丢失。

文物的数字化保护和修复技术允许文物的原貌得以还原，同时可以监测文物的状态，及时发现损坏和变化。

虚拟档案和数字展览使人们可以在线访问文化遗产，提供了更多人了解和欣赏文化遗产的机会。

数字记录有助于文化遗产的研究和管理，记录文物的年代、历史背景、地理位置等信息。

传统文化的数字保存通过录音、摄像和数字化档案等工具，有助于保存传统文化的语言、音乐、舞蹈、传说和仪式。

在线教育和数字教育工具提供了跨代传承的机会，老一辈的传统艺术家可以通过在线教育将知识和技艺传授给年轻一代。

虚拟现实、增强现实和数字游戏等工具允许人们互动式体验文化遗产，参与文化活动和传统仪式。

社交媒体、在线视频和数字出版等数字媒体改变了文化传播的方式，提供了新的平台，促进了文化信息和内容的传播。

在线教育和数字教材有助于提升学生对文化遗产的认识和尊重，数字档案和在线数据库为文化遗产教育和研究提供了工具。

文化遗产机构和博物馆创建了在线展示和教育项目，包括虚拟博物馆、在线讲座和互动式教育资源。

地理信息系统和大数据分析有助于文化遗产的可持续管理，制定可持续保护策略。

可持续旅游和文化产业得到数字化技术的推动，吸引更多游客和文化消费者，同时保护文化遗产的完整性。

文化遗产的数字创新通过虚拟现实、数字艺术和文化创意产业为文化遗产带来了新的生命和价值。

数字化技术在文化遗产保护中的应用领域呈现出巨大的潜力，它不仅可以帮助保存和传承文化遗产，还可以促进文化遗产的教育、研究和创新。然而，数字化技术的应用也需要考虑隐私和安全问题，以及数字鸿沟的存在。在数字化技术的帮助下，我们可以更好地保护和传承我们的文化遗产，保证它们在未来得以继续传承和欣赏。

三、数字化技术对文化遗产保护的挑战

数字化技术在文化遗产保护中发挥着关键作用，但同时也面临着一系列挑战。这些挑战涉及技术、伦理、政策和社会等多个方面。下面将探讨数字化技术对文化遗产保护的挑战，便于更好地理解如何解决这些问题并推动文化遗产的可持续保护。

（一）技术挑战

数字化技术的可持续性：数字化技术的快速发展和更新换代可能导致数字化文化遗产的可持续性问题。数字档案和数据需要不断迁移和更新，以适应新的技术标准，否则它们可能会在时间内无法访问或损坏。

数据安全和备份：数字化文化遗产的数据需要得到妥善保护和备份，

以防止数据丢失或遭受恶意攻击。网络安全、数据备份和长期保存是重要问题。

数据格式和标准：不同的数字化项目可能使用不同的数据格式和标准，这可能导致互操作性问题，使数据难以共享和访问，标准化和数据格式的一致性是一个挑战。

技术能力和访问问题：一些文化遗产机构和地区可能缺乏足够的技术能力和基础设施来进行数字化工作，这可能导致数字鸿沟问题。同时，一些人可能因为技术障碍而无法访问数字化文化遗产。

数字鉴定和真伪问题：数字技术使伪造文化遗产和文物变得更容易，这可能对文化遗产保护和市场产生负面影响。数字鉴定和真伪检测技术的发展是一个挑战。

（二）伦理和政策挑战

数字化隐私问题：数字化文化遗产可能包括个人信息和敏感数据，如家谱、个人档案等。隐私问题和数据保护成为重要的伦理和政策问题。

数据管理和知识产权问题：数字化文化遗产的管理和知识产权问题复杂，如谁有权访问和使用数字文化遗产、如何管理和维护数字化档案的所有权和许可问题等。

数字文化遗产的可持续性：数字化文化遗产可能受到技术变迁、经费不足和人员流动等问题的影响。长期保存、维护和更新数字文化遗产需要可持续的政策和资源。

文化多样性和数字化技术：数字化技术可能导致文化多样性的丧失，因为一些文化可能更容易数字化，而其他文化可能被忽视。数字化技术的应用需要平衡各种文化的需求和价值观。

数字文化遗产的商业化：数字化文化遗产的商业化可能对文化遗产的传承和保护产生负面影响。商业化可能导致文化遗产被剥夺原本的社会和历史价值，而被视为商品。

（三）社会和文化挑战

数字化技术的使用和消费习惯：数字化技术改变了人们的文化和消费习惯。虚拟参观和在线资源的可访问性可能导致人们不再亲自参观文化遗产机构，从而影响了这些机构的可持续性。

数字化技术的依赖：对数字化技术的过度依赖可能导致文化遗产的实体保护和保存工作被忽视。实体保护仍然是文化遗产保护的关键组成部分。

社会失衡问题：数字化技术可能导致社会失衡问题，由于一些地区和社群可能无法获得数字化文化遗产，导致数字鸿沟问题。

文化遗产的活化问题：数字化技术的应用可能会让人们更多地关注在线文化遗产，而忽视了实际文化遗产的活化和使用。这可能对文化遗产的价值产生负面影响。

可维护性和复原问题：数字化技术在某种程度上使人们误以为文化遗产可以完全被数字化和复原，而忽视了文物的自然衰老和不可逆损坏问题。文化遗产保护需要更多的关注文物的实际状态和可维护性。

解决数字化技术在文化遗产保护中的挑战是关键的，以下是一些方法和策略：

采用最佳实践：采用国际和国内最佳实践，以确保数字化技术的可持续性和数据安全。建立持续的数据备份和更新机制，以应对技术变迁。

数据管理和政策制定：制定明确的数据管理政策和数据访问政策，包括数据保护和知识产权问题。这有助于管理和维护数字文化遗产的合法性和可持续性。

合作和标准化：促进文化遗产机构之间的合作，共享最佳实践和资源。制定数字文化遗产的标准和规范，以确保数据的互操作性和一致性。

社区参与和文化多样性：确保社区参与文化遗产保护的决策和实施过程中，尊重不同文化的需求和价值观。支持文化多样性的数字化项目。

持续教育和数字素养：提高文化遗产工作者和公众的数字素养，以更好地理解和应对数字化技术的挑战。培训和教育项目可以帮助人们更好地应用数字化技术。

社会参与和教育：鼓励公众参与文化遗产保护，加强他们对文化遗产的认识和尊重。通过数字化技术提供更多的教育和互动式体验。

文化遗产的活化：使用数字化技术来激发人们对实际文化遗产的兴趣和活化。数字技术可以用于创建虚拟现实和增强现实体验，以吸引更多游客和访客。

实体保护和文化遗产管理：数字化技术和实体保护应相互补充。保护文物的实际状态和可维护性仍然至关重要。

数字鸿沟问题：政府和国际组织可以采取措施，保证数字化技术的普及和可访问性，减少数字鸿沟问题。

文化遗产保护政策：制定综合的文化遗产保护政策，将数字化技术纳入其中，以确保文化遗产的可持续性和传承。

总之，数字化技术为文化遗产保护提供了众多机会，但也伴随着产生一系列挑战。解决这些挑战需要全球合作，明确的政策和数据管理，以确保文化遗产的可持续性和传承。通过综合的方法和持续的努力，我们可以更好地保护和传承我们珍贵的文化遗产，让它们在未来继续发挥重要作用。

第三节　数字化技术的种类与应用

一、数字化技术的分类与特点

数字化技术已经深刻地改变了我们的社会、经济和文化生活，它们覆盖了广泛的领域，包括通信、媒体、医疗、制造业、教育等。数字化技术可以根据其应用领域和特点进行分类，下面将介绍数字化技术的分类和特点，以帮助更好地理解这一领域的发展。

（一）数字化技术的分类

数字化技术可以根据其应用领域和功能特点进行分类，以下是一些主要的分类方法。

根据应用领域：

（1）通信和信息技术：这包括互联网、移动通信、卫星通信等技术，用于实现信息的传输、存储和处理。

（2）媒体和娱乐技术：这包括数字电视、音频和视频编解码、虚拟现实、游戏等技术，用于创建和传播媒体内容。

（3）医疗技术：数字化技术在医疗领域中应用广泛，包括医疗影像处理、电子病历、远程医疗等。

（4）制造业技术：数字化技术在制造业中的应用，如计算机数控机床、三维打印、物联网等，可以提高生产效率和质量。

（5）教育技术：数字化技术用于教育领域，如在线学习平台、电子教材、虚拟教室等，提供了更多的学习机会和方式。

（6）金融技术：金融领域的数字化技术，如电子支付、区块链、高频交易等，改变了金融交易和服务的方式。

（7）农业技术：数字化技术在农业中的应用，如智能农机、农业数据分析、精准农业等，可以提升农业生产效率。

根据功能特点：

（1）数据采集和传感技术：这些技术用于采集现实世界中的数据，如传感器技术、摄像头、扫描仪等。

（2）数据存储和管理技术：这些技术用于存储和管理大量的数字数据，如数据库管理系统、云存储等。

（3）数据处理和分析技术：这些技术用于对数据进行处理和分析，如计算机算法、人工智能、机器学习等。

（4）数据传输和通信技术：这些技术用于将数据传输到不同的地点，如互联网、无线通信技术等。

（5）用户界面和人机交互技术：这些技术用于人与数字系统之间的交互，如图形用户界面、声音识别、虚拟现实技术等。

（6）安全和隐私技术：这些技术用于保护数字数据的安全和隐私，如加密技术、身份验证技术等。

（7）系统集成和应用开发技术：这些技术用于将不同的数字技术集成到一个系统中，以及开发应用程序，如操作系统、应用软件开发等。

根据数字化程度：

（1）完全数字化技术：这些技术完全基于数字化，如数字音频、数字图像等。

（2）部分数字化技术：这些技术部分基于数字化，如数字电视中的模拟信号和数字信号的混合。

（3）数字辅助技术：这些技术使用数字技术来提高传统非数字化技术，如数字化辅助手术、数字化图书馆等。

根据数据类型：

（1）文本数据：数字化技术用于将文本信息从纸质文件或手写文档转化为数字格式，以便存储和检索。

（2）图像数据：数字化技术用于捕捉、处理和存储图像，如照片、图表、绘画等。

（3）音频数据：数字化技术用于录制、编码和播放声音，如音乐、语音通信等。

（4）视频数据：数字化技术用于录制和处理视频，如电影、电视节目、在线视频等。

（5）三维数据：数字化技术用于创建和处理三维模型，如计算机辅助设计、虚拟现实等。

（6）感知数据：数字化技术用于处理感知数据，如温度、湿度、光线等传感器数据。

（二）数字化技术的特点

数字化技术具有一些共同的特点，这些特点使其在各个领域中得到广泛应用，并促进了社会的发展和变革。以下是数字化技术的主要特点。

可复制性：数字化数据可以轻松地复制和传播，而不会丧失质量。这使得数字化技术非常适合信息的存储和分享，例如文档、照片、音乐和视频。

可压缩性：数字化数据可以通过压缩技术减少文件大小，以便更高效地存储和传输。压缩技术可以减少数据的带宽要求，降低存储成本，并加快传输速度，这对于互联网和多媒体应用非常重要。

可编辑性：数字化数据可以轻松地编辑和修改，无须重新创建原始文档或媒体。这使得数字化技术在文档处理、图像编辑、音频剪辑等领域具有巨大优势。

精确性和一致性：数字化技术可以以高精度和一致性捕捉和呈现数据。这意味着数字化图像和音频可以准确地保留原始信息，而且数字数据的重复展示将是一致的，不会有变化或失真。

数据互通性：数字化数据的标准格式和协议有助于不同系统之间的数据交换和互操作性。这为信息共享和系统集成提供了基础，使不同技术能够协同工作。

可搜索性：数字化数据可以轻松地进行搜索和检索，因为文本、图像和音频可以通过关键词、标签或元数据进行索引。这对于信息检索、数据分析和知识管理非常有帮助。

可持续性：数字化技术有助于资源的可持续利用，因为数字化数据可以无限期保存和备份，而且不受时间和物理降解的影响。这对于文化遗产保护、科学研究和长期数据存储至关重要。

自动化和智能化：数字化技术可以通过自动化和智能化处理数据，例如自动化生产线、机器学习和人工智能算法可以提高生产效率、数据分析和决策支持。

可追踪性：数字化技术可以记录数据的历史和来源，使数据的追踪和溯源成为可能。这对于保障数据的安全性和可信度非常重要，尤其是在金融、医疗和法律领域。

实时性：数字化技术可以实现实时数据采集、传输和分析，使实时决策成为可能。这对于监控和控制系统、金融交易和网络通信至关重要。

集成性：数字化技术可以集成不同类型的数据和多种技术，以创建更复杂的系统和应用。这有助于提高效率和功能性，例如物联网的应用便是一个典型例子。

可定制性：数字化技术通常允许用户自定义和个性化，以满足他们的特定需求。这使得数字产品和服务可以适应不同用户的偏好和要求。

总的来说，数字化技术的分类和特点使其成为了当今社会中不可或缺的一部分。无论是在通信、娱乐、医疗、制造、教育、金融、农业还是其他领域，数字化技术的应用都在不断拓展和深化，为我们的生活带来了巨大便利和机会。同时，数字化技术也带来了一些挑战，如隐私和安全问题、数字鸿沟等，需要我们不断探讨和解决。

数字化技术的发展不仅影响了个人生活方式，还深刻影响了商业、政府和社会组织的运作方式。数字经济、数字政府、数字社会等概念已经在全球范围内崭露头角。在数字时代，了解数字化技术的分类和特点是至关重要的，便于更好地应对日益复杂和快速变化的技术环境，创造更多机遇和应对挑战。

二、数字化技术在文化遗产保护中的具体应用

数字化技术在文化遗产保护领域的应用是一个广泛而重要的话题。文化遗产包括物质文化遗产（如建筑、艺术品、考古遗址等）和非物质文化遗产（如传统知识、语言、习俗等）。数字化技术的应用为文化遗产的保存、研究、传播和促进提供了新的工具和途径。以下是数字化技术在文化遗产保护中的具体应用，覆盖了多个方面。

（一）文物和考古遗址的数字化保护

三维扫描和建模：数字化技术可用于对文物、建筑和考古遗址进行三维扫描和建模。激光扫描和摄影技术可以创建高精度的数字模型，使文物的细节得以完整记录。这有助于保护文物，因为数字模型可以用于还原、复制或修复文物，而不必触碰原物。

数字化档案：数字技术允许创建文物和遗址的数字化档案，其中包括高分辨率图像、三维模型、文本描述和元数据。这些数字档案可以用于研究、教育、展览和文化遗产管理。

虚拟考古学：虚拟现实和增强现实技术可以用于还原古代城市、建筑和文物，使人们能够沉浸式地探索历史遗址。这有助于推广文化遗产的认知和教育，同时降低对遗址的实际访问和损坏。

非侵入性技术：数字化技术可以帮助考古学家和文物保护专家使用非侵入性技术进行研究。例如，地理信息系统和卫星影像可以用于监测考古遗址的状态和环境，而无须进行实际挖掘或接触文物。

文物数据库：数字化技术支持建立文物和考古遗址的数据库，这些数据库包含了详细的信息和图片，可以被学者、研究人员和公众查询。这有助于更好地管理文化遗产，提供研究材料，并减少文物失窃和贸易。

防伪和鉴定：数字化技术也可以用于鉴定和验证文物的真伪。图像分析、光谱分析和其他数字工具可以帮助鉴定专家检测伪造品和修复品，以维护文物的真实性和价值。

（二）文化遗产的数字化文档和保存

文化遗产数字档案：数字化技术有助于创建文化遗产的数字化档案，包括文本、照片、音频和视频。这些档案有助于保存文化遗产的历史信息、传统知识和故事。

数字化图书馆和博物馆：许多博物馆、图书馆和档案馆已经数字化他们的收藏，以便更广泛地提供访问。这使得文化遗产的材料对学者、研究人员和公众更容易获得。

文化遗产的数字存档：文化遗产可以数字化存档，便于在数字媒体中进行保存和传播。这有助于保护非物质文化遗产，如传统音乐、舞蹈、口述历史等。

数字文化遗产地图：地理信息系统和数字地图技术可以用于创建文化遗产地图，其中包括各种文化遗产项目的地理位置信息。这对文化遗产管理和旅游业非常有用。

数字化语言和口述历史：数字技术有助于保护濒危和灭绝语言，通过记录和数字化口述历史、民间故事和传统歌曲，这有助于保持文化多样性和传统知识。

数字档案管理系统：数字技术支持创建和管理文化遗产的数字档案，这些档案包括元数据、许可信息和访问权限。这有助于确保文化遗产的可持续性保存和管理。

（三）文化遗产的数字化传播和教育

虚拟展览和在线博物馆：虚拟展览和在线博物馆使用数字技术创建沉浸式的文化遗产体验，让人们可以远程参观博物馆和参与展览。这为文化遗产的传播和教育提供了新的方式。

在线教育资源：文化遗产的数字化材料可以用于在线教育资源，如在线课程、教育游戏和教育应用程序。这有助于传播文化遗产的知识和价值观。

社交媒体和数字平台：社交媒体和数字平台提供了分享文化遗产的机会，通过照片、视频和故事，人们可以与他人分享他们的文化遗产经验和观点。这有助于传播文化遗产的多样性和丰富性。

文化遗产保护应用程序：许多应用程序使用数字技术来提供文化遗产的信息和导览。这些应用程序可以用于博物馆、遗址、历史建筑和文化节庆等地点，以提供更丰富的参观体验。

虚拟现实和增强现实：虚拟现实和增强现实技术可以用于文化遗产的互动展示和体验。访客可以通过头戴式显示器或智能手机应用程序与虚拟文化遗产进行互动，以深入了解历史和文化。

在线社区和合作平台：数字技术支持文化遗产保护者、研究人员和爱好者之间的合作和信息分享，在线社区和协作平台可以用于讨论、合作研究和项目开发，以促进文化遗产的保护和传播。

（四）文化遗产管理和保护的数字工具

数据分析和决策支持：数字化技术可以用于文化遗产管理的数据分析和决策支持。数据分析工具可以帮助管理者了解文化遗产项目的使用情况、访客需求和资源分配。这有助于更好地管理文化遗产资源。

风险管理：数字技术可以用于风险管理，以保护文化遗产免受自然灾害、盗窃、破坏和污染的威胁。监测和警报系统可以提前发现潜在的威胁，以采取适当的保护措施。

版权和许可管理：数字化技术有助于管理文化遗产项目的版权和许可问题。数字平台可以用于管理知识产权，确保遗产的合法使用和保护。

文化遗产维护和保养：数字化技术可以帮助管理者跟踪文化遗产项目的维护和保养。维修计划、保养日志和设备监测可以用于保证文物、建筑和遗址的良好状态。

灾难恢复和保险：数字化技术可以用于灾难恢复计划和文化遗产的保险管理。备份数字档案、保险策略和紧急恢复计划可以帮助文化遗产保护者更好地应对意外情况。

（五）文化遗产的数字合作和国际交流

国际数字协作：数字化技术加强了国际文化遗产项目之间的合作和信息交流。文化遗产保护者和研究人员可以共享数字档案、数据集和最佳实践，以更好地保护和促进全球文化遗产。

跨界合作：数字技术也有助于跨学科和跨界合作。不同领域的专家，如考古学家、历史学家、地理学家、计算机科学家等，可以共同合作，以深入研究和保护文化遗产。

国际文化遗产交流：数字化技术促进了国际文化遗产的交流和互动。虚拟展览、在线博物馆和数字化合作项目使人们能够更广泛地了解和欣赏其他国家和地区的文化遗产。

文化外交：数字技术有助于文化外交，通过数字文化遗产的展示和交流，国家之间可以增进文化和历史的了解，促进友好关系和国际合作。

总结起来，数字化技术在文化遗产保护领域的应用是多方面的，从文物和考古遗址的数字化保护到文化遗产的数字化文档和保存，再到文化遗产的数字化传播和教育，以及文化遗产管理和保护的数字工具，都为文化遗产的保存、研究和传播提供了新的手段和机会。数字技术不仅可以提高文化遗产的保护水平，还可以推广文化遗产的认知，加强跨界合作和国际交流，促进文化多样性的保护，在数字时代，数字化技术将继续在文化遗产保护领域发挥重要作用，为人类的文化传承和共享做出贡献。

第四节　非遗数字化的潜在挑战与问题

一、非遗数字化可能面临的挑战

非遗（非物质文化遗产）数字化是一项重要的工作，旨在保护和传承世界各地的传统文化、技艺和实践。数字化可以帮助保存非遗，使其更广泛地传播和参与，但与之相关的挑战也是不可忽略的。本文将探讨非遗数字化可能面临的一些挑战，涵盖技术、文化、法律和伦理等多个方面。

（一）技术挑战

数字化基础设施不足：许多传统文化遗产位于偏远地区，这些地区可能缺乏必要的数字基础设施，如高速互联网接入和电力供应。所以，数字化项目可能需要投入大量资源来改善基础设施,以便进行数字化工作。

技术能力不足:传统的非遗项目通常由老一辈传承人和长期从事传统工艺的人士管理,他们可能不具备数字技术的相关知识和技能。数字化需要培训和支持,以便这些人能够有效地参与。

数据存储和管理:数字化非遗需要大量的数据存储和管理。这些数据可能包括文本、图片、音频和视频,需要有效的存储和管理系统,以确保数据的长期保存和可访问性。

数据标准和格式:不同的非遗项目可能使用不同的数据标准和格式,这可能导致数据混乱和不一致。制定通用的数据标准和格式,以便数据能够互通互用,是一个挑战。

数据安全和隐私:数字化非遗涉及大量敏感信息,包括传统技艺和文化知识。确保数据的安全性和隐私保护是一个关键挑战,特别是在互联网上分享这些数据时。

技术过时:数字技术不断发展,所使用的技术可能会过时。因此,需要不断更新和维护数字化系统,以确保它们能够持续有效地保存和传承非遗。

(二)文化挑战

文化变迁:传统的非遗项目通常是根植于特定的社会和文化背景中的,而社会和文化的变迁可能导致非遗的流失和淡化。数字化可能无法完全解决这一问题,因为它不能替代传统的社会实践和传承。

数字化对非遗传承的影响:数字化非遗项目可能改变传统的非遗传承方式。一些人担心,数字化可能致使传统技艺的商业化和粗糙化,从而影响其原汁原味的传承。

语言和方言:非遗项目通常与特定的语言和方言相关,这可能导致语言和方言的流失。数字化可以帮助保留这些语言和方言,但也可能面临挑战,因为技术工具和平台可能更适用于主流语言,而不是少数语言。

传统知识的商业化:一些非遗项目包含有关传统草药、疗法和技艺的知识,这些知识可能具有商业价值。数字化可能导致这些知识的商业化,从而引发知识产权争议。

（三）法律和伦理挑战

知识产权：数字化非遗项目可能引发知识产权的问题。谁拥有数字化内容的知识产权？如何保护传统技艺和文化的知识产权？这些问题需要合理的法律框架和政策支持。

伦理问题：数字化非遗可能涉及伦理问题，如知识共享、文化尊重和文化挪用。如何确保数字化项目在尊重传统文化的同时，不滥用和侵犯文化权益，是一个复杂的伦理挑战。

数据所有权：数字化项目产生大量数据，谁应该拥有这些数据？数字化项目的参与者和合作伙伴如何分享数据所有权？这些问题可能引发争议和法律纠纷。

地方政府和国家政策：非遗数字化需要政府的支持和参与。不同地方和国家的政策和利益可能会影响数字化项目的发展，可能引发政策纷争和冲突。

（四）可持续性挑战

资金和资源：数字化非遗项目需要大量的资金和资源来支持，如何筹集足够的资金，以确保项目的可持续性，是一个重要的挑战。

社区参与和支持：数字化项目需要社区的积极参与和支持，否则可能无法成功。如何建立社区的信任和参与，是一个关键的可持续性挑战。

人才传承和培训：传统的非遗项目通常依赖于长期的传承，年轻一代需要从长辈那里学习。数字化可能改变这种传承方式，因此需要考虑如何有效地培训和传授传统技艺。

维护和更新：数字化非遗项目需要定期维护和更新，以确保其持续可用性。这需要人力资源和财力支持，以避免项目因资源不足而停滞不前。

社会认知和意识：数字化非遗项目需要广泛的社会认知和意识，以便获得支持和合作伙伴。如何提高公众对非遗数字化的认知，是一个挑战。

跨文化合作：非遗项目可能涉及不同文化、国家和地区之间的合作。文化差异、政治问题和语言障碍可能导致合作困难，需要解决这些问题以实现可持续性。

（五）传承挑战

传承的亲身体验：非遗传承通常依赖于亲身体验和传统的口头传授。数字化可以帮助记录和传播这些经验，但无法完全替代亲身体验。

亲身传承者不足：许多非遗项目的亲身传承者年龄较大，年轻一代对传统技艺的兴趣有限。如何吸引年轻一代参与传承，是一个重要的挑战。

亲身传承的变化：数字化可能导致非遗传承方式的变化，亲身传承者可能更多地依赖数字工具和平台，而不是传统的方式。这可能影响传承的质量和传统技艺的原汁原味。

传承的连贯性：传统技艺的传承通常是连续的，代代相传。数字化可能导致断裂，因为数字记录可能在技术更新或数据丢失时中断。

（六）社会参与挑战

社会认知和参与：数字化非遗项目需要广泛的社会认知和参与，以确保它们的成功。如何提高公众的参与度和关注度，是一个挑战。

社会支持和合作：数字化非遗项目需要社会的支持和合作，包括政府、非政府组织、学术机构和企业。如何建立合作伙伴关系，以支持项目的可持续发展，是一个挑战。

社会冲突和争议：非遗数字化可能引发社会冲突和争议，如文化权益、知识产权和资源分配等问题。如何处理这些冲突和争议，是一个挑战。

社会包容性：数字化非遗项目需要在社会中具有包容性，不仅保护传统文化，还要关注社会中的弱势群体和社会边缘人群。如何确保包容性，是一个挑战。

非遗数字化是一个复杂而重要的工作，旨在保护和传承传统文化和技艺。然而，它面临着各种技术、文化、法律、伦理和可持续性挑战。解决这些挑战需要政府、社会机构、传承者和技术专家之间的合作，以制定合适的政策和策略，保证非遗数字化的成功和可持续性。这样才能实现数字化非遗的目标，即将传统文化和技艺传承给下一代，同时确保其在数字时代的可持续性。

二、非遗数字化法律与伦理问题

（一）数字化非遗的潜在好处

在探讨数字化非遗的法律与伦理问题之前，让我们首先了解数字化非遗的潜在好处。数字化非遗可以带来以下几个重要的益处。

保护与保存：数字化技术可以帮助保存和记录非遗元素，以防止它们的丧失或损毁。数字化存档可以在物理材料受损时提供备份。

传播与推广：数字化非遗可以更广泛地传播和推广，使更多人了解和欣赏传统文化。这有助于非遗的传承和发展。

研究与教育：数字化资料对于研究非遗和教育非遗传统的人们来说是宝贵的资源。研究人员和学生可以更轻松地访问和分析数字化资料。

互动与参与：数字化平台可以为人们提供与非遗互动的机会，促进他们的参与。

（二）知识产权问题

数字化非遗涉及知识产权问题，包括著作权、专利权和商标权。

著作权：数字化非遗可能涉及到音乐、舞蹈、戏剧等创作作品，保护这些作品的著作权是关键的，但又要平衡传统文化的传承和发展。法律应该明确定义著作权保护的范围，以保证非遗传统不受侵犯。

专利权：某些非遗技艺可能包含专利技术，例如传统药材的加工方法或工艺。在数字化非遗的过程中，保护这些专利权至关重要，以鼓励创新和发展。

商标权：一些非遗产品可能具有独特的商标或标志，例如某个地区特产的食品。数字化非遗涉及商标权的问题，保护这些商标的合法权益是必要的。

解决这些知识产权问题的一种方式是制定专门的非遗知识产权法规，明确规定非遗文化的知识产权保护范围，并制定合理的使用和许可政策。

(三)数据隐私与访问控制

数字化非遗可能涉及大量的个人和敏感数据,包括传统文化持有人的信息、照片和视频。这引发了数据隐私和访问控制的法律与伦理问题。

数据隐私:数字化非遗项目需要储存和处理大量个人信息,这可能涉及到隐私问题。如何保护这些信息,以防止滥用或泄露,是一个关键问题。

访问控制:谁有权访问数字化非遗资料?如何保证只有合法的用户可以访问这些资源?这涉及到访问控制的问题,包括身份验证和权限管理。

为了解决这些问题,法律应该明确规定数据隐私的保护标准,同时确保合法的访问控制措施得以建立。

(四)文化尊重与保护

数字化非遗可能会引发文化尊重和保护的问题,尤其是在文化敏感性和文化争议问题上。

文化敏感性:数字化非遗项目需要谨慎处理敏感文化元素,以避免冒犯或伤害特定社群的感情。如何平衡数字化项目的目标和文化尊重是一个重要考虑因素。

文化争议:一些非遗元素可能存在争议,例如历史性事件或社会实践。数字化项目可能会引发争议,如何处理这些争议是一个法律与伦理问题。

解决这些问题的一种方式是制定文化尊重和保护的法规和指导方针,以确保数字化非遗项目尊重文化多样性并避免文化争议。

(五)数字鸿沟与可及性

数字化非遗可能会导致数字鸿沟问题,因为并不是所有人都能轻松访问和使用数字化资源。

数字鸿沟:在一些地区和社群中,数字化技术的普及率较低,人们可能无法轻松访问数字化非遗资源。

可及性:如何确保数字化非遗资源对所有人都具有可及性是一个法律与伦理问题。这包括可用性、可理解性、可操作性和可维护性的问题。

解决数字鸿沟和可及性问题的方法包括以下几种。

政府支持：政府可以采取相应措施，提高数字技术的普及率，包括提供互联网接入和数字素养培训。

多语言支持：提供多语言支持，以确保不同语言和文化社群都能够访问和理解数字化资源。

可访问性标准：制定可访问性标准，以确保数字化资源对残障人士具有可及性，包括视觉和听觉障碍者。

（六）伦理问题与文化教育

数字化非遗也引发了一些伦理问题，尤其是在文化教育领域。

误传风险：数字化非遗项目可能存在误传风险，因为数字资源可能被误用或解释错误。这可能导致非遗元素的失真或滥用。

权威问题：谁有权决定数字化非遗项目的内容和解释？这涉及权威问题，包括权威的认定和代表性。

为解决伦理问题，可以采取以下措施。

文化教育：提供相关的文化教育，以帮助人们正确理解和尊重非遗文化。

合法权威机构：创建合法权威机构，以确保数字化非遗项目的内容和解释受到专业认可和监督。

伦理准则：制定伦理准则，以指导数字化非遗项目的开发和使用，包括保护文化尊重和传统知识。

（七）国际合作与文化交流

数字化非遗项目通常涉及国际合作和文化交流，这也带来一些法律与伦理问题。

跨国数据流动：数字化非遗资源可能需要跨国数据流动，这引发了数据隐私和数据安全问题。

跨文化传播：数字化非遗项目可能在不同文化和语言背景中传播，这带来文化敏感性和翻译问题。

国际合作与文化交流问题可以通过国际协议和合作来解决，以确保资源的安全和文化尊重。

数字化非遗是一项重要的工作，可以帮助保护和传承传统文化，然而，它也引发了一系列法律与伦理问题，包括知识产权、数据隐私、文化尊重、数字鸿沟、伦理问题和国际合作。解决这些问题需要法律、政府、社会和文化机构的共同努力，以确保数字化非遗项目能够平衡保护文化传统和促进文化交流。只有通过综合的方法，我们才能最大限度地实现数字化非遗的潜在好处，同时克服相关的法律与伦理问题。

三、非遗数字化文化保护与数字化平衡的探讨

本文将探讨数字化非遗文化保护与数字化平衡的问题，包括其潜在好处、法律问题、伦理考虑和文化平衡等方面。

（一）数字化非遗文化保护的潜在好处

数字化非遗文化保护具有一系列潜在好处，包括以下几点。

保存与传承：数字化非遗可以有效地保存和传承传统文化元素，防止其丧失或逐渐消失。数字档案和媒体记录可以提供可靠的备份，以应对物理材料受损或丧失的风险。

传播与推广：数字化非遗使得这些文化元素更容易传播和推广，无论是在国内还是国际上。数字化平台可以帮助非遗文化走出村庄和城市，进入更广泛的受众群体。

研究与教育：数字化非遗提供了丰富的资源，供研究人员和学生研究和学习。这有助于促进对传统文化的深入了解，同时也为教育提供了宝贵的工具。

互动与参与：数字化平台可以鼓励更多人积极参与非遗文化，与非遗持有人互动，学习和体验传统文化。

尽管数字化非遗文化保护带来了这些潜在好处，但也伴随着一系列法律与伦理问题。

（二）法律问题

数字化非遗文化保护涉及多个法律问题，其中包括以下几个关键问题。

知识产权问题：数字化非遗可能包括音乐、舞蹈、传统技艺等创作作品，因此涉及著作权、专利权和商标权等知识产权问题。如何保护非遗元素的

知识产权，同时又不影响其传承，是一个复杂的问题。

数据隐私问题：数字化非遗项目可能涉及个人信息、照片和视频等数据，因此需要处理数据隐私问题，包括数据收集、存储、使用和分享方面的法律规定。

地域标志问题：一些非遗产品可能涉及地域标志，如特产食品、手工艺品等。数字化非遗如何涉及地域标志的问题，需要考虑地方法律和国际协议。

跨境合作与知识共享：数字化非遗文化保护通常涉及不同国家和地区之间的合作。如何处理跨境合作与知识共享，以确保合法权益并遵守国际法律，是一个复杂的法律问题。

为了解决这些法律问题，国际社区需要制定相关法规和政策，同时也需要制定合理的许可政策，以加强知识共享和传承。

（三）伦理问题

数字化非遗文化保护也引发了一系列伦理问题，其中包括以下几个关键问题。

文化尊重与保护：数字化非遗项目需要谨慎处理文化元素，以确保尊重和保护非遗文化。不适当的使用或解释可能会引发文化冲突和争议。

误传风险：数字化非遗项目可能存在误传风险，因为数字资源可能被误用或解释错误。这可能导致非遗元素的失真或滥用。

代表性问题：数字化非遗项目需要考虑谁有权代表非遗文化，以及如何确保他们的权威性和代表性。代表性问题在非遗传承中是至关重要的。

为了解决这些伦理问题，可以创建伦理准则和指导方针，以指导数字化非遗项目的开发和使用，以确保尊重和保护传统文化。

（四）文化平衡

数字化非遗文化保护也需要平衡传统文化的保护与发展，以及数字技术的应用。这需考虑以下几个方面的内容。

传统知识保护：如何在数字化非遗项目中保护传统知识，防止知识被滥用或盗用，同时又鼓励创新和发展。

文化自主权：如何确保非遗持有人和相关社区有权决定数字化非遗项目的内容和使用，以维护其文化自主权。

文化交流与对话：数字化非遗文化保护应该鼓励文化交流和对话，增强不同文化之间的理解和互动。

可持续性考虑：数字化非遗文化保护应该考虑文化可持续性，以确保非遗文化能够在数字时代继续传承和发展。

为了实现文化平衡，需要综合考虑传统文化的价值、数字技术的应用和社区的需求。这需要政府、文化机构和非遗持有人之间的密切合作和协商。

数字化非遗文化保护是一个重要而复杂的领域，涉及法律、伦理和文化平衡等多个方面的问题。虽然数字化非遗带来了许多潜在好处，如保存、传播和推广传统文化，但同时也需要面对知识产权、数据隐私、文化尊重、伦理问题和文化平衡等挑战。

解决这些问题需要政府、国际社区、文化机构和非遗持有人之间的密切合作和协商。制定相关法规和政策，建立伦理准则和指导方针，以确保数字化非遗文化保护既能保护传统文化，又能推动文化的发展和传承。

最终，数字化非遗文化保护应该以尊重和保护传统文化为出发点，同时也应该与数字技术的应用相平衡，以确保文化的可持续性和传承，这是一个复杂而值得追求的目标，可以在全球范围内促进文化多样性和文化对话。

第二章 文旅产品设计与发展

第一节 文旅产品概念与范围

旅游产品是指供给旅游者使用或消费的各种旅游相关产品和服务，包括交通、住宿、餐饮、旅游活动、文化体验等。旅游产品是旅游业的核心，通过不同方式和层次的组合，满足游客的各种需求，进而形成多样化的旅游体验。本书将探讨旅游产品的定义、分类以及相关发展趋势。

一、旅游产品的定义

旅游产品是指为满足游客旅游需求而提供的各种旅游相关产品和服务，这些产品和服务可以包括实物产品，如交通工具、住宿设施、餐饮服务、纪念品等，也包括非物质产品，如旅游活动、文化体验、娱乐节目等。旅游产品是旅游业的基本要素，是为了满足游客的需求和期望而设计和提供的。

旅游产品通常是由多种组成部分组成的，它们一起组成了游客的整体旅游体验。旅游产品可以通过不同的组合方式来满足不同游客的需求，从而形成多样化的产品供应。这种多样性使得旅游产品具有广泛的适用性，可以吸引不同类型的游客，包括休闲旅游者、商务旅客、文化爱好者、冒险者等。

二、旅游产品的分类

旅游产品可以根据不同的标准进行分类。以下是一些常见的旅游产品分类方式。

（一）按产品类型分类

交通产品：包括机票、火车票、汽车租赁等，为游客提供出行方式。

住宿产品：包括酒店、度假村、民宿等，为游客提供住宿设施。

餐饮产品：包括餐厅、咖啡厅、美食街等，为游客提供饮食服务。

景点产品：包括自然景点、文化遗产、博物馆、主题公园等，为游客提供参观和体验机会。

旅游活动产品：包括导游服务、徒步旅行、水上运动、冒险旅行等，为游客提供各种娱乐和活动选择。

文化体验产品：包括表演、音乐会、文化展览、传统节庆等，为游客提供文化体验机会。

（二）按旅游类型分类

休闲旅游产品：包括度假胜地、温泉疗养、沙滩度假等，以放松和休息为主要目的。

商务旅游产品：包括商务酒店、会议设施、商务交通等，为商务旅客提供便利。

文化旅游产品：包括文化景点、历史遗迹、博物馆等，以文化体验为主要目的。

冒险旅游产品：包括徒步旅行、野外探险、生态旅游等，为寻求冒险和挑战的旅客提供机会。

医疗旅游产品：包括医疗机构、医疗服务、康复疗养等，为寻求医疗治疗的旅客提供服务。

（三）按目的地分类

国内旅游产品：为在国内旅游的游客提供各种产品和服务。

国际旅游产品：为出国旅游的游客提供各种产品和服务。
城市旅游产品：为城市旅游的游客提供各种产品和服务。
自然旅游产品：为寻求自然景观和户外活动的游客提供产品和服务。

（四）按价格分类

高端旅游产品：为愿意支付高价的游客提供奢华服务和设施。
中端旅游产品：为寻求舒适和品质的游客提供合理价格的产品和服务。
经济旅游产品：为预算有限的游客提供实惠的选择。

（五）按季节分类

季节性旅游产品：根据不同季节提供不同类型的旅游产品，如冬季滑雪度假、夏季海滨度假等。

以上分类方式是多种可能性中的一部分，旅游产品可以结合市场需求和地区特点进行定制。不同国家和地区的旅游产品也有不同的特点和发展方向。

三、旅游产品的发展趋势

随着社会和科技的不断发展，旅游产品也在不断演进和创新。以下是一些当前和未来的旅游产品发展趋势。

数字化和智能化：随着数字技术的普及，旅游产品越来越数字化和智能化。移动应用程序、虚拟现实、人工智能等技术正在改变游客的旅游体验，提供更个性化和便捷的服务。

可持续性和生态旅游：可持续性已经成为旅游业的一个重要趋势。旅游产品越来越关注环保、社会责任和文化保护。可持续旅游产品通常包括生态旅游、农村旅游、文化体验等，旨在推动可持续发展。

体验经济：现代旅游已经从传统的观光旅游转向体验经济。旅游产品不再仅仅关注参观景点，更强调与目的地和当地文化的互动和体验。

定制化和个性化：旅游产品越来越趋向定制化和个性化。游客可以依据自己的兴趣和需求，定制自己的旅游行程，选择适合自己的旅游产品和服务。

健康和医疗旅游：随着人们对健康和福祉的关注增加，健康和医疗旅游成为一个增长迅速的领域。旅游产品包括医疗体检、康复疗养、医疗手术等。

社交媒体和影响力营销：社交媒体已经改变了旅游产品的市场推广方式。许多游客通过社交媒体分享他们的旅游经历，这对旅游产品的推广和营销产生了重大影响。

可及性和可持续交通：交通产品在不断发展，以提供更便捷、可持续的出行方式。高铁、电动汽车、低碳交通等趋势正逐渐改变旅游的出行方式。

虚拟旅游和远程工作：虚拟现实技术和远程工作趋势正在推动虚拟旅游的发展。游客可以通过虚拟现实技术探索世界各地的景点，同时也能够在旅途中继续工作。

文化交流和多元化体验：跨文化体验和文化交流是旅游产品的一个重要趋势。游客越来越愿意体验不同文化，参与当地活动，了解不同的文化传统。

总之，旅游产品是一个不断发展和创新的领域，随着社会和科技的不断变化，旅游产品也将不断演进，以满足不同游客的需求和期望。可持续性、数字化、个性化和文化交流将继续在旅游产品的发展中扮演重要角色，为游客提供更丰富的旅游体验。同时，旅游业也需要不断适应变化，以满足不断变化的市场需求。

第二节　文旅产品设计原则

一、文旅产品设计的基本原则

文旅产品的设计是一个综合性的过程，它需要综合考虑旅游体验、文化传承、可持续性和市场需求等多个方面。以下是文旅产品设计的基本原则，这些原则有助于确保产品的成功和满足客户的需求。

（一）文化尊重和传承

尊重本土文化：文旅产品的设计应该尊重目的地的本土文化和传统，不应该对其进行歪曲或污蔑。文旅产品提供商应该深入了解目的地的文化特点，尊重当地的价值观和信仰。

保护文化遗产：文旅产品设计应该注重文化遗产的保护和传承。产品不应该对文化遗产造成损害，而应该采取措施来保护文化遗产，包括历史建筑、文物和传统工艺等。

促进文化传承：文旅产品设计可以促进文化传承，通过文化体验、工作坊、讲座等方式，向游客传授当地的文化知识和技能。这有助于激发游客对文化的兴趣，同时也有助于保护传统文化。

（二）可持续性

环保和社会责任：文旅产品的设计应该注重环保和社会责任，产品提供商应该采取措施减少对环境的影响，同时也应该支持社区的发展和社会责任项目。

文化可持续性：文旅产品设计应该有助于文化的可持续性。产品不应该破坏文化传统，而应该促进文化的传承和发展。文旅产品提供商可以与当地社区和文化组织合作，支持文化项目和活动。

经济可持续性：文旅产品设计应该有助于经济可持续性。产品提供商应该创建就业机会，支持当地产业，促进经济增长。同时，产品应该具有竞争力，以保证可持续的盈利。

（三）用户体验

个性化体验：文旅产品的设计应该考虑游客的个性化需求。产品提供商可以提供不同的选择和选项，以满足不同类型游客的需要。个性化体验可以提高客户满意度。

安全和便捷：产品的设计应该注重游客的安全和便捷。产品提供商应该提供安全措施，如紧急救援计划，同时也应该提供便捷的服务，如在线预订、导游服务等。

教育和启发：文旅产品设计可以提供教育和启发。产品提供商可以通过解说员、信息板、讲座等方式向游客传递知识和信息，激发他们对目的地的兴趣。

（四）市场需求

市场研究：产品的设计应该基于市场研究。产品提供商应该了解目标市场的需求和趋势，以满足客户的期望。

竞争分析：产品的设计应该考虑竞争环境。产品提供商应该了解竞争对手的产品和服务，找到自己的竞争优势，并制定相应的策略。

定价策略：产品的设计应该包括定价策略。产品提供商应该确定合理的价格，以吸引客户，同时也要保持盈利能力。

（五）创新和合作

创新：文旅产品设计需要不断创新，产品提供商应该寻找新的体验、活动和服务，以吸引客户。创新可以帮助产品保持竞争力。

合作：文旅产品设计可以通过合作丰富产品内容。产品提供商可以与文化机构、当地社区、媒体、互联网企业等合作，提供更多多元化的体验。

跨界合作：文旅产品设计可以通过跨界合作创新。不仅旅游服务提供商，还包括文化机构、媒体、互联网企业和创意产业可以协同合作，提供更多跨界产品。

（六）品牌建设

品牌识别：产品的设计应该考虑品牌识别。产品提供商应该创建独特的品牌形象，以提高品牌知名度和客户忠诚度。

质量管理：产品的设计应该注重质量管理。产品提供商应该确保产品的质量和服务的一致性，以提供高品质的体验。

客户反馈：产品的设计应该考虑客户反馈。产品提供商应该积极收集客户反馈，以改进产品和服务，满足客户需求。

（七）文旅产品设计的过程

文旅产品的设计过程可以包括以下步骤。

市场调研：了解目标市场的需求和趋势，找到市场机会。

目标客户群体：明确产品的目标客户群体，并了解他们的兴趣、需求和偏好。

创意和概念开发：通过创意和概念开发阶段，提出新的产品理念和设计方案。这可以包括新的旅游线路、文化活动、体验项目等。

合作伙伴选择：选择合适的合作伙伴，包括文化机构、当地社区、媒体、互联网企业等，以丰富产品内容和体验。

设计和规划：制定产品的详细设计和规划，包括行程安排、活动内容、导览服务、安全措施等。

文化保护和传承：在产品设计中考虑文化保护和传承，确保产品不会对文化遗产造成损害，同时也有助于传承文化。

可持续性考虑：确保产品的设计符合可持续性原则，包括环保、社会责任和经济可持续性。

安全和服务质量：产品的设计应该包括安全措施和高品质的服务，以确保客户的安全和满意度。

教育和启发：产品的设计可以提供教育和启发，通过解说员、信息板、讲座等方式向游客传递知识和信息。

市场推广和定价：制定市场推广策略，包括宣传、广告、网络营销等，同时也要确定合理的价格。

品牌建设和品牌识别：建立独特的品牌形象，以提高品牌知名度和客户忠诚度。

质量管理和客户反馈：确保产品的质量和服务的一致性，积极收集客户反馈，以改进产品和服务。

文旅产品设计是一个综合性的过程，需要综合考虑文化、可持续性、用户体验、市场需求、创新、合作和品牌建设等多种因素。只有在这些基本原则的指导下，文旅产品设计才能成功地满足客户需求，促进文化传承，保护环境，推动经济增长，同时也为文旅产品提供商带来商机和成功。

二、文旅产品的用户体验设计

文旅产品的用户体验设计是为了保证游客在旅行过程中获得愉悦、满意和有意义的体验。这一过程包括各种元素,从产品的设计、交互、服务、情感和文化因素等多个层面来提供综合性的体验。以下是关于文旅产品用户体验设计的详细讨论。

(一)用户体验设计的基本概念

1. 什么是用户体验设计?

用户体验设计(User Experience Design,简称 UX 设计)是一种以用户为中心的设计方法,旨在创造和提供用户在使用产品或服务时的愉悦和有意义的体验。它涉及用户的需求、期望、情感和交互,以确保产品或服务满足这些方面,从而提高用户满意度和忠诚度。

2. 用户体验设计的重要性

用户体验设计在文旅产品中至关重要,因为它直接影响游客对产品的感知和评价。一个出色的用户体验可以帮助产品提供商建立品牌声誉,增加客户满意度,提高重复游客率,同时也可以提升口碑,吸引更多的游客。

3. 用户体验设计的原则

以用户为中心:将用户需求和期望放在首位,确保产品满足他们的需求。

一致性:保持一致的用户界面和交互,以减少用户的混淆和困惑。

可用性:确保产品易于使用,避免复杂和冗余的功能。

可访问性:确保产品对所有用户都可访问。

反馈和改进:积极收集用户反馈,用于不断改进产品。

(二)文旅产品的用户体验设计原则

文旅产品的用户体验设计需要考虑特定的要求和考虑因素,包括以下几个方面。

1. 文化尊重和传承

文旅产品的设计应尊重目的地的本土文化和传统。设计师需要了解文化差异,避免对文化进行误解或歪曲,尊重文化包括保护文化遗产,传承传统，尊重当地的价值观和信仰。用户体验设计应强调对文化的尊重，以确保游客对文化感到兴奋和愉悦，同时也增加对文化的理解和尊重。

2. 个性化体验

不同的游客具有不同的兴趣、需求和偏好。因此，用户体验设计应提供个性化的体验选项，以满足不同类型游客的需求。这可以包括不同的旅游线路、活动选择、餐饮和住宿选项等。个性化体验可以提高客户满意度，使他们觉得产品是为他们而设计的。

3. 安全和便捷

用户体验设计应强调游客的安全和便捷。旅游产品需要提供明确的安全措施，包括紧急救援计划、指示和警告。同时，产品也需要提供便捷的服务，如在线预订、电子导游、移动支付等，以提高游客的便利性和体验。

4. 教育和启发

用户体验设计可以通过教育和启发来增强游客的体验，产品可以提供讲解、信息板、互动展示等方式，向游客传递文化、历史、艺术等方面的知识。这不仅可以提高游客对目的地的兴趣，还可以增加他们的文化理解和尊重。

5. 文化交流和互动

用户体验设计可以鼓励文化交流和互动。产品可以提供机会让游客与当地居民互动，参加当地活动，了解当地文化。这可以增进友谊和理解，丰富游客的体验。

6. 跨文化适应性

文旅产品通常吸引来自不同文化背景的游客。用户体验设计应考虑跨文化适应性，确保产品对所有文化群体都友好，这包括文化敏感性培训、多语言支持、文化差异的尊重和理解等。产品设计应避免侮辱或冒犯任何文化，同时也应提供信息和指导，从而帮助游客更好地适应当地的文化和习惯。

（三）用户体验设计的过程

用户体验设计的过程在文旅产品中具体执行时可以包括以下步骤。

用户研究：进行用户研究，了解目标用户的需求、期望和行为。这可以包括定量研究，如问卷调查，以及定性研究，如访谈和焦点小组讨论。了解用户是设计的基础。

旅程映射：根据用户研究的结果，绘制用户旅程地图。这是一种可视化工具，用于描述用户与产品或服务互动的每个步骤，以确定用户的需求和痛点。

制定设计目标：在用户研究的基础上，制定明确的设计目标。这些目标应该反映用户的需求和期望，包括文化体验、个性化选择、安全性等方面。

创意和原型设计：设计师可以开始创造和测试不同的设计概念和原型。这可以包括界面设计、活动规划、互动元素等。在这个阶段，设计师应尝试满足用户需求，并确保设计能够提供愉悦的体验。

用户测试和反馈：设计师应将原型提供给用户进行测试，并收集他们的反馈。这有助于发现问题、改进设计，并确保产品符合用户的期望。

最终设计和实施：结合用户反馈，进行最终的设计和实施。这包括产品的细节设计、功能开发和实际推出。

持续改进：用户体验设计不是一次性的，而是一个不断改进的过程。设计师应积极收集用户反馈，持续改进产品，以满足不断变化的用户需要。

（四）技术支持用户体验设计

技术在文旅产品的用户体验设计中起着重要的支持作用。以下是一些技术应用，有助于提高用户体验。

移动应用和互联网：移动应用和互联网可以提供在线预订、导航、语音指南、虚拟现实体验等功能，以增加用户的便捷性和互动性。

虚拟现实（VR）和增强现实（AR）：VR 和 AR 技术可以提供身临其境的文化体验，使用户可以在虚拟世界中探索文化遗产和历史场景。

数据分析和个性化推荐：数据分析可以帮助产品提供商了解用户行为和兴趣，从而提供个性化的建议和体验。

语音识别和自然语言处理：语音识别技术可以提供语音导游和自然语言处理的翻译服务，帮助用户克服语言障碍。

云计算和物联网：云计算和物联网技术可以帮助产品提供商实时监控用户位置和行为，以提供更好的服务和安全。

社交媒体和社群：社交媒体和社群可以帮助用户分享他们的文旅体验，同时也可以提供用户之间的互动和交流。

（五）用户体验设计的成功案例

以下是一些成功的文旅产品用户体验设计案例。

文化遗产应用：许多文化遗产应用程序使用移动应用技术，提供虚拟导游、历史信息、文化解释和互动体验，这些应用可以帮助游客更好地了解文化遗产，提供愉悦的体验。

博物馆展览：许多博物馆使用 VR 和 AR 技术，提供虚拟展览和互动体验。这使游客可以身临其境地探索博物馆的藏品和历史。

导游服务：一些导游服务提供商使用语音识别技术，提供语音导游服务。这有助于克服语言障碍，同时也提供了便捷的文旅体验。

旅游社交媒体平台：一些社交媒体平台专注于旅游和文化体验，让用户分享他们的旅行故事和体验，同时也提供了社交互动和建议。

用户体验设计在文旅产品中扮演着关键的角色，它可以帮助产品提供商满足用户需求，建立品牌声誉，提高客户满意度，增加重复游客率，同时也可以提高口碑，吸引更多游客。通过尊重文化、提供个性化体验、保证安全和便捷、教育启发、促进文化交流、跨文化适应性等方面的设计原则，用户体验设计可以提供愉悦和有意义的文旅体验。同时，技术的应用也有助于提高用户体验，包括移动应用、虚拟现实、数据分析、语音识别、云计算、社交媒体等。

用户体验设计的成功案例表明，通过结合文化尊重和传承，个性化体验，安全和便捷性，教育和启发，文化交流和互动，跨文化适应性等原则，文旅产品可以为用户提供深刻的、有意义的文化体验。这不仅有助于满足用户的需求，还有助于文化的传承和保护，同时也促进旅游业的可持续发展。

然而，用户体验设计是一个不断改进的过程，需要不断收集用户反馈，并结合反馈进行改进。随着技术的不断发展和用户需求的变化，设计师需要不断创新，以确保文旅产品始终能提供最佳的用户体验。

最终，用户体验设计在文旅产品中具有战略重要性，它有助于提高产品的竞争力，满足市场需求，促进文化传承，保护环境，同时也为文旅产品提供商带来商机和成功。通过遵循用户体验设计的原则和最佳实践，文旅产品可以成为用户心目中的理想之选，为他们提供愉悦、难忘的旅行体验。

三、文旅产品设计的文化考量

文旅产品设计是一个复杂的过程，需要综合考虑文化因素，以确保产品能够尊重和传承当地文化，同时也提供愉悦和有意义的文化体验。本文将讨论文旅产品设计的文化考量，包括文化尊重、本土文化融入、跨文化适应性和文化交流等方面。

（一）文化尊重

文化尊重是文旅产品设计的基本原则之一，它涉及尊重和理解当地文化的重要性，避免对文化的歪曲、侮辱或盗用。文旅产品设计应该考虑以下方面的文化尊重。

尊重当地的价值观和信仰：文旅产品提供商应该了解当地的价值观和信仰，避免提供会冒犯当地人的活动或服务。这包括宗教习惯、道德观念、社交规范等。

避免文化污蔑：产品设计不应该使用冒犯性的符号、图像或言辞，避免对当地文化造成污蔑。设计师需要了解文化敏感性，以确保产品尊重当地文化。

不伤害文化遗产：文旅产品设计应该避免对文化遗产造成损害。这包括历史建筑、文物、传统工艺等。产品提供商应采取措施，以保护和传承文化遗产。

尊重知识产权：文旅产品设计不应侵犯文化知识产权，如使用未经授权的文化符号、设计和艺术。产品提供商应与当地文化机构和艺术家合作，以确保知识产权的尊重。

文化尊重是建立可持续的文旅产品的关键，它有助于建立良好的关系，促进文化传承和保护，同时也提高产品的市场竞争力。

（二）本土文化融入

本土文化融入是文旅产品设计的另一个重要方面。它涉及将目的地的本土文化元素融入产品中，以提供真正的文化体验。本土文化融入可以通过以下方式实现。

文化体验活动：文旅产品可以提供各种文化体验活动，如传统工艺制作、舞蹈表演、美食制作等，让游客亲身参与当地文化。

当地食品和饮料：产品设计可以包括当地的食品和饮料，以让游客品尝当地特色，了解当地饮食文化。

传统服饰和装饰：游客可以有机会穿上当地的传统服饰，了解当地的传统服饰和装饰风格。

文化讲解和解说员：产品设计可以包括文化讲解和解说员服务，向游客介绍当地的文化、历史和传统。

艺术和手工艺品：产品可以包括当地的艺术和手工艺品，让游客购买当地的艺术品，支持当地的艺术家和手工艺者。

本土文化融入可以增加游客对目的地的理解和尊重，同时也为当地社区提供了经济发展的机会。

（三）跨文化适应性

文旅产品通常吸引来自不同文化背景的游客。所以，产品设计需要考虑跨文化适应性，以确保产品对所有文化群体都友好。以下是一些跨文化适应性的考虑。

多语言支持：产品设计应提供多语言支持，包括标识、信息板、导览和服务。这有助于克服语言障碍，使游客感到更舒适和自在。

跨文化培训：产品提供商和工作人员可以接受跨文化培训，了解不同文化的差异和需求。这有助于提供更好的服务，减少文化冲突。

文化敏感性：产品设计应避免使用冒犯性的符号、图像或言辞，以减少文化冲突和误解。设计师需要了解文化敏感性，以保证产品尊重当地文化。

尊重宗教差异：产品设计应尊重不同宗教信仰的游客，提供宗教友好的设施和服务。这包括宗教礼仪和场所。

跨文化互动：文旅产品设计可以促进跨文化互动和交流，让不同文化背景的游客有机会互相了解和交流。

跨文化适应性有助于吸引来自不同文化背景的游客，提供友好和包容的文旅体验。

（四）文化交流

文化交流是文旅产品设计的另一个关键方面。它鼓励游客与当地居民互动，了解当地文化，促进友谊和理解。文化交流可以通过以下方式实现。

社区互动活动：文旅产品可以组织社区互动活动，让游客与当地居民互动，了解他们的生活方式、传统和文化。

文化节庆和活动：产品设计可以包括参加当地的文化节庆和活动，让游客参与当地的庆典和庆祝活动。

导游和解说员：导游和解说员可以促进文化交流，向游客介绍当地的文化、历史和传统，回答他们的问题，提供深入了解的机会。

社交互动：产品设计可以加强游客之间的社交互动，让他们分享文旅体验，交流见解，建立友谊。

文化交流有助于增加游客对目的地的理解和尊重，同时也有助于促进友谊和文化交流，为旅行增添更多的价值。

文化考量在文旅产品设计中起着关键的作用，通过文化尊重、本土文化融入、跨文化适应性和文化交流等方面的考虑，文旅产品可以提供愉悦和有意义的文化体验，同时也有助于文化的传承和保护。这些文化考量不仅有助于满足游客的需求，还有助于建立可持续的旅游产品，提高产品的市场竞争力，促进文化的传承和保护，同时也为当地社区提供了发展经济机会。通过遵循这些原则和最佳实践，文旅产品可以成为用户心目中的理想之选，为他们提供愉悦、难忘的文化体验。

第三节　文旅产品开发流程

一、文旅产品开发的步骤与流程

文旅产品的开发是一个复杂的过程，需要综合考虑市场需求、目标受众、文化因素、技术支持等多个方面。下面将详细介绍文旅产品开发的步骤与流程，帮助产品提供商成功创建和推出吸引人的文旅产品。

（一）市场研究与需求分析

在文旅产品的开发之前，首先需要进行市场研究和需求分析，以确定潜在的市场机会和用户需求。这一步包括以下活动。

市场调查：了解目标市场的规模、增长趋势、竞争格局和潜在客户。这可以包括对行业报告、市场数据和竞争情况的研究。

目标受众分析：明确潜在用户群体，包括他们的特点、需求、偏好和行为，这有助于精确定位产品。

竞争分析：分析竞争对手的产品、价格、市场份额和营销策略，以确定自身的竞争优势。

用户调查和反馈：进行用户调查，以了解用户对文旅产品的期望和反馈。这有助于确定产品的关键功能和特点。

（二）定义产品概念

在市场研究和需求分析的基础上，定义文旅产品的概念。这一步包括以下活动。

确定产品定位：明确产品的目标市场、目标受众和核心价值主张。这有助于确立产品的独特性和市场定位。

创意和概念开发：团队可以开展创意工作坊，提出不同的产品概念和设计方案。这包括新的旅游线路、文化活动、体验项目等。

制定产品规格：明确定义产品的功能、特点和性能规格。这可以包括产品的基本要求、技术需求和设计方向。

制定产品愿景：明确产品的长期愿景和目标，以指导开发团队的工作。

（三）产品设计和开发

在定义产品概念之后，进入产品设计和开发阶段。这一步包括以下活动。

原型设计：设计师和工程师可以开始创建产品的原型，以可视化和演示产品的功能和用户界面。

技术开发：开发团队开始编写和测试产品的代码，以确保产品的功能和性能满足规格要求。

用户界面设计：设计师负责创建产品的用户界面，以确保用户体验愉快且易于使用。

内容开发：根据产品的性质，内容开发人员可以制定和创建相关的文化内容、导览和互动活动。

测试和优化：进行产品测试，包括功能测试、性能测试、用户体验测试和兼容性测试。根据测试结果进行优化。

安全和合规性：保证产品符合相关的法规和标准，包括安全标准和隐私法规。

（四）文化保护和传承

文旅产品通常涉及文化遗产和传统，因此文化保护和传承是至关重要的。这一步包括以下活动。

文化保护策略：明确文旅产品的文化保护策略，包括如何保护文化遗产、尊重当地文化和传统。

文化合作伙伴：与当地文化机构、专家和艺术家合作，以获取文化知识和支持。

文化教育：为产品的导游和工作人员提供文化教育，以确保他们能够传递准确的文化信息。

文化传承项目：在产品中包括文化传承项目，以促进文化的传承和保护。

（五）可持续性考虑

可持续性是文旅产品开发的重要考虑因素。这一步包括以下活动。

环保措施：确定产品的环保措施，包括减少废物、资源节约、节能和减少碳足迹。

社会责任：考虑产品对当地社区的影响，包括社会责任和支持社区项目。

经济可持续性：确保产品的商业模式是可持续的，包括收入来源、成本控制和盈利模式。

文化可持续性：鼓励文化传承和保护，以确保文化的可持续发展。

（六）安全和服务质量

安全和服务质量对于文旅产品至关重要。这一步包括以下活动。

安全措施：确定产品的安全措施，包含紧急救援计划、风险评估和危险通知。

培训和认证：确保产品的导游和工作人员接受适当的培训和认证，以提供高质量的服务。

客户服务：制定客户服务政策和流程，以确保游客能够获得满意的服务，包括投诉处理和问题解决机制。

质量控制：创建质量控制机制，监测产品的质量和性能，以确保产品能够提供一致的高质量体验。

（七）市场推广与销售

完成产品的开发后，需要制定市场推广和销售策略，以吸引客户和提高产品的知名度。这一步包括以下活动。

市场推广计划：制订市场推广计划，包括目标市场、定价策略、广告和促销活动。

销售渠道：确定产品的销售渠道，包括在线销售、旅行社合作、社交媒体推广等。

数字营销：利用数字营销工具，如社交媒体、搜索引擎优化、电子邮件营销等，以扩大产品的在线可见度。

合作伙伴关系：建立合作伙伴关系，与旅行社、在线旅游平台和其他相关业务合作，以扩大产品的分销网络。

（八）产品上线和运营

一旦产品准备就绪，可以开始产品的上线和运营。这一步包括以下活动。

上线发布：发布产品，确保产品在线上和线下销售渠道都可用。

客户支持：提供客户支持，包括预订帮助、问题解答和投诉处理。

运营管理：管理产品的日常运营，包括团队管理、资源分配、成本控制和供应链管理。

数据分析和改进：收集数据和用户反馈，分析产品的表现，不断改进产品和服务。

（九）维护和更新

文旅产品的维护和更新是一个持续的过程。这一步包括以下活动。

维护服务质量：持续提供高质量的服务，确保客户满意度。

更新文化内容：定期更新文化内容，以保持产品的新鲜感和吸引力。

技术升级：跟踪技术趋势，进行技术升级，以提供更好的用户体验。

市场反应：根据市场反馈和竞争情况，调整产品的定位和策略。

持续改进：不断寻求改进的机会，以提高产品的竞争力和客户满意度。

（十）评估和反馈

最后一步是对产品的评估和反馈。这一步包括以下活动。

定期评估：定期评估产品的性能、市场份额、客户满意度和盈利状况。

用户反馈：收集用户反馈，了解用户体验和需求，以指导产品的改进。

市场趋势：持续关注市场趋势和竞争情况，以适应市场变化。

新机会：寻找新的市场机会和合作伙伴，以扩大产品的影响力和盈利能力。

通过这十个步骤的详细规划和执行，文旅产品的开发过程可以更加系统化和有序。同时，不同产品的开发过程可能会有所差异，取决于产品类型、目标市场和其他因素。所以，在实际操作中，产品提供商需要结合特定情况进行适度的调整和自定义，以确保产品的成功开发和推广。

二、非遗数字化从创意到实施的设计过程

非物质文化遗产是人类文化的重要组成部分，代表了世界各地不同地区的传统、知识、技能、表演和实践，为了保护、传承和推广非遗，数字化技术成为一个有力的工具，可以帮助保存这些宝贵的文化元素并使它们更广泛地传播。本文将探讨非遗数字化的设计过程，从创意阶段到实施和推广阶段，以帮助理解如何有效地利用数字技术来保护和传承非遗文化。

（一）概念和创意阶段

非遗数字化的设计过程的第一阶段涉及概念和创意的产生。在这一阶段，设计团队需要明确以下关键要点。

目标和愿景：明确项目的目标和愿景，包括要数字化的非遗元素、项目的规模和范围以及项目的长期愿景。

受众群体：确定项目的目标受众，包括不同年龄、文化背景和兴趣的人群。这有助于设计内容和功能以满足不同受众的需求。

文化尊重：考虑如何尊重和保护当地文化的重要性，设计团队需要了解非遗元素的背景和文化敏感性，以确保数字化项目不会造成文化污蔑或误解。

技术选择：确定采用的数字化技术和工具。这可以包括虚拟现实、增强现实、移动应用程序、网站等。技术选择应根据项目的特性和目标受众来确定。

合作伙伴：寻找与项目相关的合作伙伴，包括当地非遗传承者、文化机构、数字技术公司等。合作伙伴可以提供专业知识和资源，以支持项目的实施。

（二）项目规划与准备阶段

一旦概念和创意明确，设计团队需要开始项目的规划和准备。这一阶段包括以下步骤。

需求分析：明确项目的详细需求，包括内容、功能、用户体验、安全性、可访问性等方面的要求。

预算和资源规划：明确项目的预算、资源需求和时间表。这包括资金、人力资源、硬件和软件设备等。

内容采集和整理：收集和整理与非遗元素相关的内容，包括文本、图像、音频和视频。这需要与非遗传承者和相关机构合作。

技术开发：依据技术选择，进行软件和硬件的开发。这可能包括网站或应用程序的建设、虚拟现实场景的制作等。

用户测试：在项目的早期阶段进行用户测试，以获取反馈并进行改进。这有助于确保项目满足用户需求。

法律和伦理考虑：考虑法律和伦理问题，包括知识产权、文化尊重和隐私保护。这有助于确保项目合法合规。

（三）实施和开发阶段

实施和开发阶段是非遗数字化项目的核心，涉及技术的实施和内容的创作。以下是具体的步骤。

内容创建和录制：创建和录制非遗元素的内容，包括文化解释、故事叙述、音乐、舞蹈、工艺制作等。这可能需要专业的摄影师、音频工程师、编辑和演员等。

技术实施：根据项目的技术选择，开始实施数字化方案。这可能包括建设网站、开发应用程序、制作虚拟现实内容等。

数据管理和存储：建立数据管理和存储系统，以存储和管理非遗元素的内容。这需要确保数据的安全性和可访问性。

互动设计：设计用户界面和互动体验，以使用户能够与非遗元素进行互动。这包括导览、游戏、虚拟实境等功能的设计。

用户测试：在项目的中期和后期阶段进行用户测试，以确保内容和技术的质量和可用性。用户反馈将用于改进项目。

（四）推广和宣传阶段

一旦非遗数字化项目完成，需要进行推广和宣传，以吸引目标受众并提高项目的知名度。这一阶段包括以下步骤。

市场推广策略：制定市场推广策略，包括目标市场、推广渠道和宣传材料。

社交媒体和在线宣传：利用社交媒体、博客、新闻稿和其他在线渠道进行宣传，以吸引在线受众。

合作伙伴关系：建立与文化机构、旅游机构、数字媒体等相关合作伙伴的关系，以扩大宣传范围。

活动和展示：参加相关文化和数字技术活动，展示项目并吸引潜在用户。

用户教育：提供用户培训和教育，以帮助他们了解如何使用项目和互动。

（五）评估和反馈阶段

项目的最后一阶段是评估和反馈。这一阶段的目标是确定项目的成功度和改进机会。以下是具体的步骤。

用户反馈：定期收集用户反馈，了解用户体验和需求。这可以包括用户调查、焦点小组讨论和用户行为分析。

绩效评估：评估项目的性能，包括用户量、用户参与度、用户留存率等指标。这有助于了解项目的成功度。

内容更新：根据用户反馈和绩效评估的结果，进行项目内容的更新和改进。这有助于确保项目保持新鲜和有吸引力。

持续发展：考虑项目的长期发展和可持续性，包括长期维护、更新和扩展计划。

社会影响：评估项目对社区和文化的影响，包括文化传承和保护方面的影响。

法律和伦理考虑：定期审查法律和伦理问题，保证项目的合法合规。

非遗数字化项目的设计过程是一个复杂而多层次的过程，需要多个部门和合作伙伴之间的密切协作，这一过程需要综合考虑文化尊重、技术实施、用户体验和宣传策略等多个方面。通过有效的规划和执行，非遗数字化项目可以帮助保护和传承宝贵的非遗文化，同时也使更多人能够亲身体验和了解这些文化元素。

三、文旅产品开发中的团队合作

文旅产品开发是一个综合性的过程,需要多个部门和角色之间的密切协作,以确保产品的成功。文旅产品通常涉及旅游、文化、技术和服务等多个领域,因此跨职能团队的合作尤为重要。本文将讨论文旅产品开发中的团队合作,强调各种团队成员的角色和合作方式,以确保项目的顺利进行和成功推出。

(一)团队成员及其角色

文旅产品开发中的团队通常包括以下各种成员,每个成员在项目中发挥不同的角色和职能。

产品经理:产品经理是项目的领导者,负责项目的规划、执行和成功。他们需要明确产品的愿景和目标,并将其传达给整个团队。产品经理还需要协调不同团队成员之间的合作,确保项目按计划推进。

设计师:设计师负责产品的用户界面和用户体验设计。他们需要创建产品的视觉元素、交互流程和用户界面,确保产品吸引人且易于使用。

开发团队:开发团队包括前端和后端开发人员,他们负责实施产品的技术部分。前端开发人员处理用户界面,后端开发人员处理服务器端和数据库。

内容创作者:内容创作者负责产品中的文本、图像、音频和视频内容的创建和编辑。他们需要与其他团队成员协作,以确保内容与产品愿景一致。

营销和销售团队:营销和销售团队负责产品的推广和销售。他们需要制定市场推广策略,与合作伙伴合作,并吸引用户。

文化专家和传承者:文旅产品通常涉及文化和遗产,因此文化专家和传承者在项目中扮演关键角色。他们提供文化知识和资源,保证产品尊重和传承当地文化。

项目经理:项目经理负责项目的进度追踪、资源分配和风险管理。他们确保项目按时交付并在预算内。

测试团队：测试团队负责测试产品的功能、性能和用户体验。他们发现和报告问题，以帮助改进产品。

（二）团队合作方式

在文旅产品开发中，团队合作方式至关重要，以确保项目的成功。以下是一些关键的团队合作方式。

沟通：团队成员之间的及时、透明和有效沟通至关重要，团队成员应定期开会、交流信息和分享进展，以确保所有人都了解项目的状态和需求。

合作：不同团队成员之间的合作至关重要。产品经理需要协调各个部门之间的工作，确保各个方面都协调一致。

创意共享：团队成员应该鼓励创意共享和思维交流。这有助于提出新的创意和解决问题。

反馈：提供和接受反馈是团队合作的重要部分。团队成员应该能够接受反馈，以改进自己的工作和项目。

灵活性：在文旅产品开发中，可能会出现变化和挑战。团队成员需要具备灵活性，以适应新的情况和问题。

目标导向：所有团队成员应该将项目的目标和用户需求放在首位。团队的共同目标应该是提供高质量的产品，满足用户需求。

（三）项目生命周期中的团队合作

文旅产品开发是一个连续的过程，需要团队合作在整个项目生命周期中发挥关键作用。以下是项目生命周期中不同阶段的团队合作。

初始阶段：在项目的初始阶段，团队需要共同制定项目的目标和计划。产品经理、设计师和文化专家需要明确项目的愿景，技术团队和内容创作者需要了解项目的需求和技术要求。

设计和开发阶段：在设计和开发阶段，各个团队需要密切合作，以确保产品的设计、内容和技术实施一致。设计师和内容创作者需要与开发团队协调，以将设计元素和内容整合到产品中。

测试和优化阶段：在测试和优化阶段，测试团队需要与开发团队合作，以发现和报告问题。开发团队需要根据测试结果进行改进。

推广和销售阶段：在推广和销售阶段，营销和销售团队需要与产品经理、设计师和文化专家合作，以制定市场推广策略，创建宣传材料，吸引用户。

持续维护和更新阶段：一旦产品上线，团队需要继续合作，以确保产品的持续维护和更新，技术团队需要协助解决技术问题，设计师和内容创作者需要提供新的内容和改进，销售和营销团队需要持续宣传产品。

（四）挑战与解决方案

文旅产品开发中的团队合作可能会面临一些挑战，但可以通过采取一些解决方案来应对这些挑战。

跨职能合作：文旅产品开发涉及多个领域的专业知识，可能导致不同团队之间的沟通和合作问题。解决方案是确保项目经理具有跨职能领导能力，能够协调不同部门之间的工作，并促进信息共享。

技术复杂性：文旅产品可能需要复杂的技术实施，这可能会导致技术团队和非技术团队之间的理解差距。解决方案是定期举行跨部门会议，以解释技术问题和项目进展，并确保所有团队成员都明白。

文化差异：文旅产品通常涉及不同文化和传统，这可能导致文化差异问题。解决方案是与文化专家和传承者紧密合作，确保产品尊重和传承当地文化。

时间和资源约束：文旅产品开发可能受到时间和资源的限制。解决方案是在项目规划阶段制订详细的项目计划，确保项目进度受控。

反馈和改进：团队成员需要学会接受反馈，并依据用户反馈和项目绩效评估的结果进行改进。解决方案是创建一个开放的反馈文化，鼓励团队成员分享意见和建议。

法律和伦理问题：文旅产品开发可能涉及法律和伦理问题，如知识产权、隐私和文化尊重。解决方案是与法律专家合作，确保项目合法合规。

在文旅产品开发中，团队合作是取得成功的关键。不同职能团队之间的协调和合作，以及跨部门的沟通，都将有利于确保产品的高质量、用户满意度和市场竞争力。通过充分理解每个团队成员的角色和职能，以及采取适当的合作方式和解决方案，文旅产品开发可以更加高效和顺利。

第四节 文旅产品与非遗数字化的关联

一、非遗数字化与文旅产品的关联性

非遗数字化和文旅产品是两个不同领域的概念,但它们之间存在密切的关联性。非遗数字化涉及将传统的非物质文化遗产数字化保存和传承,而文旅产品是一种结合了文化、旅游和数字技术的产品,旨在提供与文化和旅游相关的体验。下面将探讨非遗数字化和文旅产品之间的关系,以及它们如何共同推动文化传承、旅游业和数字技术的发展。

(一)非遗数字化的重要性

非遗数字化是指将非物质文化遗产的各种元素,如传统技艺、表演艺术、口头传统等,以数字形式保存、传承和展示。这些非遗元素是一个社区或文化的独特遗产,代表着传统知识、技能和文化认同。非遗数字化的重要性体现在以下几个方面。

保护文化遗产:非遗数字化有助于保护濒临消失的传统文化元素。通过数字化,这些元素可以在数字媒体上永久保存,避免了物质文化遗产受到时间、自然灾害或人为破坏的威胁。

传承和教育:数字化平台可以为年轻一代提供了解和学习传统文化的机会,传统技艺和知识可以以互动和可视化的方式传达,使年轻人更容易理解和学习。

促进文化交流:非遗数字化不仅有助于保护本地文化,还可以促进文化交流和理解。数字化内容可以在全球范围内共享,让不同文化之间的交流更加容易。

旅游推广:非遗数字化可以成为旅游推广的有力工具。许多游客对体验当地文化和传统感兴趣,数字化平台可以为他们提供有关非遗元素的信息和体验。

(二)文旅产品的概念和特点

文旅产品是结合了文化、旅游和数字技术的产品,旨在提供与文化和旅游相关的体验。文旅产品的特点包括以下几个方面。

文化体验:文旅产品通常涉及本地文化元素,如传统表演、工艺制作、食物和民俗等。这些产品旨在为游客提供与当地文化相关的独特体验。

旅游体验:文旅产品通常与旅游有关,可以包括旅游线路、导览、景点参观等。它们旨在吸引游客并提供丰富的旅游体验。

数字技术应用:文旅产品利用数字技术,如移动应用程序、虚拟现实、增强现实等,以增强用户体验。这些技术可以为游客提供互动、娱乐和教育体验。

传播文化价值:文旅产品有助于传播文化价值,向游客介绍本地文化、历史和传统。它们有助于推广文化遗产和提高文化认知。

促进可持续旅游:文旅产品还可以促进可持续旅游,鼓励游客尊重当地文化和环境。

(三)非遗数字化与文旅产品的关联性

非遗数字化和文旅产品之间存在密切的关联性,这种关联性体现在以下几个方面。

丰富文旅产品内容:非遗数字化为文旅产品提供了丰富的文化内容,传统技艺、表演艺术、口头传统等非遗元素可以成为文旅产品的一部分,为游客提供更深入的文化体验。

保护和传承文化遗产:非遗数字化有助于保护和传承文化遗产,而文旅产品可以将这些文化元素呈现给更广泛的受众。通过数字化,非遗元素可以在文旅产品中得到传承和展示。

提升文旅产品体验:数字技术可以为文旅产品提供更丰富的体验。例如,虚拟现实技术可以让游客身临其境地体验传统表演,而移动应用程序可以提供导览和互动体验。

旅游推广和营销:非遗数字化可以为文旅产品的旅游推广和营销提供内容和素材。文化传承的故事、影像和音频可以用于吸引游客,让他们了解和体验当地文化。

文化交流和理解：非遗数字化和文旅产品可以促进文化交流和理解。通过数字化平台，不同文化之间的交流更加容易，游客可以更好地理解和尊重当地文化。

可持续旅游：非遗数字化和文旅产品的联合应用还有助于促进可持续旅游。通过文旅产品，游客可以更好地了解当地文化和环境，从而更尊重和保护这些资源。

教育和传播：文旅产品和非遗数字化可以用于教育和文化传播。学校、博物馆和文化机构可以使用这些工具来教育学生和公众，促进文化认知和尊重。

经济发展：文旅产品和非遗数字化还有助于经济发展。通过吸引游客，提供旅游服务和文化产品，可以创造就业机会，促进本地经济增长。

非遗数字化和文旅产品之间存在密切的关联性，它们共同推动了文化传承、旅游业和数字技术的发展。非遗数字化通过将传统文化元素数字化保存和传承，为文旅产品提供了丰富的文化内容。文旅产品利用数字技术提供与文化和旅游相关的体验，促进了文化交流、旅游推广和可持续旅游。

为了充分发挥非遗数字化和文旅产品的潜力，需要不同领域的专业知识和团队合作。文旅产品开发中的团队成员，如产品经理、设计师、开发团队、文化专家、营销和销售团队等，需要密切协作，以确保产品的成功，通过合作和共同努力，非遗数字化和文旅产品可以为保护文化遗产、推广旅游和促进文化传承做出重要贡献。

综上所述，非遗数字化与文旅产品之间的关联性将在未来继续发展，为社会、文化和旅游领域带来更多机会和创新。这种关联性不仅有助于文化的传承和保护，还有助于丰富旅游体验和促进数字技术的应用。非遗数字化和文旅产品的结合是一个有前景的领域，值得继续探索和发展。

二、如何将非遗数字化融入文旅产品设计

非遗数字化和文旅产品设计的结合可以为旅游业带来独特的文化体验，同时有助于保护和传承传统文化遗产。下面将探讨如何将非遗数字化融入文旅产品设计，以丰富旅游体验、吸引游客，并为非遗文化的保护和传承做出贡献。

（一）了解非遗数字化和文旅产品设计

在深入探讨如何融入非遗数字化到文旅产品设计之前，首先需要了解这两个概念的基本概念。

非遗数字化：非遗数字化是指将非物质文化遗产数字化保存和传承的过程。这包括传统技艺、口头传统、表演艺术、手工艺品和其他文化元素的数字化。非遗数字化的目标是通过数字媒体和技术将这些文化元素保存、传播和展示，便于更多人了解和学习。

文旅产品设计：文旅产品设计是一种结合了文化、旅游和数字技术的产品开发过程。文旅产品旨在提供与文化和旅游相关的体验，包括旅游线路、导览、虚拟现实体验、文化表演和互动应用程序等。

（二）融入非遗数字化到文旅产品设计的方法

为了将非遗数字化融入文旅产品设计，可以采取以下方法。

1. 收集非遗数字化内容

在文旅产品设计之前，需要收集和整理相关的非遗数字化内容。这包括传统技艺的视频教程、口头传统的录音、文化表演的音频和视频，以及与手工艺品相关的图像和文字材料，这些内容将成为文旅产品的基础。

2. 创造互动体验

利用数字技术，设计可以与游客互动的体验。例如，可以开发虚拟现实应用程序，让游客身临其境地体验传统文化表演，或者设计互动游戏，让游客参与传统技艺的学习和实践。

3. 整合非遗元素

将非遗数字化内容整合到文旅产品中，以丰富产品的内容和体验。这可以包括将传统技艺的教程添加到导览应用程序中，将口头传统的故事融入旅游线路，或者在文化表演中使用数字技术元素。

4. 提供教育和信息

利用文旅产品为游客提供有关非遗文化的教育和信息。在产品中包括相关的文化历史、传统技艺的背景信息，以及当地文化的故事和传说。这有助于增强游客对非遗文化的认知和理解。

5. 制定可持续旅游策略

将非遗数字化与可持续旅游原则相结合，以确保文旅产品的设计不会对当地文化和环境造成负面影响。鼓励游客尊重文化，减少浪费和环境损害，促进可持续旅游。

6. 吸引多样化的受众

在文旅产品设计中考虑吸引不同受众的方式。不同年龄、文化背景和兴趣的游客可能对非遗数字化内容有不同的需求。设计产品时要考虑如何吸引和满足不同的受众。

7. 制定市场推广策略

利用非遗数字化内容来制定市场推广策略，吸引游客。将非遗数字化内容作为产品的卖点，通过社交媒体、博客、新闻稿和合作伙伴关系来推广产品。

将非遗数字化融入文旅产品设计是一个激动人心的领域，可以为旅游业带来更多的文化体验和吸引力。通过收集非遗数字化内容、创造互动体验、整合非遗元素、提供教育和信息、制定可持续旅游策略、吸引多样化的受众和制定市场推广策略，可以实现这一目标。

融合非遗数字化与文旅产品设计不仅能够丰富游客的文化体验，还有助于保护和传承传统文化遗产。这种融合是一个有前景的领域，将继续推动旅游业的创新和可持续发展。通过充分发挥非遗数字化的潜力，文旅产品可以成为文化传承和旅游体验的有力工具。

综上所述，非遗数字化与文旅产品的结合是一个有前景的领域，有助于旅游业的创新和文化传承。这些成功的案例研究为我们提供了宝贵的启发，将数字技术与非物质文化遗产相结合，为游客提供独特的文化体验，同时也加强了文化的保护和传承。这种结合有助于丰富文旅产品，为文化遗产的传承和推广提供了新的机会。

第三章 非遗数字化在文旅产品中的应用

第一节 非遗数字化与文旅产品创新

一、非遗数字化如何促进文旅产品的创新

非遗（非物质文化遗产）代表了一个国家或地区丰富的文化传统，但在现代社会中，这些传统往往面临着失传的危险。数字化技术的崛起为非遗的保护和传承提供了新的机遇。下面将探讨非遗数字化如何促进文旅产品的创新，分析数字化技术对非遗传承和文旅产品开发的影响，并探讨未来的发展趋势。

（一）非遗的重要性与数字化的兴起

非遗是指一国或地区的文化传统，包括传统技艺、民间文化、传统表演、口头传统和社会实践等，这些非遗元素承载着国家或地区的历史、价值观和文化身份，是文化遗产的重要组成部分。然而，随着社会的快速发展和现代化的冲击，很多非遗传统面临着失传的风险。因此，非遗的保护和传承变得尤为重要。

数字化技术的兴起为非遗的保护和传承提供了新的机遇。数字化技术包括互联网、虚拟现实、人工智能等，这些技术可以用来记录、保存、传播和推广非遗文化。数字化技术不仅可以帮助保存非遗元素，还可以为其注入新的活力，推动文旅产品的创新发展。

（二）数字化技术对非遗传承的影响

数字化技术对非遗传承有多方面的积极影响。

1. 记录和保存

数字化技术可以用来记录和保存非遗元素。传统的非遗传承通常是口头传承或师徒制，容易受到时间和环境的限制。通过数字化技术，非遗元素可以被记录下来，保存在数字媒体中，便于后人学习和研究。这样可以防止非遗的失传，同时也减轻了传承者的负担。

2. 传播和推广

数字化技术可以帮助非遗文化传播和推广。通过互联网和社交媒体，非遗元素可以迅速传播到世界各地。人们可以通过在线视频、博客和社交媒体了解非遗文化，这有助于提高非遗的知名度，吸引更多的人关注和参与非遗传承。

3. 教育和培训

数字化技术还可以用于非遗的教育和培训。虚拟现实技术可以模拟非遗技艺的学习和实践过程，使学习更加生动和亲身。人工智能可以提供个性化的教育资源，根据学习者的需求和兴趣提供定制的培训内容。这有助于吸引更多年轻人参与非遗的传承。

（三）数字化技术对文旅产品的创新

数字化技术不仅影响非遗的传承，还促进了文旅产品的创新。

1. 虚拟旅游

数字化技术可以为文旅产品提供虚拟旅游体验。通过虚拟现实技术，游客可以在不离开家门的情况下体验非遗文化。他们可以参观虚拟博物馆，观看传统表演，甚至参与互动体验，如学习非遗技艺。这为那些无法亲临现场的游客提供了全新的体验。

2. 个性化推荐

数字化技术可以结合游客的兴趣和需求提供个性化的旅游推荐。通过分析游客的喜好和行为数据，文旅产品可以为他们推荐符合其兴趣的非遗体验和景点。这不仅提高了游客的满意度，还有助于推广非遗文化。

3. 创意合作

数字化技术可以促进不同领域之间的创意合作。文旅产品可以与数字媒体、科技公司和艺术家合作，创造新的非遗体验。例如，合作开发虚拟现实展览，将非遗元素与数字艺术相结合，创造出独特的文旅产品，这种创意合作有助于吸引更广泛的受众，提高非遗文化的影响力。

（四）未来的发展趋势

非遗数字化和文旅产品的创新是一个不断发展的领域，未来有许多发展趋势值得关注。

1. 移动应用

移动应用将成为非遗数字化和文旅产品创新的重要工具。通过手机应用，游客可以随时随地访问非遗信息和体验。这有助于提高非遗的可访问性和亲民性。

2. 区域性合作

未来，更多的地区将合作开展非遗数字化项目。这种跨区域合作可以促进不同地区之间的文化交流和共享资源。例如，不同地区可以共同开发数字化平台，展示各自的非遗文化，吸引更广泛的游客和投资。

3. 文化创意产业

非遗数字化和文旅产品的创新将推动文化创意产业的发展。通过数字化技术，非遗元素可以与现代文化相结合，创造出独特的文创产品。这有助于提高非遗文化的商业化价值，为传承者提供更多的经济支持。

4. 环保可持续性

在数字化非遗和文旅产品的发展中，环保可持续性将成为一个重要关注点，数字化技术应该被用于降低能源消耗和减少对环境的负面影响。同时，文旅产品的设计和运营也应考虑可持续性因素，以保护自然资源和文化遗产。

5. 教育与培训

数字化非遗将继续在教育和培训领域发挥作用。学校和文化机构可以利用数字化技术为学生提供非遗教育，帮助他们了解和尊重自己的文化传统。数字化培训也可以为传承者提供更多的资源和支持，帮助他们传承非遗技艺。

非遗数字化是保护和传承非遗文化的重要手段，同时也推广了文旅产品的创新发展。数字化技术对非遗传承的影响包括记录和保存、传播和推广、教育和培训等多个方面。数字化技术还为文旅产品提供了虚拟旅游、个性化推荐和创意合作等新机会。未来，移动应用、区域性合作、文化创意产业、环保可持续性和教育与培训将是非遗数字化和文旅产品创新的重要发展趋势。通过数字化技术的应用，我们可以更好地保护和传承非遗文化，同时创造出更具吸引力和创新性的文旅产品，加强文化遗产的传承与发展。

二、文旅产品中的非遗元素创意应用

文旅产品是结合文化旅游和产品创新的产物，非遗元素作为文化遗产的重要组成部分，在文旅产品中的创意应用是一项重要而有趣的挑战。下面将探讨非遗元素在文旅产品中的创意应用，分析不同领域的案例以及这些创新如何丰富了文旅体验，促进了文化遗产的传承与发展。

（一）文旅产品与非遗元素

文旅产品是结合了旅游和文化元素的产品，旨在吸引游客并传播当地文化。这些产品可以包括旅游路线、主题活动、文化展览、手工艺品、美食和表演等。非遗元素是指国家或地区的非物质文化遗产，包括传统技艺、民间文化、传统表演、口头传统和社会实践等。将非遗元素融入文旅产品中，不仅能够丰富文旅体验，还有利于保护和传承非遗文化。

（二）文旅产品中的非遗元素创意应用领域

非遗元素可以在文旅产品中的不同领域得到创意应用，包括以下几个方面。

1. 旅游路线与景点

非遗元素可以成为旅游路线的亮点。例如，一条非遗之旅可以引导游客参观传统工艺品的工坊、欣赏传统音乐和舞蹈表演，或品尝地道的非遗美食。这些景点和活动可以让游客深入了解当地的非遗文化，同时也提供了独特的旅游体验。

2. 文化展览和博物馆

文化展览和博物馆是传播非遗文化的理想场所。通过展示非遗技艺、历史和故事，博物馆可以吸引游客的兴趣。在展览中，通过使用现代技术如虚拟现实、互动展示和多媒体解释，可以使非遗元素更生动、有趣，帮助游客更深入地理解和欣赏非遗文化。

3. 手工艺品和纪念品

手工艺品和纪念品是文旅产品的重要组成部分。非遗元素可以被应用于手工艺品的设计和制作。例如，传统纺织、陶瓷、木雕等技艺可以用于制作纪念品，使其具有文化内涵。这些产品可以成为游客购买的纪念品，同时也促进了非遗技艺的传承。

4. 美食与烹饪体验

非遗美食是文旅产品中的独特吸引力之一，将传统烹饪技巧和食材与现代烹饪相结合，可以创造出新颖的美食体验。餐厅和烹饪课程可以让游客品尝并学习非遗美食的制作，这不仅满足了口味，也传承了独特的烹饪技艺。

5. 表演和文化活动

传统表演和文化活动是文旅产品中的一大亮点。非遗元素如传统音乐、舞蹈、戏剧等可以成为文化演出和活动的一部分。这些表演不仅可以吸引观众，还可以为演员提供表演机会，促进了传统艺术的传承。

（三）非遗元素创意应用的益处

将非遗元素创意应用于文旅产品中有多重益处。

保护和传承非遗文化：通过将非遗元素融入文旅产品，可以提高人们对非遗文化的认知和重视，促进其传承。

丰富文旅体验：非遗元素的创意应用丰富了文旅产品，为游客提供更多独特的文化体验。

增加吸引力和竞争力：文旅产品中的非遗元素增加了产品的吸引力，吸引更多游客前来参观和体验。

促进经济增长：非遗元素的创意应用为当地经济带来了新的机会，创造了就业机会，推动了旅游业和手工艺品市场的发展。

文化交流：非遗元素的创意应用促进了不同文化之间的交流和理解，有助于国际文化交流。

（四）挑战和未来发展

虽然非遗元素在文旅产品中的创意应用带来了许多优势，但也面临一些挑战，其中包括以下几个方面。

保护和尊重：在创意应用非遗元素时，必须确保文化的尊重和保护。不应该将非遗文化视为商业盈利的工具，而应该遵循道德和文化保护原则。

传承问题：有些非遗元素可能面临传承问题，因为传统技艺需要时间和资源来学习和传授。文旅产品中的非遗元素创意应用需要提供支持和培训，以确保传承者的存在和技艺的传承。

非遗元素在文旅产品中的创意应用在未来发展方向包括以下几个方面。

数字技术的应用：数字技术如虚拟现实、增强现实和在线教育可以进一步丰富文旅产品中的非遗元素，为游客提供更多互动和受教育机会。

可持续旅游：可持续旅游和非遗元素的结合是未来的发展趋势。文旅产品可以强调环保和社会责任，同时传播非遗文化。

跨界合作：跨界合作可以创造更多的非遗元素创意应用机会。合作可以涵盖不同领域，如科技、设计、媒体和艺术，为文旅产品注入创新力。

非遗元素在文旅产品中的创意应用为文化遗产的传承和发展提供了重要支持。这种应用丰富了文旅产品，吸引了更多游客，同时也促进了非遗文化的传承。然而，创意应用非遗元素需要谨慎处理，以确保文化的尊重和保护。未来，数字技术、可持续旅游和跨界合作将推动非遗元素创意应用的更多发展机会，为文旅产品带来更多惊喜和体验。

三、非遗数字化与文旅产品的增值

非物质文化遗产在全球范围内具有重要的文化、历史和艺术价值，是人类文化遗产的重要组成部分。然而，随着现代化的推进，非遗传统逐渐失传，亟待保护和传承。同时，文旅产业作为一种新兴产业，也需要寻找更多的文化元素来丰富和增值。下面将探讨非遗数字化与文旅产品的结合，以实现非遗的保护、传承和增值，为文旅产业的发展注入新的活力。

（一）非遗数字化的重要性

1. 保护非遗传统

非遗传统是一个国家或地区特有的文化财富，但因为现代生活方式的改变，很多传统技艺和文化元素面临失传的风险。数字化技术可以帮助记录、保存和传承这些传统，确保它们不会被人们遗忘。

2. 促进非遗传承

非遗传承通常需要师徒制度和口头传统，但这种方式在现代社会不再适用。数字化技术可以通过录音、视频和虚拟现实等手段来记录和传授非遗技艺，使传承更为便捷和广泛。

3. 扩大非遗传播范围

通过数字化手段，非遗文化可以跨越地域和语言的限制，更容易传播到全球各地，为世界各国人民提供了了解和欣赏非遗的机会。

（二）非遗数字化的实施方式

1. 录音和录像

录音和录像是最常见的非遗数字化方式之一。通过录制音频和视频，可以准确记录下非遗表演、技艺的过程和细节，便于后人学习和研究。

2. 虚拟现实和增强现实

虚拟现实和增强现实技术可以为非遗文化创造出全新的传播方式。人们可以通过 VR 头盔或 AR 应用程序来沉浸式的体验非遗表演和技艺，增强互动性和吸引力。

3. 互联网平台

互联网平台可以用来存储、共享和传播非遗数字化内容。这包括网站、社交媒体和在线博物馆等，通过这些平台，非遗内容可以轻松地传播到全球各地，吸引更多的观众和学习者。

4. 数据库和信息管理系统

为了更好地管理非遗数字化内容，可以创建专门的数据库和信息管理系统。这些系统可以帮助研究人员和保护机构更好地组织和检索非遗相关信息，促进研究和传承工作。

（三）文旅产品与非遗数字化的融合

1. 互动体验

将非遗数字化内容融入文旅产品中，可以为游客提供更加丰富的互动体验。例如，游客可以通过 AR 应用程序在景区内欣赏传统表演，或者参与非遗技艺的互动工作坊。

2. 定制旅游路线

文旅产品可以利用非遗数字化内容来为游客提供定制的旅游路线。这些路线可以结合游客的兴趣和偏好，引导他们探索与非遗相关的景点和活动。

3. 艺术表演和展览

文旅产品可以包括非遗数字化内容的艺术表演和展览。这些表演和展览可以在景区或博物馆内举行，吸引更多的观众了解和欣赏非遗文化。

4. 教育和培训

非遗数字化内容可以用于教育和培训。文旅产品可以提供非遗技艺的学习机会，吸引更多的人参与到非遗的传承工作中。

（四）非遗数字化与文旅产品的挑战

1. 技术挑战

非遗数字化需要高质量的录音、录像和虚拟现实技术支持，这需要投入大量的资金和专业人才。同时，数字化内容的长期保存和维护也是一个挑战。

2. 文化保护与商业开发的平衡

在将非遗数字化内容融入文旅产品时，需要平衡文化保护和商业开发的需求，过度商业化可能会破坏非遗文化的本质，因此需要制定合适的政策和规范来引导发展。

3. 传统与现代的结合

非遗数字化需要将传统文化元素与现代技术融合，这需要谨慎的策划和创新，以保证数字化内容既能传承传统，又具有现代吸引力。

4. 文化教育和推广

将非遗数字化内容融入文旅产品后，需要进行相关的文化教育和推广工作，以引起公众的兴趣和认知。这需要投入时间和资源，以确保非遗数字化内容能够得到广泛认可和接受。

5. 可持续发展

非遗数字化与文旅产品的结合应考虑长期可持续发展。这包括如何维持数字化内容的更新和质量，以及如何在文旅产品中持续吸引游客和投资。

非遗数字化与文旅产品的结合可以为非遗的保护、传承和增值提供新的途径。通过录音、录像、虚拟现实和互联网平台等手段，非遗文化可以更广泛地传播和传承。将非遗数字化内容融入文旅产品中，可以为游客提供更加丰富的互动体验，定制旅游路线，展示艺术表演和展览，以及提供教育和培训机会。然而，实施非遗数字化和文旅产品的融合也面临一系列挑战，包括技术、文化保护、传统与现代的结合、文化教育和推广，以及可持续发展。成功的案例分析表明，通过合理规划和投入，非遗数字化与文旅产品的结合可以为文化遗产的传承和发展带来巨大潜力，为文旅产业注入新的活力。

因此，政府、文化机构和企业应共同合作，制定相关政策和规范，促进非遗数字化与文旅产品的融合，以实现非遗的保护、传承和增值，为文旅产业的可持续发展做出贡献。同时，公众也应加强对非遗文化的认知和支持，积极参与非遗数字化与文旅产品的体验和推广，以保护和传承这一宝贵的文化遗产。

第二节　非遗数字化对文旅产品体验的影响

一、非遗数字化如何改善游客体验

非遗数字化是一种利用数字技术来保护、传承和推广非物质文化遗产的方法。随着数字技术的不断发展，非遗数字化已经成为一个重要的手段，用来丰富游客的文化体验。下面将探讨非遗数字化如何改善游客体验，以及其在旅游和文化产业中的作用。

（一）非遗数字化与游客体验

1. 互动性和参与度提高

非遗数字化可以为游客提供更高的互动性和参与度。通过虚拟现实和增强现实技术，游客可以与非遗文化互动，获得身临其境的体验。他们可以参与非遗技艺的互动工作坊，观看传统表演，或者在在线展览中探索非遗文化。这种互动性使游客更深入地了解非遗文化，增加了他们的参与感。

2. 丰富的文化内容

非遗数字化为游客提供了丰富的文化内容。通过高清影像、虚拟游览、在线展览等方式，游客可以远程欣赏非遗元素，无须亲临现场。他们可以了解非遗的历史、传统技艺、传统音乐和舞蹈，以及文化背后的故事。这种文化内容的丰富性使游客对目的地的文化遗产有更深刻的理解。

3. 拓宽受众范围

非遗数字化能够跨越地域和语言的限制，将非遗文化传播到全球各地，这意味着文化遗产可以吸引来自不同国家和文化背景的游客。游客不再受到地理位置的限制，可以远程了解和体验非遗文化。这有助于拓宽受众范围，吸引更多的游客。

4. 教育和传承

非遗数字化为文化教育和传承提供了新的工具和资源。学生可以通过在线教育平台学习传统技艺和非遗文化，研究人员可以利用数字化内容进行深入研究。这有助于提高非遗的传承水平，使非遗更好地融入教育体系。同时，年轻一代也可以通过数字化内容更便捷地了解和学习非遗文化。

（二）非遗数字化的具体应用

1. 虚拟现实游览

虚拟现实游览是非遗数字化的一种重要应用方式。游客可以通过戴上VR头盔或使用智能手机应用程序，沉浸在传统场景中，欣赏非遗元素。这种体验使游客感觉自己身临其境，可以近距离观察非遗技艺、传统表演和文化景点。例如，游客可以在虚拟现实中参观古代宫殿、工艺坊、传统村庄等，获得身临其境的文化体验。

虚拟现实游览不仅可以吸引远程游客，也可以提供给现场游客。一些景点和博物馆已经将虚拟现实设备引入展览中，使游客可以在展览现场深入了解文化遗产。这种技术的应用不仅增加了游客的参与度，还增加了景点的吸引力。

2. 在线展览和博物馆

非遗数字化也可以通过在线展览和博物馆来改善游客体验。这些在线平台展示了非遗元素，包括传统工艺品、传统服饰、传统音乐和舞蹈等。游客可以在任何时间、任何地点浏览这些展览，了解非遗文化。

在线展览和博物馆提供了互动性，游客可以放大图像、旋转物品、点击了解更多信息。这种互动性使游客更深入地了解非遗元素，提高了他们的学习兴趣。另外，这些在线展览和博物馆也拓宽了受众范围，吸引了更多的观众，包括那些无法亲临现场的人。

3. 在线文化课程和工作坊

非遗数字化还为游客提供了学习和参与非遗文化的机会。许多非遗项目开设了在线文化课程和工作坊，邀请非遗传承人和专家教授技艺和文化。这些课程涵盖了各种传统技艺，如传统绘画、传统乐器演奏、传统舞蹈等。

通过在线课程和工作坊，游客可以近距离学习传统技艺，了解传承人的故事和经验。这种亲身参与的体验使游客更加亲近非遗文化，激发了他们的兴趣，促进了文化传承。学生、文化爱好者和艺术家都可以从这些课程中受益，学习和传承非遗文化。

4. 文化互动应用

一些非遗数字化应用还包括文化互动应用程序，使游客可以积极参与文化体验。这些应用程序通常结合了虚拟现实、提高现实和互动游戏元素，为游客提供了与非遗文化互动的机会。例如，游客可以通过应用程序与传统乐器互动演奏，学习传统舞蹈步骤，或者模拟传统工艺品制作过程。

这些文化互动应用不仅提供了有趣的娱乐体验，还增加了游客的参与度。游客可以通过应用程序与非遗元素互动，亲身体验非遗文化。这种互动性使游客更深入地了解文化遗产，增强了他们的文化认同感。

（三）非遗数字化在旅游和文化产业中的作用

1. 促进旅游业发展

非遗数字化为旅游业的发展提供了新的机遇。通过数字化技术，旅游目的地可以吸引更多的游客，提高知名度，增加游客满意度。虚拟现实游览、在线展览和文化互动应用等应用方式可以为旅游目的地带来新的吸引力，使游客更愿意前来参观。这有助于推动旅游业的发展，提高地方经济的收入。

2. 丰富文化旅游产品

非遗数字化丰富了文化旅游产品。传统的文化旅游产品通常包括导览、表演和文化展览，但非遗数字化为这些产品增加了新的元素。游客可以通过虚拟现实游览来亲身体验非遗文化，参与在线文化课程学习传统技艺，或者通过文化互动应用进行互动体验。这使文化旅游产品更加多样化，满足了不同游客的需求和兴趣。

3. 增加景区知名度

采用非遗数字化技术的景区可以提高知名度。通过互联网和社交媒体，游客可以分享他们的体验和互动，推广景区的品牌。这有助于吸引更多的游客，促进旅游业的增长。游客通过分享他们的虚拟现实游览或在线课程体验，可以吸引更多人前来参观，同时为景区带来口碑效应。

4. 促进文化传承

非遗数字化与文旅产品的结合不仅有助于文旅产业的发展，还促进了非遗的传承。通过数字化内容的传播，非遗元素得以更广泛地传承，吸引更多的年轻一代参与。这有助于保护和传承非遗文化，使其得以延续。非遗数字化应用中的在线展览、课程和工作坊也为非遗传承人提供了新的传播途径，使他们能够将传统技艺传承给更多的人。

5. 促进创新和可持续发展

非遗数字化与文旅产品的结合也促进了创新和可持续发展。文旅产品可以利用数字技术开展创新，吸引更多的投资和合作伙伴。这有助于文旅产业的长期可持续发展，为地方经济做出贡献。非遗数字化应用还鼓励文创产业的发展，创造新的就业机会，促进经济增长。

非遗数字化在改善游客体验方面发挥了积极作用，它丰富了文化旅游产品，增加了互动性和参与度，扩大了受众范围，提高了文化旅游的吸引力。非遗数字化不仅为游客提供了新的体验，还有助于文化传承、促进旅游业发展，增加景区知名度，提高文化认同感。因此，非遗数字化在旅游和文化产业中具有重要的作用，将继续为文化保护和传承做出贡献。为了实现非遗数字化的潜在潜力，政府、文化机构和企业应共同合作，制定相关政策和规范，推动非遗数字化的发展，以满足不断变化的游客需要，提高游客体验。通过共同努力，我们可以保障非遗文化的宝贵遗产能够传承下去，继续为我们的文化和社会做出贡献。

二、文旅产品中的互动性和参与性

文旅产品是指结合了文化和旅游元素的产品和体验，旨在吸引游客并丰富他们的文化体验。互动性和参与性是文旅产品中的两个重要特征，它们可以增强游客的参与感和体验感，从而提高文旅产品的吸引力。下面将探讨互动性和参与性在文旅产品中的作用，以及它们如何丰富游客的文化体验。

（一）互动性在文旅产品中的作用

1. 互动性的定义

互动性是指游客与文旅产品之间的双向交流和互动。这种互动可以通过各种方式实现，包括虚拟现实体验、互动展览、工作坊、文化互动应用程序等。互动性使游客能够积极参与文旅产品，而不仅仅是被动地观看和聆听。这种积极参与可以增加游客的参与感和体验感，使他们更深入地了解文化和历史。

2. 增加游客的参与感

互动性可以增加游客的参与感。当游客可以亲身参与文旅产品中的活动时，他们会感到更加亲近和投入。例如，通过虚拟现实游览，游客可以亲身体验文化景点，感受历史场景，而不仅仅是通过图片和文字来了解。这种参与感可以激发游客的兴趣，使他们更加关注文旅产品。

3. 丰富游客的文化体验

互动性可以丰富游客的文化体验。通过互动展览、工作坊和文化互动应用程序，游客可以近距离了解传统技艺、传统舞蹈、传统工艺等。他们可以亲自体验和学习，这种亲身体验使游客更深入地了解文化遗产，增加他们的文化认同感。

4. 提高文旅产品的吸引力

互动性提高了文旅产品的吸引力。当游客可以积极参与并与文旅产品互动时，他们更有可能选择参观和参与。互动性使文旅产品变得更具吸引力，吸引了更多的游客。这有助于增加游客满意度和增加文旅产品的知名度。

（二）参与性在文旅产品中的作用

1. 参与性的定义

参与性是指游客在文旅产品中的积极参与和投入。参与性可以通过参与文化表演、参与工作坊、参与文化互动应用程序等方式实现。参与性使游客成为文旅产品的一部分，他们不仅仅是观众，还是参与者，这种积极参与可以提高游客的参与感和满意度。

2. 增强游客的参与感

参与性可以增强游客的参与感。当游客可以积极参与文旅产品中的活动时，他们会感到更加投入和参与。参与性使游客有机会与传统表演者互动、与传统技艺传承人学习技艺，或者参与文化互动应用程序中的互动游戏。这种积极参与增加了游客的满足感和快乐感。

3. 丰富游客的文化体验

参与性可以丰富游客的文化体验。通过参与文化表演、工作坊和互动应用程序，游客可以近距离了解文化元素、传统技艺和传统工艺。他们可以亲自参与、学习和体验，这种亲身参与使游客更深入地了解文化遗产，增加他们的文化认同感。

4. 增加游客的满意度

参与性提高了游客的满意度。当游客可以积极参与并投入时，他们更有可能感到满意和满足。参与性使游客参与到文旅产品中，与文化传承者和其他游客互动,建立联系。这种积极的参与感可以提高游客的满意度,使他们对文旅产品有更积极的看法。

(三)互动性和参与性的成功案例

1. 虚拟现实文化体验

虚拟现实技术已经在文旅产品中得到广泛应用,以增加互动性和参与性。例如,一些历史博物馆和文化景点提供虚拟现实游览,使游客可以通过 VR 头盔沉浸在历史场景中。他们可以近距离观看历史事件与历史人物互动,了解历史文化。

虚拟现实文化体验不仅增加了互动性,还增加了参与性。游客可以亲自探索文化景点,了解文化遗产,与虚拟环境中的对象互动。这种虚拟互动的体验使游客成为文旅产品的一部分,而不仅仅是旁观者。

2. 互动展览和工作坊

互动展览和工作坊是另一个增加互动性和参与性的方法。一些文化机构和博物馆举办互动展览,允许游客参与其中。这些展览通常包括互动装置、实验室、互动展品等,鼓励游客亲自探索文化元素。

3. 文化互动应用程序

文化互动应用程序也是一种增加互动性和参与性的工具。这些应用程序通常结合了虚拟现实、增强现实和互动游戏元素,为游客提供了与文化元素互动的机会。例如,一些历史景点提供文化互动应用,允许游客通过应用程序解锁历史信息、观看虚拟历史重现、解决谜题等。

4. 文化节庆和表演

文化节庆和表演也是增加互动性和参与性的途径。这些活动通常包括传统表演、音乐会、舞蹈表演等,允许游客参与其中。游客可以观看传统表演,与表演者互动,学习传统舞蹈和音乐,了解当地文化。

互动性和参与性是文旅产品中的重要特征,它们可以增强游客的参与感和体验感,丰富文化体验,提高文旅产品的吸引力。虚拟现实文化体验、互动展览和工作坊、文化互动应用程序、文化节庆和表演等方式都可以增加互动性和参与性,提高游客的满意度和文化认同感。为了提供更丰富和有趣的文化体验,文旅产品的设计和开发应考虑如何增加互动性和参与性,从而吸引更多的游客并促进文化传承,通过互动性和参与性,文旅产品可以更好地满足不同游客的需求,提高他们的文化体验和满意度。

三、游客对非遗数字化的反馈与满意度

非遗数字化是一种利用数字技术来保护、传承和推广非物质文化遗产的方法。通过数字化技术,非遗元素可以以更多元的方式呈现给游客,从虚拟现实游览到在线展览和文化互动应用。在这一过程中,游客的反馈和满意度对于非遗数字化的成功至关重要。下面将探讨游客对非遗数字化的反馈和满意度,以了解他们的需要和期望,以及如何进一步提高非遗数字化的效果。

(一)非遗数字化的重要性

1. 非遗数字化的背景

非物质文化遗产是人类文化的重要组成部分,包括传统技艺、表演艺术、口头传统、节庆、音乐、舞蹈等。然而,许多非遗元素面临着失传的威胁,因为它们受到社会、经济和文化变革的影响。为了保护和传承非遗文化,非遗数字化应运而生。它利用数字技术来记录、保存、传播和推广非遗元素,进而使更多人能够了解和欣赏非遗文化。

2. 游客的关键角色

游客在非遗数字化中扮演了关键角色。他们是非遗文化的受众和参与者,他们的反馈和满意度直接影响了非遗数字化的成效。游客的反馈可以提供有关数字化内容的价值和质量的信息,可以帮助改进和完善数字化产品。游客的满意度则可以影响他们的文化体验和对非遗文化的认同感。

3. 游客需求和期望

了解游客的需求和期望是非遗数字化成功的关键。游客参观非遗数字化产品和体验时,他们希望能够获得有趣、有启发性和有教育意义的体验。他们也希望能够轻松获得信息,参与互动,了解非遗文化的历史和背景。因此,非遗数字化应该能够满足这些需求和期望,以此吸引更多的游客。

（二）游客对非遗数字化的反馈

1. 参观者反馈

游客的反馈可以通过多种方式获得，包括参观者问卷、在线评论、社交媒体反馈等。这些反馈通常包括对非遗数字化产品和体验的评价，包括虚拟现实游览、在线展览、文化互动应用等。游客通常会提供有关产品内容、互动性、视觉效果、信息准确性等方面的意见和建议。

例如，一位游客可能会评论一个虚拟现实游览，提到他在虚拟现实中感受到了身临其境的体验，但也可能提到虚拟环境中的图像质量需要改善。另一位游客可能会评论一个在线展览，赞扬展览的内容丰富，但建议增加互动元素。这些反馈提供了宝贵的信息，有助于改进非遗数字化产品。

2. 参与者反馈

一些非遗数字化产品允许游客积极参与，例如参与文化互动应用、工作坊和互动展览。在这些情况下，游客的反馈更加积极，因为他们有机会与非遗文化互动。游客通常会提供有关互动性、教育性、趣味性等方面的反馈。

例如，一位参与工艺品制作工作坊的游客可能会提到他学到了传统工艺技艺，感到非常满足。另一位参与文化互动应用的游客可能会分享他在应用中解锁了有趣的挑战，增加了他的文化知识。这些反馈说明互动性对于游客的参与感和满意度非常重要。

（三）游客满意度与非遗数字化的关系

1. 游客满意度的重要性

游客满意度是非遗数字化成功的关键指标。当游客对非遗数字化产品感到满意时，他们更有可能积极参与、推荐给他人，并成为文化遗产的支持者。高游客满意度可以提高产品的知名度，吸引更多的游客，促进文化传承。

2. 游客满意度与反馈的关系

游客的反馈通常与满意度有关。游客提供的反馈可以帮助改进非遗数字化产品，解决问题，增加产品的吸引力。当游客看到他们的反馈得到了回应，他们更有可能感到满意。因此，收集和分析游客的反馈是增强游客满意度的一种有效途径。

3. 游客满意度与文化体验的关系

游客满意度与文化体验紧密相互关联。当游客对非遗数字化产品感到满意时，他们通常会有更丰富和积极的文化体验。他们可能更深入地了解非遗文化，更好地理解其历史和背景，更有可能与文化传承者互动，建立联系。满意度还可以影响游客的文化认同感，使他们更有可能支持和参与文化传承。

相反，当游客对非遗数字化产品感到不满意时，他们可能会错失丰富的文化体验。他们可能感到产品内容不吸引人、互动性不足、信息不准确或虚假，这可能降低他们的兴趣，减少他们的参与感，降低他们的文化认同感。

4. 游客满意度与推广

游客满意度还与非遗数字化产品的推广密切相关。满意的游客更有可能成为产品的推广者，他们可能会口口相传，在社交媒体上分享他们的积极体验，吸引更多人参与。满意的游客还可能成为文化遗产的支持者，愿意为其保护和传承做出贡献。因此，游客满意度可以帮助提高非遗数字化产品的知名度和影响力。

（四）提高游客满意度的途径

1. 提供高质量的内容

为了提高游客满意度，非遗数字化产品应提供高质量的内容。这包括准确的信息、引人入胜的故事、视觉效果和声音效果的优良。游客通常会对内容的质量提出要求，因此投资于内容的质量是非常重要的。

2. 增加互动性和参与性

互动性和参与性是提高游客满意度的关键。非遗数字化产品应鼓励游客积极参与，提供互动元素和体验。这可以包括虚拟现实游览、在线展览、文化互动应用、工作坊等。通过提供这些互动性和参与性，非遗数字化产品可以提高游客的满意度。

3. 收集和回应反馈

非遗数字化产品的提供者应积极收集和回应游客的反馈。游客的意见和建议可以帮助改进产品，解决问题，满足他们的需要和期望。当游客看到他们的反馈得到了回应时，他们更有可能感到满意，愿意继续参与。

4. 个性化体验

个性化体验可以提高游客满意度。非遗数字化产品可以通过个性化推荐、定制化内容和互动元素，满足不同游客的需求和兴趣，个性化体验使游客感到被重视和尊重，增加了他们的满意度。

5. 提供教育性体验

非遗数字化产品可以提供教育性体验，增加游客的学习和理解。这可以通过提供详细的信息、历史背景、教育元素等方式实现。教育性体验使游客更深入地了解非遗文化，提高了他们的文化认同感。

游客的反馈和满意度对于非遗数字化的成功至关重要。了解游客的需求和期望，收集他们的反馈，提高互动性和参与性，个性化体验，提供高质量的内容，以及教育性体验都可以帮助提高游客满意度。游客满意度不仅影响非遗数字化产品的知名度和影响力，还可以促进文化传承和保护。通过不断改进和提高游客满意度，非遗数字化可以更好地实现其目标，使非物质文化遗产得以保护和传承。

第三节　文旅产品的数字化推广与营销

一、数字化推广策略与渠道选择

在当今数字化时代，数字化推广策略和渠道选择对于企业和组织的成功至关重要。数字化推广允许企业通过在线渠道吸引潜在客户、提高品牌知名度、增加销售和交流目标受众。然而，成功的数字化推广不仅仅依赖于使用适当的工具和渠道，还需要精心策划和执行。下面将探讨数字化推广策略的关键要素，以及如何选择合适的数字化渠道来实施这些策略。

（一）数字化推广策略的关键要素

1. 目标设定

数字化推广策略的第一步是明确定义目标。企业和组织需要明确他们希望通过数字化推广实现什么目标。这些目标可以包括增加销售、提高品牌知名度、吸引更多潜在客户、创建客户关系、提高在线可见性等。明确定义目标有助于指导整个数字化推广过程，确保每一步都朝着实现这些目标的方向前进。

2. 受众分析

了解目标受众是数字化推广策略的另一个关键要素。企业需要确定他们的目标受众是谁，他们的需求和兴趣是什么，以及他们在在线空间的活动方式，受众分析可以帮助企业精确定位潜在客户，为他们提供有针对性的内容和信息。

3. 内容策略

内容在数字化推广中起着至关重要的作用。企业需要开发有吸引力和有价值的内容，以吸引潜在客户并保持现有客户的兴趣。内容可以包括文章、视频、社交媒体帖子、博客、电子邮件营销等。内容策略应与目标受众的需求和兴趣保持一致，并定期更新以维持新鲜感。

4. 社交媒体策略

社交媒体在数字化推广中扮演着重要角色。企业需要确定哪些社交媒体平台与他们的目标受众最相关，并制定社交媒体策略。这包括发布内容、与受众互动、提高品牌知名度、推广产品和服务等。社交媒体策略应与整体数字化推广策略协调一致。

5. 搜索引擎优化（SEO）

搜索引擎优化是帮助企业在搜索引擎结果中获得更高排名的关键因素。通过优化网站内容和结构，使用关键字、元标记和外部链接，企业可以提高他们的在线可见性。SEO是吸引潜在客户的有效方式，因此它应该纳入数字化推广策略。

6. 数据分析和监测

数据分析和监测是数字化推广策略的重要组成部分。企业需要使用分析工具来跟踪网站访问量、社交媒体活动、电子邮件营销效果等，通过分析数据，企业可以了解哪些策略和渠道最有效，哪些需要改进。数据分析和监测可以帮助企业不断优化他们的数字化推广策略。

（二）数字化推广渠道的选择

1. 网站和博客

企业的网站是数字化推广的中心。它是企业展示产品和服务、提供信息、吸引潜在客户的主要平台。博客是网站的一部分，可以用来发布有关行业趋势、产品信息、教育性内容等的文章。通过优化网站内容，使其与受众需求相关，可以提高在线可见性。

2. 社交媒体

社交媒体平台可以用来建立品牌知名度、吸引受众并与他们互动。选择适合目标受众的社交媒体平台至关重要。企业应根据他们的产品、服务和受众需求来选择适当的社交媒体渠道。

3. 电子邮件营销

电子邮件营销是与现有客户建立联系、提供个性化内容和促进销售的有力工具。通过构建邮件列表，企业可以向客户发送特别优惠、新闻、博客文章等内容。电子邮件营销需要确保邮件内容有价值且受众相关，以提高开信率和转化率。

4. 内容营销

内容营销包括创建有吸引力的内容，以吸引潜在客户并提高品牌知名度。这可以包括博客文章、视频、社交媒体帖子、白皮书等。内容应与目标受众的需求和兴趣相关，以提供有价值的信息。

5. 搜索引擎广告

搜索引擎广告是一种付费广告形式，允许企业在搜索引擎结果中显示广告。企业可以选择关键字和广告文，并支付每次点击费用。搜索引擎广告可以在短时间内吸引潜在客户，但需要有效管理广告预算和关键字选择，以获得最佳结果。

6. 社交媒体广告

社交媒体广告允许企业在社交媒体平台上发布有针对性的广告。企业可以选择受众特征、兴趣和行为，并根据这些标准显示广告。社交媒体广告可以提高品牌知名度，吸引潜在客户，并推广产品和服务。

7. 内容广告

内容广告是一种通过赞助文章、视频和其他内容来推广品牌的方式。企业可以合作发布商或内容创建者，以将他们的品牌整合到有价值的内容中。内容广告可以帮助企业建立信任和吸引潜在客户。

8. 应用程序推广

应用程序推广是特定于移动应用程序的推广策略。它包括在应用商店中进行优化，使用社交媒体广告、搜索引擎广告和应用内广告来吸引用户下载和使用应用程序。应用程序推广适用于具有移动应用程序的企业和组织。

9. 口碑营销

口碑营销是通过客户口口相传来推广品牌的方式。企业可以鼓励客户在社交媒体上分享积极的评论、推荐产品和服务，并参与社区讨论。积极的口碑可以帮助建立信任和吸引潜在客户。

（三）成功数字化推广策略的关键要素

1. 一致性和整合

一致性和整合是成功数字化推广策略的关键要素。企业需要确保他们的在线和离线推广活动一致，以保持一致的品牌形象。整合不同的数字化渠道，以确保它们在实现相同的目标上协同工作。

2. 定期更新和优化

数字化推广策略需要定期更新和优化。数字化领域不断变化，因此企业需要跟踪趋势和技术的发展，不断改进他们的策略，通过数据分析和监测，企业可以识别哪些策略和渠道最有效，并进行优化。

3. 客户互动和参与

成功的数字化推广策略需要建立客户互动和参与。企业应与客户建立联系，回应他们的需求和问题，鼓励他们参与社交媒体讨论和评论。积极的客户互动可以提高客户忠诚度，帮助传播积极的口碑。

4.网站和移动优化

企业的网站和移动应用程序需要进行优化，以提供出色的用户体验。网站应具有响应式设计，以适应不同的设备和屏幕尺寸。移动应用程序应易于导航，加载速度快，提供有价值的内容。

5.分析和监测

数据分析和监测是成功数字化推广策略的关键。企业应使用分析工具来跟踪网站访问量、社交媒体活动、电子邮件营销效果等。通过分析数据，企业可以了解哪些策略和渠道最有效，哪些需要改进。

数字化推广策略和渠道选择对于企业和组织的成功至关重要，通过明确定义目标、受众分析、内容策略、社交媒体策略、搜索引擎优化、数据分析和监测等关键要素，企业可以制定成功的数字化推广策略。选择合适的数字化渠道，如网站、社交媒体、电子邮件营销、搜索引擎广告、内容广告、应用程序推广等，有助于实施这些策略。成功的数字化推广策略需要一致性和整合、定期更新和优化、客户互动和参与、网站和移动优化、数据分析和监测。通过综合考虑这些关键要素，企业可以建立成功的数字化推广策略，提高品牌知名度、吸引潜在客户、增加销售和实现目标。

二、社交媒体与数字化宣传

社交媒体已经成为当今数字化时代中最重要的宣传工具之一。在互联网的普及和智能手机的普及下，社交媒体平台已成为企业和组织与受众互动、传播信息、推广品牌和实现宣传目标的关键工具。下面将探讨社交媒体在数字化宣传中的关键作用，以及如何制定有效的社交媒体宣传策略。

（一）社交媒体的重要性

1.社交媒体的普及

社交媒体已经成为全球各地人们日常生活的一部分。根据数据，全球有数十亿的社交媒体用户，每天都在平台上分享信息、与朋友互动、获取新闻和信息。这种广泛的应用使社交媒体成为一个极具潜力的数字化宣传渠道。

2. 目标受众的存在

在社交媒体上，各种不同年龄、背景、兴趣和地理位置的人都有存在。这意味着企业和组织可以通过社交媒体平台轻松地与他们的目标受众互动。不同的社交媒体平台吸引了不同的用户群体，因此企业可以选择适合他们目标受众的平台。

3. 受众互动和分享

社交媒体不仅仅是信息传播的渠道，更是互动和分享的平台。用户可以评论、点赞、分享、转发和提到其他用户，从而扩散信息和内容。这种互动和分享使社交媒体成为宣传信息的有效途径，可以在短时间内传播到大量潜在受众。

4. 数据分析和监测

社交媒体平台提供了丰富的数据分析和监测工具，使企业能够跟踪其宣传活动的效果。通过分析数据，企业可以了解哪些内容受欢迎，哪些不受欢迎，哪些时间段是受众活跃的时候，以及其他有关受众行为的信息。这些数据可以帮助企业不断优化他们的宣传策略。

（二）制定社交媒体宣传策略

1. 目标设定

制定社交媒体宣传策略的第一步是明确目标。企业需要明确他们希望通过社交媒体宣传实现什么目标，这可以包括增加品牌知名度、吸引潜在客户、提高销售、建立客户关系、传播信息等。明确的目标有助于指导宣传策略的制定。

2. 受众分析

了解目标受众是社交媒体宣传策略的关键。企业需要确定他们的目标受众是谁，他们的需求和兴趣是什么，他们在社交媒体上的行为方式。受众分析可以帮助企业精确定位潜在客户，为他们提供有针对性的内容和信息。

3. 内容策略

内容在社交媒体宣传中起着至关重要的作用。企业需要开发有吸引力和有价值的内容，以此吸引潜在客户并保持现有客户的兴趣。内容可以包括文章、图片、视频、故事、博客等。内容策略应与目标受众的需求和兴趣保持一致，并定期更新以维持新鲜感。

4. 社交媒体渠道选择

选择适合的社交媒体平台是关键。不同的平台吸引了不同的受众，因此企业需要根据他们的目标受众和宣传目标来选择适当的平台。

5. 内容发布和时间管理

社交媒体宣传需要一定的时间管理和计划。企业需要确定何时发布内容，以便能够吸引受众的注意。不同的社交媒体平台在不同的时间段可能更活跃，因此企业需要依据受众的行为来决定发布时间。

6. 受众互动和回应

与受众互动和回应是社交媒体宣传的关键部分。企业应积极回应受众的评论、问题和需求，与他们建立联系。互动可以增强客户忠诚度，建立信任，推广品牌。

7. 数据分析和监测

数据分析和监测是社交媒体宣传的关键要素。企业需要使用社交媒体平台提供的数据分析工具来跟踪受众互动、内容效果、关注者增长等。通过分析数据，企业可以了解他们的宣传策略的效果，并进行优化。

（三）成功社交媒体宣传策略的关键要素

1. 一致性和整合

一致性和整合是成功社交媒体宣传策略的关键要素。企业需要保障他们的社交媒体宣传活动与他们的品牌形象和价值观一致。另外，社交媒体宣传应与其他宣传渠道和活动协同工作，以提供一致的信息和信息。

2. 创新和创造力

社交媒体宣传需要创新和创造力。企业应寻找独特的方式来吸引受众的注意，例如创造有趣的内容、使用引人入胜的故事、制作视觉吸引力强的图像和视频等。创新和创造力可以帮助企业在竞争激烈的社交媒体环境中脱颖而出。

3. 社交媒体广告

社交媒体广告是推广品牌和产品的有力工具。企业可以使用社交媒体广告来推广特定的内容、活动和产品，吸引更多潜在客户。广告需要定位受众，并使用吸引人的文案和图像来引起他们的注意。

4. 积极管理声誉

社交媒体宣传也包括积极管理声誉。企业需要监测社交媒体上的评论、反馈和提及，回应负面的评论，解决问题，并强调积极的信息和故事。积极管理声誉可以帮助维护品牌的声誉和信誉。

5. 测量和评估

社交媒体宣传策略的成功需要测量和评估。企业应定期评估宣传活动的效果，包括关注者增长、互动率、转化率等指标。依据评估结果，企业可以调整宣传策略，以提高效果。

社交媒体已经成为数字化宣传中不可或缺的一部分。通过明确目标、受众分析、内容策略、社交媒体渠道选择、内容发布和时间管理、受众互动和回应、数据分析和监测等关键要素，企业可以制定成功的社交媒体宣传策略。成功的社交媒体宣传需要一致性和整合、创新和创造力、社交媒体广告、声誉管理、测量和评估。通过综合考虑这些要素，企业可以建立成功的社交媒体宣传策略，吸引受众的注意，传播信息，推广品牌，并实现宣传目标。社交媒体宣传不仅有助于提高企业的知名度，还可以促进客户互动，建立关系，增加销售，为企业的成功做出贡献。

三、数字化营销对文旅产品销售的影响

数字化营销已成为当今商业世界中不可缺少的一部分，对各个行业都产生了深远的影响，尤其是在文化旅游产品销售领域。文旅产品包括文化遗产旅游、博物馆、艺术表演、历史古迹和其他文化相关的旅游体验。数字化营销为文旅产品的销售带来了许多新机遇和挑战。下面将探讨数字化营销对文旅产品销售的影响，并分析其中的关键因素。

（一）数字化营销的定义和重要性

1. 数字化营销的定义

数字化营销是利用数字技术和互联网渠道来推广产品、服务和品牌的过程。它包括在线广告、社交媒体营销、电子邮件营销、搜索引擎优化、

内容营销、移动应用程序等多种方式。数字化营销旨在吸引潜在客户、提高品牌知名度、促进销售和与客户建立关系。

2. 数字化营销的重要性

数字化营销在当今商业环境中变得至关重要。它允许企业以更低的成本吸引全球受众，提高品牌知名度，增加销售。数字化营销还提供了精细的目标定位能力，使企业能够将广告和内容传递给特定的受众，提高广告效果。另外，数字化营销还提供了大量的数据和分析工具，帮助企业更好地了解受众需求和行为，从而更好地满足他们的期望。

（二）数字化营销对文旅产品销售的影响

1. 提高在线可见性

数字化营销通过搜索引擎优化和社交媒体宣传等方式，帮助文旅产品提高在线可见性。潜在客户通常会在互联网上搜索相关信息，因此通过优化网站和社交媒体资料，文旅产品可以在搜索引擎结果中获得更高排名，吸引更多受众。这提高了文旅产品的曝光率，使更多人了解并购买。

2. 增加受众互动

数字化营销通过社交媒体平台、电子邮件和在线广告等方式，鼓励受众与文旅产品进行互动。受众可以通过评论、点赞、分享和提问来参与，并提供反馈和评论。这种互动有利于建立客户关系，增强客户忠诚度，并促进销售。

3. 个性化体验

数字化营销可以提供个性化的体验。通过使用数据分析和用户行为跟踪，文旅产品可以了解受众的需求和兴趣，然后提供有针对性的内容和推荐。这可以增加受众的满意度，使他们更有可能购买。

4. 提供丰富内容

数字化营销可以帮助文旅产品提供丰富多彩的内容，包括博客文章、视频、虚拟导览、在线展览和社交媒体帖子等。这些内容可以吸引潜在客户，并提供更深入的文化体验，鼓励他们参与和了解文旅产品。

5. 提高品牌知名度

数字化营销是提高品牌知名度的有力工具。通过社交媒体广告、在线广告和内容推广，文旅产品可以将品牌信息传播给更广泛的受众。这有助于建立品牌的声誉和信誉，增强受众的信任度。

（三）数字化营销的关键因素

1. 目标设定

数字化营销策略的第一步是明确目标。企业需要确定他们希望通过数字化营销实现什么目标，例如增加销售、提高品牌知名度、建立客户关系、吸引更多受众等，明确的目标有助于指导数字化营销策略的制定和执行。

2. 受众分析

了解目标受众是数字化营销的关键。文旅产品需要明确他们的目标受众是谁，他们的需求和兴趣是什么，他们在互联网上的行为方式。受众分析可以帮助文旅产品精确定位潜在客户，为他们提供有针对性的内容和信息。

3. 内容策略

内容在数字化营销中起着至关重要的作用。文旅产品需要开发有吸引力和有价值的内容，以吸引潜在客户并保持现有客户的兴趣。内容可以包括旅游指南、历史故事、博物馆导览、文化活动信息等。内容策略应与目标受众的需求和兴趣保持一致，并定期更新以保持新鲜感。

4. 社交媒体平台选择

选择适合的社交媒体平台是关键。不同的平台吸引了不同的用户群体，因此文旅产品需要根据他们的目标受众和宣传目标来选择适当的平台。

5. 数据分析和监测

数据分析和监测是数字化营销的关键要素。文旅产品需要使用分析工具来跟踪网站访问量、社交媒体活动、电子邮件营销效果等。通过分析数据，文旅产品可以了解哪些策略和渠道最有效，哪些需要改进，从而不断优化他们的数字化营销策略。

数字化营销对文旅产品销售产生了深远的影响。通过提高在线可见性、增加受众互动、提供个性化体验、提供丰富内容和提高品牌知名度，数字化营销为文旅产品销售带来了新机遇。然而，成功的数字化营销需要明确的目标、受众分析、内容策略、社交媒体平台选择、数据分析和监测等关键要素。通过综合考虑这些要素，文旅产品可以建立成功的数字化营销策略，吸引更多受众，提高销售，并提供更丰富的文化旅游体验。数字化营销已成为文旅产品推广和销售的不可缺少的一部分，将在未来继续发挥重要作用。

第四章 文化保护与可持续发展

第一节 非遗数字化对文化保护的影响

一、非遗数字化在文化保护中的作用

继承和传承传统文化是每个国家和社会的责任,而非物质文化遗产是这一传统文化的重要组成部分。非遗数字化是一种新兴的方法,它利用数字技术,如互联网、虚拟现实、人工智能等,来保护、传承和传播非物质文化遗产。下面将探讨非遗数字化在文化保护中的作用,包括其优势、应用领域、挑战和未来发展方向。

(一)非遗数字化的优势

保护和保存:数字化技术可以用来记录、保存和保护非遗,包括口头传统、音乐、舞蹈、传统手工艺等。数字化媒体可以记录非遗的表演、传统技艺和口述历史,防止它们的丧失和损坏。

传承和传播:数字化技术可以帮助传承非遗,让年轻一代更容易学习和了解传统文化。通过数字媒体,非遗可以传播到全球各地,促进跨文化的交流和理解。

互动和参与:虚拟现实、互动应用和社交媒体等数字技术可以让人们更加亲身地参与非遗文化,例如模拟传统舞蹈、互动传统音乐演出等,增强了非遗的吸引力和参与度。

可持续性:数字化可以为非遗的可持续性提供支持。通过在线教育、

数字化市场和虚拟演出，非遗传承者可以获得经济和社会支持，从而鼓励他们继续传承非遗。

国际传播：数字化技术使非遗可以更容易地传播到国际社会。这有助于国家和地区的文化外交，提高文化在国际上的影响力。

（二）非遗数字化的应用领域

文化档案和保存：数字化技术用于创建非遗文化档案，包括照片、视频、音频、文字等，以记录非遗的表演、技艺和历史。这有助于文化机构、博物馆和图书馆保存非遗信息，以供未来研究和展示。

在线教育和培训：数字化平台可以用于在线教育和培训，使非遗传承者能够向更广泛的受众传授他们的技艺。这有助于传承非遗，同时也为传承者提供了经济机会。

虚拟展览和演出：虚拟现实和增强现实技术可以用于创建虚拟展览和演出，让人们可以在虚拟世界中亲身体验非遗文化。这为非遗的传播提供了新的途径。

社交媒体和网络社群：社交媒体和在线社群可以用来分享非遗信息和经验，促进非遗的传播和互动。许多非遗传承者和爱好者在社交媒体上分享他们的知识和技艺。

数据分析和研究：数字化技术可以用于对非遗数据的分析和研究，以了解非遗的演化、传播和影响。这有助于学者和研究人员更好地理解非遗文化。

（三）非遗数字化的挑战

尽管非遗数字化带来了许多优势和新的应用领域，但也面临一些挑战。

技术差距：一些非遗传承者可能缺少数字技术的知识和资源，导致他们难以参与数字化过程。

数字内容的可持续性：数字内容的保存和维护需要持续的资源和努力。如果没有足够的支持，数字内容可能会丧失或损坏。

知识产权和文化敏感性：数字化内容的知识产权问题和文化敏感性是一个挑战，因为非遗可能涉及社会和文化的敏感问题。如何平衡知识产权和文化传承是一个复杂的问题。

数字鸿沟：数字鸿沟是指不同地区和社群之间在数字技术和互联网访问方面的差距。一些地区和社群可能无法充分利用数字化技术来传承非遗。

隐私和安全问题：数字化媒体可能涉及个人隐私和数据安全问题，特别是在涉及虚拟现实和互动应用时。

（四）未来发展方向

为了克服上述挑战，非遗数字化需要采取一系列措施来提高可持续性和效益。以下是一些未来发展方向。

数字化技术普及：非遗数字化需要致力于普及数字技术，包括培训非遗传承者和爱好者使用数字工具和平台。政府和非政府组织可以提供资源和支持，以保障更多人可以参与数字化过程。

知识产权和文化保护：需要制定更明晰的知识产权政策，以此保护非遗传承者的权益。同时，应制定相关法律和准则，确保文化敏感性得到尊重和保护。

合作和跨界交流：非遗数字化需要更多的国际和区域合作，以促进文化交流和跨界合作。共享最佳实践和资源，有助于推动非遗的全球传播和保护。

文化创意产业：数字化可以推动文化创意产业的发展，为非遗传承者提供经济机会。政府和企业可以支持文化创意产业的发展，以创造更多的就业和收入机会。

数字展示和体验：未来，虚拟现实、增强现实和互动应用等技术将更加成熟，可以用于创建更丰富、沉浸式的数字展示和体验，帮助人们更好地了解和欣赏非遗文化。

教育和传承网络：建立教育和传承网络，连接非遗传承者、教育机构和爱好者，以促进知识传递和技艺传承。这些网络可以为学习者提供在线资源和指导，同时也为传承者提供支持和合作机会。

文化自主权和自我表达：非遗数字化需要尊重文化自主权和自我表达，鼓励非遗社群参与数字化过程，决定自己的文化呈现方式和节奏。

非遗数字化在文化保护中发挥着重要作用，可以保护、传承和传播非物质文化遗产。尽管面临一些挑战，但随着技术的不断发展和合作的加强，非遗数字化有望为文化传承和保护提供更多的机会和可能性。通过采取综合性的措施，我们可以更好地利用数字化技术，保护和传承我们珍贵的非遗文化，为下一代留下丰富多彩的文化遗产。

二、文化传承与数字化技术的协同发展

文化传承是人类文明的重要组成部分，代代相传的文化传统是社会和个体认同的重要来源，随着数字化技术的迅速发展，文化传承也迎来了新的机遇和挑战。下面将探讨文化传承与数字化技术的协同发展，包括数字技术在文化传承中的应用、优势、挑战以及未来的发展趋势。

（一）数字技术在文化传承中的应用

数字技术在文化传承中扮演着越来越重要的角色，它广泛应用于以下领域。

数字档案和文物保护：数字技术可以用于创建数字档案，包括文化遗产、历史文物和档案文件。这有助于文物的保存和保护，同时也方便了研究者和公众的访问。

数字化图书馆和博物馆：许多博物馆和图书馆已经数字化其馆藏，使其可以在线浏览。这为人们提供了更多了解历史和文化的机会，无须亲自前往实体机构。

文化传统的数字记录：口头传统、音乐、舞蹈、民间故事等非物质文化遗产可以通过音频和视频记录进行数字化保存。这有助于传统文化的传承和保护。

虚拟现实和增强现实：虚拟现实和增强现实技术可以用于创建沉浸式文化体验，例如虚拟参观历史场所、参与传统节庆等。这有助于更好地传达文化信息和吸引受众。

在线教育和培训：数字化技术可以用于在线教育和培训，使文化传承者可以向更广泛的受众传授他们的知识和技能。这有利于传统文化的传承和普及。

社交媒体和互动体验：社交媒体平台和互动应用可以用于分享文化信

息和互动体验。人们可以通过社交媒体参与文化对话,分享他们的文化故事和经验。

(二)数字技术在文化传承中的优势

保存和保护:数字化技术可以帮助保存和保护文化遗产和传统文化,减少自然灾害、盗窃和人为破坏的风险。

全球传播:数字化内容可以轻松传播到全球各地,促进跨文化的交流和理解。人们可以通过互联网了解和分享不同文化的信息。

可持续性:数字技术可以为文化传承提供更好的可持续性。通过在线教育和数字化市场,文化传承者可以获得经济和社会支持,鼓励他们继续传承文化。

互动和参与:虚拟现实、互动应用和社交媒体等技术可以让人们更加亲身地参与文化体验,提高文化的吸引力和参与度。

知识传递:数字技术可以帮助加速知识传递和技能传承。在线教育和数字化资源可以让年轻一代更容易学习和了解传统文化。

数据分析和研究:数字技术为文化研究和保护提供了更多工具和资源,研究人员可以利用数字化数据来了解文化的演化、传播和影响。

(三)数字技术在文化传承中的挑战

尽管数字技术在文化传承中具有许多优势,但也面临一些挑战。

数字鸿沟:数字技术的普及不平衡,一些地区和社群可能无法充分利用数字技术。这造成了数字鸿沟,使一些文化传承者无法参与数字化过程。

数字化内容的可持续性:数字化内容的保存和维护需要持续的资源和努力。如果没有足够的支持,数字内容可能会丧失或损坏。

隐私和安全问题:数字化媒体可能涉及个人隐私和数据安全问题,特别是在涉及虚拟现实和互动应用时。

知识产权和文化敏感性:数字化内容的知识产权问题和文化敏感性是一个挑战,因为文化传承涉及到社会和文化的敏感问题。如何平衡知识产权和文化传承是一个复杂的问题。

（四）未来发展趋势

为了克服上述挑战，文化传承与数字化技术的协同发展需要采取一系列措施来提高可持续性和效益。以下是一些未来发展趋势。

数字技术的更广泛应用：未来，数字技术将更广泛地应用于文化传承的各个领域。虚拟现实、增强现实、人工智能和区块链等新兴技术将为文化传承提供更多可能性。

文化自主权和多元化：文化传承需要尊重文化自主权，鼓励不同文化传承者和社群参与数字化过程，多元化的文化传承模式将更好地满足各种需求和期望。

国际合作和跨界交流：国际社会将继续加强合作，共同推动文化传承与数字技术的协同发展。共享最佳实践和资源，有助于保护和传承全球文化多样性。

教育和传承网络：建立全球性的教育和传承网络，连接文化传承者、教育机构和爱好者，以促进知识传递和技能传承。这些网络可以为学习者提供在线资源和指导，同时也为传承者提供支持和合作机会。

文化创意产业的发展：数字技术将促进文化创意产业的发展，为文化传承者提供更多经济机会。政府和企业可以支持文化创意产业的发展，以创造更多的就业和收入机会。

社交媒体和社区参与：社交媒体平台和在线社区将继续发挥重要作用，促进文化对话和参与。人们可以通过社交媒体分享他们的文化故事和经验，建立文化传承的社区。

文化传承与数字化技术的协同发展为保护和传承文化遗产提供了新的机遇。数字技术的应用使文化传承更加普及、全球化和互动化，促进了文化传承的可持续性和创新性。然而，挑战也不可忽视，需要政府、文化机构、技术公司和社会组织共同努力，以确保数字技术与文化传承相辅相成，为我们的文化传统留下珍贵的遗产，同时让它们在数字时代继续焕发光彩。文化传承与数字技术的协同发展将为未来的文化多样性和文明传承做出积极的贡献。

三、非遗数字化与文化保护政策

随着全球化和现代化的推进，非遗面临着丧失和衰退的威胁。数字技术的快速发展为非遗的保护和传承提供了新的机遇，同时也引发了与文化保护政策相关的一系列问题。下面将探讨非遗数字化与文化保护政策之间的关系，包括数字技术在非遗保护中的作用、政策制定的挑战以及未来发展趋势。

（一）数字技术在非遗保护中的作用

文化档案和保存：数字技术可以用来创建数字档案，包括文化遗产、历史文物和档案文件。这有助于文化物品的保存和保护，降低了自然灾害、盗窃和人为破坏的风险。

文化传统的数字记录：口头传统、音乐、舞蹈、民间故事等非遗可以通过音频和视频记录进行数字化保存。这有助于传统文化的传承和保护，同时也方便了研究者和公众的访问。

虚拟展览和演出：虚拟现实和增强现实技术可以用于创建虚拟展览和演出，让人们可以在虚拟世界中亲身体验非遗文化。这为非遗的传播提供了新的途径。

在线教育和培训：数字化技术可以用于在线教育和培训，使非遗传承者可以向更广泛的受众传授他们的知识和技能。这有助于传统文化的传承和普及。

社交媒体和网络社群：社交媒体和在线社群可以用来分享非遗信息和经验，促进非遗的传播和互动。许多非遗传承者和爱好者在社交媒体上分享他们的知识和技艺，建立了一个全球性的非遗社区。

数据分析和研究：数字化技术为非遗数据的分析和研究提供了新的工具和资源，以了解非遗的演化、传播和影响。这有助于学者和研究人员更好地理解非遗文化。

（二）文化保护政策的挑战

尽管数字技术在非遗保护中具有许多优势，但也引发了一系列挑战，需要在文化保护政策中加以解决。

数字鸿沟：数字技术的普及不均衡，一些地区和社群可能无法充分利用数字技术。这造成了数字鸿沟，使一些文化传承者无法参与数字化过程。

数字化内容的可持续性：数字化内容的保存和维护需要持续的资源和努力。如果没有足够的支持，数字内容可能会丧失或损坏，尤其是在长期运维和更新方面。

知识产权和文化敏感性：数字化内容的知识产权问题和文化敏感性是一个挑战，因为非遗可能涉及社会和文化的敏感问题。如何平衡知识产权和文化传承是一个复杂的问题，需要政策制定者在保护知识产权的同时尊重文化传统和社区的权益。

隐私和安全问题：数字化媒体可能涉及个人隐私和数据安全问题，特别是在涉及虚拟现实和互动应用时。文化保护政策需要关注这些问题，确保公众和参与者的数据和隐私得到充分保护。

可访问性和包容性：文化保护政策需要确保数字化内容对所有人都是可访问的。数字技术应该为所有人提供平等的机会参与文化传承。

（三）未来发展趋势

为了充分利用数字技术的优势并解决相关挑战，文化保护政策需要朝着以下方向发展。

教育和培训：政府和文化机构可以提供培训和教育，帮助文化传承者和机构掌握数字技术，以更好地参与数字化过程。培训可以覆盖数字化技术的基本知识、数字内容管理、隐私保护等方面。

知识产权保护：文化保护政策需要明确规定数字化内容的知识产权保护措施，以鼓励文化传承者和社群积极参与数字化过程。这可以包括制定专门的法律和准则，明确数字内容的知识产权归属和使用规则。政府可以提供法律援助和知识产权保护服务，以帮助传承者保护其数字资产。

文化教育和意识提升：文化保护政策应该促进文化教育和意识增强。

这可以通过推动非遗教育课程、文化节庆、数字展览等方式实现。人们需要了解非遗的重要性，以便更好地参与保护和传承工作。

国际合作和资源共享：国际合作可以加强文化保护的效果，特别是在跨国界的文化传承项目中。政府和文化机构可以促进跨国界资源共享、合作研究和数字化项目，以加强国际社会对非遗的保护和传承。

制定适应性政策：文化保护政策需要灵活适应不断变化的数字技术和文化传承需求。政府和相关机构需要定期审查政策，以确保其适应不断发展的技术和社会环境。

社会参与和社区合作：政策制定者应鼓励社会参与和社区合作，以推动文化保护工作。社区参与可以确保文化传承的可持续性，同时也能更好地满足当地社群的需求。

数据安全和隐私保护：政策制定者需要设立规定，确保数字化内容的数据安全和隐私得到充分保护。这涉及信息加密、数据存储规定、隐私政策等方面的法规和准则。

非遗数字化与文化保护政策之间存在密切关系，数字技术为非遗的保护和传承提供了新的机遇，同时也引发了一系列挑战，政策制定者需要制定具体的政策和措施，以确保数字技术与文化传承相辅相成，同时也要平衡知识产权、文化敏感性和隐私保护等问题。未来，文化保护政策需要适应不断变化的技术和社会环境，促进国际合作、资源共享和社区合作，以实现文化传承的可持续性和创新性。通过这些努力，我们可以更好地保护和传承我们宝贵的文化遗产，为下一代留下丰富多彩的文化传统。

第二节　可持续发展与非遗数字化的关系

可持续发展是一种广泛接受的发展理念，强调满足目前需求而不损害未来世代的需求。非物质文化遗产代表着一个国家或地区独有的文化特征，包括口头传统、表演艺术、手工技艺、节庆习俗等。然而，随着全球化和现代化的推进，非遗面临着丧失和衰退的威胁。数字技术的快速发展为非遗的保护和传承提供了新的机遇，并且与可持续发展理念相互联系。下面将探讨可持续发展理念与非遗数字化的融合，包括可持续发展原则与非遗之间的关系，以及未来发展趋势。

（一）可持续发展原则与非遗之间的关系

可持续发展的三大维度是经济、社会和环境，与非遗数字化的融合关系密切。

经济维度：非遗数字化可以促进文化创意产业的发展，为非遗传承者提供更多经济机会。这符合可持续发展的经济维度，推动经济增长和就业机会的创建。

社会维度：非遗数字化有助于社会参与和社区发展。通过数字化技术，非遗传承者可以更好地与社会互动，传播文化知识，建立社区合作项目，增强社区凝聚力。这有利于可持续发展的社会维度。

环境维度：数字化技术可以减少实体档案和文物的制作和保存，降低资源消耗和环境影响，通过减少纸张和物质消耗，数字化有助于减轻环境压力，符合可持续发展的环境维度。

文化维度：可持续发展涉及文化多样性的保护，而非遗的保护与传承是文化多样性的重要组成部分。非遗数字化有助于保护和传承各种文化表达形式，从而保护文化多样性。

教育维度：可持续发展倡导教育的普及和提高，非遗数字化可以成为教育工具，帮助年轻一代了解和学习传统文化，促进可持续发展教育的实施。

社区参与维度：可持续发展理念强调社区参与和民主决策，非遗数字化可以促进社区参与，使社区成员能够共同参与非遗保护和传承，实现社区自治和发展。

可持续发展原则和非遗数字化之间的关系强调了数字技术在非遗保护和传承中的积极作用，以促进社会、文化、经济和环境的可持续性。通过数字化技术，非遗可以更好地传承、普及和保护，同时也能为社区和社会的可持续发展提供支持。

（二）未来发展趋势

跨部门合作：政府和文化机构需要加强与其他部门的合作，包括教育、文化、经济、环境和社会福利等领域。跨部门合作可以促进非遗数字化与可持续发展理念的协同推进，实现各维度的平衡发展。

社区参与：鼓励社区参与非遗数字化项目的规划和实施，以确保项目符合社区需求和期望。社区参与可以增强非遗传承的可持续性，同时也能推动社区发展和凝聚力的增强。

教育和意识提升：加强非遗数字化的教育和意识提升工作，使公众更加了解非遗的重要性，以及数字化技术如何有助于非遗保护和传承。这可以通过学校教育、文化节庆和社会宣传等方式实现。

国际合作：国际社会可以加强合作，共同推动可持续发展与非遗数字化的融合。这包括跨国界的数字化项目、文化交流、资源共享和经验分享，以促进文化多样性的保护和传承。

制定适应性政策：政策制定者需要通过定期审查和更新政策，以适应不断变化的技术和社会环境。政策应促进非遗数字化的可持续性，同时也要平衡知识产权、文化敏感性、隐私保护和社会参与等问题。

数据安全和隐私保护：政策制定者需要设立规定，确保数字化内容的数据安全和隐私得到充分保护。这涉及信息加密、数据存储规定、隐私政策等方面的法规和准则，以保护公众和参与者的数据和隐私。

文化传承的社会经济价值：政策制定者和研究机构可以更深入地探讨非遗在社会经济领域的价值，包括文化创意产业、旅游业、教育和社区发展等方面，这有助于更好地理解非遗数字化与可持续发展的紧密关系，为决策提供更有力的支持。

可持续发展理念与非遗数字化的融合代表着一种具有广泛影响的趋势。数字技术在非遗传承和保护中的作用有助于实现可持续发展的多维度目标，包括经济、社会、环境、文化、教育和社区等方面。政策制定者、文化传承者、社区和国际社会都需要共同努力，推动这一融合，以实现可持续发展与文化传承的双赢局面。通过数字技术的应用，非遗的可持续传承可以为人类社会的文化丰富性、文明多样性和社会平衡做出积极的贡献。这一融合将为下一代提供更多丰富多彩的文化传统，同时也为社会的可持续发展做出了实质性的贡献。

二、非遗数字化对可持续发展目标的贡献

可持续发展目标是联合国成员国于2015年通过的一项共识，旨在实现经济、社会和环境的可持续性。非遗数字化，即将非遗内容数字化保存、传承和推广，对可持续发展目标具有重要的贡献。下面将探讨非遗数字化对可持续发展目标的贡献，以及如何实现更好地融合。

（一）非遗数字化与贫困减少

可持续发展目标之一是消除一切形式的贫困。非遗数字化对贫困减少目标的贡献体现在以下几个方面。

就业机会：非遗数字化项目的实施和维护需要技术人员、翻译、设计师和文化管理者等各种技能。这为当地社区提供了就业机会，尤其是对于那些拥有相关技能的人来说。这有助于提高居民的经济状况，减少贫困率。

文化创意产业：非遗数字化可以促进文化创意产业的发展。通过数字化内容的制作和销售，传统手工艺人和表演者可以获得更多收入。这为文化从业者提供了创业和发展的机会，从而减轻贫困家庭的经济负担。

旅游业发展：数字化内容可以用来宣传和推广当地的非遗文化，吸引游客前来参观和体验。旅游业的发展创造了就业机会，为当地经济带来了更多收入。这有助于提高地区的生活水平，减少贫困。

社区参与：非遗数字化项目通常需要社区的积极参与和管理。这有助于增强社区的自治和自我管理能力，减少社区的贫困。

（二）非遗数字化与雇佣机会和经济增长

可持续发展目标之一是实现全面而可持续的经济增长，促进就业和产业发展。非遗数字化对雇佣机会和经济增长目标的贡献包括以下几个方面。

新兴产业发展：非遗数字化推动了文化创意产业的发展，为经济增长创造了机会。数字化项目涉及内容制作、数字化技术、媒体和文化管理等多个领域，为各类从业者提供了新的就业机会。

本地经济：非遗数字化项目通常与当地社区和文化机构合作，支持了本地经济的发展。这包括文化从业者、工匠、设计师、翻译员等各种领域的人才，从而促进了地区经济的增长。

创新和创业：非遗数字化鼓励创新和创业。通过数字技术的应用，新的商业模式和产品可以诞生，为企业家提供了机会。这有助于培养创业文化，推动经济增长。

旅游业发展：数字化内容可以用来宣传和推广非遗文化，吸引游客前来参观和体验，旅游业的增长提供了经济机会，促进了当地服务业和零售业的发展。

（三）非遗数字化与教育和文化促进

可持续发展目标强调了教育的普及和文化的促进。非遗数字化对这些目标的贡献包括以下几个方面。

文化传承：非遗数字化有助于传承和保护传统文化。通过数字化记录和存档，文化传承者的知识和技能得以传承给下一代。这有助于维护文化多样性和丰富性。

教育资源：数字化内容可以用来创建教育资源，帮助学校和教育机构教授非遗知识。这有助于学生了解自己的文化传统，培养文化自豪感。

跨文化理解：非遗数字化项目可以促进不同文化之间的交流和理解。通过在线展览、虚拟演出和社交媒体，人们可以了解其他文化的传统和价值观，促进跨文化对话。

社区参与：非遗数字化项目通常需要社区的积极参与。这有助于提高社区的文化参与和意识，促进文化的传播和保护。社区成员可以共同参与数字化项目，创造并分享属于自己社区的文化内容，从而增强社区凝聚力。

（四）非遗数字化与社会公正和平等

可持续发展目标包括实现社会公正和减少不平等，非遗数字化对社会公正和平等目标的贡献包括以下几个方面。

文化多样性的保护：非遗数字化有助于保护文化多样性，确保各种文化表达形式的传承和存活。这有助于减少文化的一体化和标准化，促进不同文化的平等地位。

社会参与：非遗数字化项目通常需要社区的积极参与，这有助于提高社区成员的文化参与和决策权。这可以促进社会公正。

知识共享：数字化内容的共享促进了知识的传播和共享。这有助于减少知识和信息的不平等，使更多人能够获得文化传承的机会。

跨代传承：通过数字化，年轻一代有机会学习和传承传统知识和技能。这有助于维护代际传承。

（五）非遗数字化与环境保护

可持续发展目标包括保护地球的生态系统和应对气候变化。非遗数字化对环境保护目标的贡献包括以下几个方面。

资源节约：数字化内容的创建和保存减少了纸张、物质和能源的使用。这有助于减少资源消耗和环境影响，符合可持续发展的环境维度。

文化可持续性：数字化内容的保存和传承有助于减少文化物品的制作和保存，降低了文化活动对环境的负担。这有助于维护文化的可持续性。

灾害风险降低：数字化内容的保存可以降低物质档案和文物在自然灾害中的损失。这有助于减少自然灾害对文化遗产的破坏，促进文化的可持续发展。

环境敏感性：非遗数字化项目通常关注环境和可持续性的问题。这有助于提高社会的环境敏感性，促进可持续发展理念的传播。

（六）未来发展趋势

为了最大限度地发挥非遗数字化在实现可持续发展目标中的潜力，需要采取以下措施。

政策支持：政府应该制定支持非遗数字化的政策和法规，鼓励文化创意产业的发展，提供资金支持和税收激励，以促进数字化项目的实施。

教育和培训：为文化传承者和数字化从业者提供培训和教育，以提高他们的技能和知识。这有助于提高数字化项目的质量和可持续性。

社区参与：鼓励社区的积极参与，确保项目符合社区需求和期望。社区的参与有助于项目的可持续发展,促进社区自治和发展。

国际合作:国际社会可以加强合作,共同推动可持续发展目标的实现。跨国界的数字化项目、文化交流、资源共享和经验分享有助于提高全球范围内的文化多样性和可持续性。

社会宣传和教育:加强宣传和教育,使公众更加理解非遗数字化与可持续发展目标之间的关系。这可以通过文化节庆、社交媒体、学校教育等方式实现。

非遗数字化对可持续发展目标的贡献显而易见,涵盖了贫困减少、雇佣机会和经济增长、教育和文化促进、社会公正和平等、环境保护等多个领域。通过数字化技术的应用,非遗内容得以保护、传承、普及和分享,从而为社会、文化、经济和环境的可持续发展做出了实质性的贡献。

三、文化遗产与社会经济可持续性

文化遗产是一个国家或地区独有的文化特征,包括物质文化遗产和非物质文化遗产,它们代表着过去的传统、价值观念、技术和艺术,对于一个社会的认同和连续性具有深远的影响。文化遗产的保护和传承不仅对文化本身至关重要,还对社会经济可持续性产生深远影响。下面将探讨文化遗产与社会经济可持续性之间的关系,包括文化遗产对经济的贡献、文化遗产的保护与可持续发展之间的平衡,以及政策和实践的角度。

(一)文化遗产对经济的贡献

文化遗产对经济的贡献体现在以下几个方面。

旅游业发展:文化遗产是吸引游客的重要因素之一。古迹、历史建筑、博物馆和文化景点吸引了大量游客前来参观和体验。旅游业的兴起为当地经济提供了就业机会,推动了餐饮、住宿、交通和零售业的发展。

文化创意产业:文化遗产可以成为文化创意产业的重要资源。传统手工艺品、传统舞蹈、音乐和文学等文化元素可以成为创意产品和服务的灵感源泉。文化创意产业包括设计、时尚、电影、音乐、文化节庆等领域,为经济增长提供了机会。

就业机会：文化遗产的保护、维护和传承创造了大量就业机会。这覆盖了文化遗产管理、考古学、文化保护、导游和文化活动策划等各个领域。文化遗产的维护和传承需要专业人才，促进了相关领域的就业。

地方经济发展：文化遗产成为地方经济发展的驱动力。通过文化活动和文化产业，可以推动地方文化的传播和发展。这有助于减少城乡差距，改善地方居民的生活水平。

教育和培训：文化遗产可以作为教育和培训的资源。学校和教育机构可以利用文化遗产来教授历史、艺术、文化和文化保护等领域的知识。这有助于提高学生的文化素养，培养其文化保护的意识。

跨文化交流：文化遗产促进了不同文化之间的交流和理解。通过文化交流活动、国际合作和文化交流项目，人们可以了解其他文化的传统和价值观，促进跨文化对话。

文化品牌推广：文化遗产可以成为一个国家或地区的品牌。各种文化活动、传统手工艺品和文化产品可以成为文化品牌的一部分，增加国际知名度，吸引国际市场。

（二）文化遗产的保护与可持续发展之间的平衡

文化遗产的保护与可持续发展之间存在一定的平衡挑战，一方面，文化遗产的保护需要投入大量资源和人力，这可能对可持续发展产生一定的压力。另一方面，如果不加以保护，文化遗产可能会逐渐消失，失去对经济和社会的贡献。因此，需要寻求保护与可持续发展之间的平衡。

可持续管理：文化遗产的保护需要采取可持续的管理方法。这包括制定合理的规划和政策，以确保文化遗产的可持续性。例如，文化遗产保护区域可以采取可持续旅游管理措施，以保护环境和文化资源。

社区参与：社区参与是文化遗产保护的重要一环。当地社区应该参与决策和管理，以确保文化遗产的保护符合他们的需求和期望。社区参与还可以增强文化遗产的可持续性，促进社区发展和凝聚力。

教育和意识提升：教育和意识提升可以帮助人们更好地理解文化遗产的重要性。通过教育和宣传活动，公众可以了解文化遗产的价值，支持保护工作。教育还可以培养文化保护的意识，促进文化遗产的可持续传承。

创新和科技应用：创新和科技应用可以帮助文化遗产的保护和传承。数字化技术、遥感技术和文化遗产保护材料的创新可以提高文化遗产的保护效率。这有助于减少资源浪费，提高可持续性。

文化经济：文化经济的发展可以帮助维护文化遗产的可持续性。通过文化创意产业、文化旅游和文化产品销售，文化遗产可以为经济增长提供支持。这有助于维护文化遗产的可持续性，同时也为文化遗产的保护提供了经济动力。

文化遗产的保护与可持续发展之间的平衡是一个复杂而关键的问题。合理的政策和管理方法可以帮助实现这一平衡，确保文化遗产得到保护的同时，也为社会经济可持续性做出贡献。

（三）政策和实践

政策和实践对于文化遗产的保护和社会经济可持续性至关重要。以下是一些政策和实践的建议。

制定文化遗产保护政策：政府应该制定明确的文化遗产保护政策，包括文化遗产的认定、保护、管理和可持续利用。政策应该平衡文化遗产的保护和经济利用，鼓励社区参与和可持续管理。

教育和意识提升：政府和文化机构应该开展教育和意识提升活动，以提高公众对文化遗产的理解和认知。这包括学校教育、文化节庆、博物馆和文化活动等方式。公众的参与和支持是文化遗产保护的重要动力。

社区参与：政府和文化机构应鼓励社区参与文化遗产的保护和管理。社区成员通常是最了解本地文化遗产的人，他们的参与可以增强文化遗产的可持续性，促进社区的发展和凝聚力。

创新和科技应用：政府和文化机构应鼓励创新和科技应用，以提高文化遗产的保护效率。数字化技术、遥感技术、文化遗产管理软件等工具可以帮助提高文化遗产的管理和保护。

文化经济发展：政府和私营部门应该支持文化经济的发展。这包括文化创意产业、文化旅游和文化产品销售等领域。文化经济的发展有助于维护文化遗产的可持续性，同时也为经济增长提供了机会。

国际合作：国际合作可以加强文化遗产的保护和传承。国际组织、政府和文化机构可以共同开展文化遗产保护项目、文化交流和资源共享,以促进文化遗产的可持续性。

文化遗产与社会经济可持续性之间存在紧密的关系。文化遗产对经济的贡献体现在旅游业、文化创意产业、就业机会、地方经济发展、教育和培训、跨文化交流和文化品牌推广等多个方面。文化遗产还具有巨大的经济潜力,可以为经济增长提供支持。然而,文化遗产的保护与可持续发展之间存在平衡挑战,需要政策和实践的支持。

政府、文化机构、社区和国际社会需要共同努力,制定政策和实施措施,以平衡文化遗产的保护和可持续发展。适当的政策和管理方法可以帮助实现这一平衡,确保文化遗产得到保护的同时,也为社会经济可持续性做出贡献。通过投资、教育、社区参与、创新和国际合作,我们可以更好地维护文化遗产,促进社会经济的可持续发展。文化遗产的保护不仅是对过去的尊重,也是对未来的投资,通过保护文化遗产,我们可以实现社会经济的可持续性,为下一代留下丰富多彩的文化传统。

第三节 文化遗产的社会经济价值

一、非遗文化遗产的经济贡献

非遗文化遗产不仅是文化传承的珍贵资源,还在经济方面发挥了重要的作用。下面将探讨非遗文化遗产在经济领域的贡献,包括旅游业、文化创意产业、就业机会、地方经济发展以及国际贸易等方面的影响。

(一)旅游业的推动力

非遗文化遗产在旅游业中发挥了关键作用。许多非遗元素,如传统节庆、表演艺术、手工艺技艺、民间故事等,成为吸引游客的重要因素。以下是非遗文化遗产在旅游业中的贡献。

吸引游客:许多游客寻求独特的文化体验,非遗文化遗产创造了这样的机会。传统节庆、表演艺术和手工艺技艺吸引了国内外游客前来参观和体验。游客渴望了解当地文化，非遗文化遗产满足了他们的需求。

旅游目的地：非遗文化遗产成为各个地区的旅游目的地。一些城市和乡村因其丰富的非遗资源而著名，吸引了大量游客。这为当地经济带来了收入，推动了旅游业的发展。

增加停留时间：非遗文化遗产可以延长游客在目的地的停留时间。游客可能会花更多的时间参观和参与非遗活动，增加了他们在当地的消费，例如住宿、餐饮和购物。

就业机会：非遗文化遗产的旅游吸引力创造了就业机会。这包括导游、表演艺术家、手工艺品制作者、文化讲解员等领域。当地社区受益于这些就业机会，提高了居民的生活水平。

保护和传承：旅游业的发展促进了非遗文化遗产的保护和传承。当非遗资源成为旅游业的吸引因素时，社区通常更加重视它们的保护和维护，以确保它们的可持续性。

（二）文化创意产业的推动力

文化创意产业是一个涵盖设计、时尚、电影、音乐、文学、表演艺术、手工艺技艺等领域的多元化产业，非遗文化遗产为文化创意产业提供了丰富的素材和灵感，成为创新和商业机会的重要源泉。以下是非遗文化遗产在文化创意产业中的贡献。

创意灵感：非遗文化遗产中的传统元素，如传统服饰、手工艺技艺、民间音乐、传统舞蹈等，提供了创意灵感。设计师、艺术家、编剧、导演等从非遗中汲取灵感，创作出新的作品。

创意产品和服务：非遗文化遗产成为创意产品和服务的基础。这包括传统手工艺品、时尚设计、文化节庆、音乐表演、文学作品等。这些产品和服务为文化创意产业带来了商业机会。

品牌推广：非遗文化遗产可以成为国家或地区的文化品牌。各种文化活动、传统手工艺品和文化产品可以成为文化品牌的一部分，增加国际知名度，吸引国际市场。

创新和竞争力：文化创意产业的创新和竞争力受益于非遗文化遗产。

这些产业通过将传统元素与现代创新相结合，创造了新颖的作品和产品，进而增加了市场竞争力。

经济增长：文化创意产业对经济增长产生了重要影响。它为就业创造了机会，提高了生产率，刺激了经济增长。文化创意产业已成为许多国家和地区的重要经济引擎。

（三）就业机会的创造者

非遗文化遗产为就业机会的创造提供了重要平台。以下是非遗文化遗产在就业方面的贡献。

文化保护和管理：非遗文化遗产的保护和管理需要专业人才，这包括文化遗产管理、考古学、文化保护、文化讲解和社区参与等领域。非遗的保护和管理创造了就业机会，提高了相关领域的专业人才需求。

旅游业：非遗文化遗产的旅游吸引力创造了大量就业机会。导游、酒店员工、餐饮服务员、交通运输工作人员等在旅游业中找到了就业机会。这些工作通常需要当地居民，因此有助于提高就业率。

文化创意产业：文化创意产业为许多人提供了就业机会，包括设计师、艺术家、演员、编剧、导演、音乐家、作家、手工艺品制作者和文化讲解员。这些工作与非遗文化遗产密切相关，为专业人才提供了发展机会。

文化教育和培训：非遗文化遗产的保护和传承需要教育和培训。教育工作者、文化传承师傅、文化研究人员和文化保护专家等领域的专业人才为培训和教育提供了就业机会。

社区参与：非遗文化遗产的保护和传承通常需要社区参与。社区参与项目协调员、社区文化活动策划师和社区文化组织者等工作为社区居民提供了就业机会。

非遗文化遗产不仅是文化传承的重要组成部分，还创造了大量就业机会，提高了生活质量，为社会经济做出了重要贡献。

（四）地方经济发展的促进者

非遗文化遗产对地方经济发展具有积极的影响。以下是非遗文化遗产在地方经济发展方面的贡献。

旅游业：非遗文化遗产成为各地旅游业发展的驱动力。当地的非遗资源吸引了游客前来参观和体验，为当地经济创造了收入。这有助于提高地方的旅游业水平，增加旅游业收入。

地方文化传播：非遗文化遗产的传承和传播有助于提高当地文化的知名度。当地的非遗元素成为地方文化的象征，吸引了外部关注。这有助于提高地方文化的知名度，增加文化交流和合作机会。

社区发展：非遗文化遗产的保护和传承通常涉及社区参与。社区居民参与非遗项目的管理和维护，增强了社区的凝聚力。这有助于社区发展，改善社区居民的生活水平。

就业机会：非遗文化遗产的旅游吸引力创造了就业机会。这些工作通常需要当地居民，为他们提供了就业机会，有助于降低失业率。

地方经济多样性：非遗文化遗产可以帮助地方经济实现多样性。除了传统的经济领域，如农业和工业，文化旅游和文化创意产业可以为地方经济提供多元化的来源。

充分利用非遗文化遗产，地方社区可以促进经济增长，增加文化知名度，改善社区发展，创造就业机会，实现经济多样性。

（五）国际贸易的推动力

非遗文化遗产在国际贸易中发挥了重要作用。以下是非遗文化遗产在国际贸易中的贡献。

出口文化产品：非遗文化遗产中的传统手工艺品、艺术品和文化产品通常成为出口商品。这些产品在国际市场上具有竞争力，为国家创造了出口收入。

提高国际知名度：非遗文化遗产的国际传播有助于提高国家或地区的国际知名度。国际社会对非遗文化遗产的认可提高了国家的形象，吸引了国际游客和投资。

文化交流：非遗文化遗产促进了国际文化交流。国际社会对非遗文化遗产的兴趣促使文化交流活动的增加，有助于不同文化之间的理解和合作。

保护国际知识产权：国际社会对非遗文化遗产的保护产生了重要影响。国际组织和协定帮助保护非遗元素的知识产权，确保它们不被滥用或盗用。

文化外交：非遗文化遗产成为国家的文化外交工具。国家可以通过国际展览、文化交流、艺术节和合作项目等方式向国际社会展示自己的非遗文化遗产，促进国际友谊和合作。

非遗文化遗产在经济领域发挥了重要的作用，包括旅游业、文化创意产业、就业机会、地方经济发展以及国际贸易等方面，非遗文化遗产吸引了游客，提高了文化创意产业的创新和竞争力，创造了大量就业机会，促进了地方经济发展，同时也在国际贸易中发挥了推动作用。非遗文化遗产的保护和传承对社会经济可持续性产生了积极影响，为文化传承和经济发展提供了重要支持。

然而，要实现非遗文化遗产的经济贡献，需要采取合适的政策和措施。政府、文化机构和社会各界需要合作，以促进非遗文化遗产的保护、传承和利用。这包括制定文化政策、投资非遗保护、提供文化教育和培训、支持文化创意产业、鼓励社区参与和国际合作等。通过综合性的努力，非遗文化遗产可以继续为经济增长和文化传承做出积极贡献。

二、文化遗产与旅游业的关系

文化遗产与旅游业之间存在着紧密的关系，两者相辅相成。文化遗产包括历史建筑、古老的传统、博物馆和遗址等，它们吸引着游客前来参观和探索，同时旅游业为文化遗产的保护和传承提供了支持和资源。下面将深入探讨文化遗产与旅游业之间的相互关系，包括文化遗产对旅游业的促进作用，旅游业对文化遗产的保护和传承的贡献，以及如何平衡两者之间的利益与挑战。

（一）文化遗产对旅游业的促进作用

旅游热点：文化遗产通常成为旅游热点，吸引大量游客前来参观。历史古迹、博物馆、考古遗址和文化景点等是游客感兴趣的目的地。这些地方提供了丰富的文化和历史体验，吸引了国内外游客。

丰富的文化体验：文化遗产提供了游客丰富的文化体验。游客可以了解当地的历史、传统、艺术和文化，参观博物馆、艺术展览和文化节庆，参与传统工艺品制作和民间表演等活动。这些体验增加了游客的文化体验和知识。

旅游产业发展：文化遗产成为旅游产业的重要组成部分，它为旅游业提供了丰富的资源和吸引力，有助于吸引游客，提高旅游业的收入和盈利能力。文化遗产也创造了大量的就业机会，涉及导游、酒店员工、餐饮服务员、交通运输工作人员等领域。

地方经济发展：文化遗产的旅游吸引力有助于地方经济的发展。吸引游客前来参观文化遗产，带来了旅游支出，促进了当地经济的增长。这对于边远地区和小型社区尤为重要，可以改善当地居民的生活水平。

跨文化交流：文化遗产促进了跨文化交流。游客可以了解其他地区和国家的文化和历史，促进国际友谊和理解。这有助于推动跨文化对话和合作，减少文化冲突和误解。

文化品牌推广：文化遗产可以成为一个国家或地区的文化品牌。各种文化活动、传统手工艺品和文化产品可以成为文化品牌的一部分，增加国际知名度，吸引国际市场。文化品牌的推广有助于提高国家或地区的形象，促进国际贸易和文化交流。

文化遗产对旅游业的促进作用是不可否认的，它为旅游业提供了丰富的资源和吸引力，提高了旅游业的收入和就业机会，同时也增进了跨文化交流和文化品牌的推广。

（二）旅游业对文化遗产的保护和传承的贡献

旅游业不仅受益于文化遗产，同时也为文化遗产的保护和传承提供了贡献。以下是旅游业对文化遗产的保护和传承的贡献。

资金支持：旅游业为文化遗产的保护提供了资金支持。门票收入、导游费用、餐饮和购物等旅游支出为文化遗产提供了资金，用于维护、修复和保护文化遗产。

意识提升：旅游业促进了对文化遗产的意识提升。游客的参观和学习经历可以帮助提高对文化遗产的理解和尊重。这有助于促进文化遗产的传承和保护。

文化教育和解释：旅游业通常涉及文化讲解员、导游和教育项目。他们向游客提供关于文化遗产的背景知识、历史和意义。这有助于教育公众，推动文化遗产的传承。

提高保护意识：旅游业的发展通常导致社区对文化遗产的保护产生更高的意识。当文化遗产成为旅游吸引力时，社区通常更加注重它们的保护和维护，以确保它们的可持续性。

传统技艺传承：旅游业促进了传统手工艺技艺的传承。手工艺品制作者通常生产用于出售的产品，以满足游客的需求。这有助于传承传统技艺，并将它们带入现代市场。

历史建筑保护：旅游业促进了历史建筑的保护。历史建筑通常成为游客参观的焦点，吸引了资金投入，以维护和修复这些建筑。这有助于保存历史建筑的原貌，延续其历史价值。

社区参与：旅游业通常需要社区参与。社区成员可能会参与文化活动、导游服务、手工艺品制作等，从而增加了对文化遗产的参与和保护。这有助于增强社区的凝聚力和自豪感。

国际合作：旅游业也促进了国际合作。国际组织、政府和文化机构可以共同开展文化遗产保护项目、文化交流和资源共享，以促进文化遗产的可持续性。旅游业促使不同国家分享最佳实践，加强合作，以更好地保护和传承文化遗产。

（三）平衡文化遗产与旅游业之间的利益与挑战

尽管文化遗产和旅游业之间有着密切的关系，但也存在一些挑战，需要平衡双方的利益。以下是一些常见的挑战和应对方法。

过度开发和文化侵蚀：过度开发旅游业可能导致文化遗产的破坏和文化侵蚀。大规模旅游活动和基础设施建设可能损害文化景点和历史建筑。为了应对这一挑战，政府和文化机构应该实施规范和限制，以确保文化遗产的可持续性。

清理与维护：大量游客可能导致文化遗产的清理问题。垃圾和破坏可能对文化景点产生负面影响。维护和清理工作需要投入时间和资源。管理部门可以考虑实施访客限制、清理计划和环保教育，以减少这一问题。

游客保护：游客的安全和保护是一项重要任务。大量游客可能导致安全和保护问题，如文物盗窃、不文明行为和游客冲突。管理部门应加强监督和安全措施，确保游客和文化遗产的安全。

地方社区的参与：地方社区在文化遗产的保护和传承中起着关键作用。他们通常是最了解本地文化遗产的人，他们的参与可以提高文化遗产的可持续性。政府和管理部门应鼓励社区参与，并考虑他们的利益和需求。

持续投资：文化遗产的保护和维护需要持续的投资。政府和私营部门应该投入资金和资源，以确保文化遗产的可持续性。这包括文化活动、考古研究、历史建筑维护和文化教育等领域的投资。

教育和意识提升：提高游客和公众对文化遗产的理解和尊重是关键。文化教育和意识提升活动可以帮助人们更好地欣赏和保护文化遗产。管理部门可以举办文化教育活动、文化解释和导览服务，以提高游客的文化意识。

文化遗产和旅游业之间的平衡是关键，需要政府、文化机构和社区的共同努力。适当的规范、清理计划、安全措施、社区参与和教育活动可以帮助维护文化遗产的可持续性，同时为旅游业提供了持续发展的机会。文化遗产的保护和旅游业的发展应该在可持续性和文化保护之间找到平衡，确保文化遗产的传承和可持续性。

三、社会经济价值评估方法

社会经济价值评估方法是一种用于衡量特定项目、政策、活动或资源对社会和经济的影响的方法，这种评估可以帮助政府、企业和非政府组织更好地理解他们的决策如何影响社会和经济，以便做出更明智的决策。下面将介绍一些常见的社会经济价值评估方法，包括成本 - 效益分析、成本 - 效用分析、多标准决策分析、社会会计学和社会决策分析，以及它们在不同情境下的应用。

（一）成本 - 效益分析

成本 - 效益分析是一种常见的社会经济价值评估方法，用于比较项目或政策的成本和效益。它通常包括以下步骤。

第一，确定项目或政策的目标和范围。

第二，识别和量化项目或政策的成本，包括直接成本和间接成本。

第三，识别和量化项目或政策的效益，包括经济效益、社会效益和环境效益。

第四，进行成本-效益比较，将成本与效益相对比，以确定项目或政策是否值得实施。

第五，进行敏感性分析，以评估不确定性对结果的影响。

成本-效益分析的优点在于它提供了一种清晰的方法来比较不同项目或政策的效益，从而帮助决策者选择最具效益的选项。然而，它也存在一些限制，包括对效益的估算可能存在不确定性，以及可能存在公平性和伦理问题，因为它可能会忽略分配效应和社会公平性问题。

（二）成本–效用分析

成本-效用分析是一种社会经济价值评估方法，用于比较项目或政策的效用，通常用于评估医疗和卫生领域的决策。它通常包括以下步骤。

第一，确定项目或政策的目标和范围。

第二，识别和量化项目或政策的成本，包括直接成本和间接成本。

第三，识别和量化项目或政策的效用，通常通过健康状态的度量来表示。

第四，进行成本-效用比较，将成本与效用相对比，以确定项目或政策是否值得实施。

第五，进行敏感性分析，以评估不确定性对结果的影响。

成本-效用分析在医疗和卫生领域常用，它可以帮助评估不同医疗干预措施的效用，从而确定哪种措施是最经济和有效的。但是，成本-效用分析的局限性在于，它可能会将决策局限在单一效用度量上，而忽视了其他社会和经济因素。

（三）多标准决策分析

多标准决策分析是一种综合性的社会经济价值评估方法，它考虑了多个标准或维度，以帮助决策者综合评估不同项目或政策的影响。这种方法通常包括以下步骤。

第一，确定决策标准和权重，这些标准可以包括经济、社会、环境和文化因素。

第二，收集数据和信息，以评估不同项目或政策在每个标准下的表现。

第三，对不同项目或政策进行评估，计算它们在每个标准下的得分。

第四，利用权重计算总得分，以确定哪个项目或政策是最佳的选择。

第五，进行灵敏度分析，以评估不确定性对结果的影响。

多标准决策分析的优点在于它允许综合考虑不同的因素和利益相关者的意见，从而更全面地评估决策，然而，它也可能面临权重分配和数据不确定性的挑战，以及确定权重的主观性。

（四）社会会计学

社会会计学是一种用于衡量和报告组织或社会经济系统对社会和经济的影响的方法。它通常包括以下步骤。

第一，识别和量化组织或社会经济系统的社会和经济影响，包括直接和间接影响。

第二，将这些影响转化为货币单位，便于与其他经济数据进行比较。

第三，编制社会报告，提供有关组织或社会经济系统的社会和经济绩效的信息。

社会会计学的目的是更全面地了解组织或系统对社会和经济的影响，包括外部性和社会成本。这种方法有助于组织更好地理解其社会责任和可持续性绩效，并更好地满足利益相关者的期望。社会会计学方法可以用于企业、非营利组织、政府和社会经济系统的评估。

（五）社会决策分析

社会决策分析是一种综合性的社会经济价值评估方法，它考虑了不同决策选项对不同利益相关者的影响。这种方法通常包括以下步骤。

第一，确定决策的目标和范围，包括利益相关者的诉求。

第二，收集数据和信息，以评估不同决策选项的社会和经济影响。

第三，进行多标准决策分析，以综合评估不同选项。

第四，与利益相关者合作，以共同制定最佳的决策选择。

第五，提供决策分析的报告，以支持决策制定和沟通。

社会决策分析的优势在于它将不同利益相关者的声音纳入决策过程，从而提高了决策的合法性和可接受性。它还有助于识别和解决决策过程中的不确定性和复杂性。然而，社会决策分析可能需要更多的时间和资源，因为它涉及多方合作和广泛的利益相关者参与。

（六）应用领域和案例

社会经济价值评估方法在许多不同领域得到广泛应用。以下是一些常见的应用领域和案例。

基础设施项目评估：政府和私营部门经常使用成本-效益分析来评估基础设施项目的投资价值，例如交通、能源和水资源项目。

医疗卫生政策决策：成本-效用分析常用于评估不同医疗卫生政策和医疗治疗干预措施的效益，以帮助政府和医疗机构做出决策。

环境政策评估：多标准决策分析可以用于评估环境政策和可持续发展项目，以综合考虑经济、社会和环境因素。

社会企业评估：社会会计学方法可以用于评估社会企业对社会的影响，包括就业创造、社区参与和社会创新。

教育政策决策：成本-效益分析和成本-效用分析可以用于评估不同教育政策和教育干预措施的效益，以帮助教育机构和政府做出决策。

社会项目评估：社会决策分析方法可以用于评估社会项目和社区发展计划，以综合考虑不同利益相关者的需求和期望。

社会经济价值评估方法是一种帮助决策者更全面地理解他们的决策对社会和经济的影响的有用工具，不同的方法可以应用于不同的情境和领域，以帮助决策者更好地权衡不同的影响因素。这些方法有助于决策的合法性、可接受性和可持续性，从而更好地满足社会的需求和期望。社会经济价值评估方法的选择取决于具体情况和决策目标，可以根据需要进行适当的定制和组合。

第四节　非遗数字化与社区参与

一、非遗数字化与社区合作的重要性

非遗的传承和保护对于文化多样性的维护和社区认同的塑造至关重要。但是，在现代社会，非遗面临着消失和衰落的威胁。为了更好地保护和传承非遗，数字化技术已经成为一个强大的工具。下面将探讨非遗数字化与社区合作的重要性，以及它如何有助于非遗的保护和传承。

（一）非遗数字化的概念与方法

非遗数字化是指将非遗元素（如传统技艺、音乐、舞蹈等）数字化，以便更好地记录、保存、传播和推广。数字化可以包括以下方面。

录音和录像：记录非遗表演、音乐和舞蹈，以便将其保存在数字格式中。

数字档案馆：建立数字档案馆，存储和管理非遗相关的文档、图片、音频和视频。

数字展览：创建在线数字展览，使人们可以远程欣赏非遗元素。

数字学习资源：开发在线学习资源，便于传授非遗技艺和知识。

社交媒体和网络传播：利用社交媒体和网络传播平台，将非遗内容分享给更广泛的受众。

非遗数字化的目标是将传统文化元素转化为数字形式，使其更容易访问、保存和传播。数字化可以防止非遗的遗失和衰退，同时也有助于吸引更年轻的受众，促进非遗的传承。

（二）非遗数字化与社区合作的重要性

非遗数字化的成功依赖于与社区的紧密合作和参与。以下是非遗数字化与社区合作的重要性。

保护和传承非遗：社区是非遗的传承者和守护者，他们拥有丰富的非

遗知识和技艺，因此与社区合作可以确保准确记录和保存非遗元素。社区的参与可以帮助识别非遗的关键元素，包括传统技艺、传承方式、仪式和庆典等。

社区传承：非遗数字化可以帮助社区内部传承。通过数字学习资源，社区成员可以更轻松地学习和传授传统技艺。这有助于确保非遗在社区内部的延续。

社区认同和参与：非遗数字化项目可以增强社区的参与感和认同感。当社区成员参与数字化项目时，他们感到自己是非遗的一部分，更有动力保护和传承非遗。

文化交流：非遗数字化可以促进社区之间的文化交流。数字化内容可以轻松共享和传播，促进不同社区之间的合作和互动，进而加强文化多样性。

社会认可度：社区合作可以提高非遗数字化项目的社会认可度。当社区成员支持项目时，它更有可能得到政府、赞助商和国际组织的支持，以确保项目的可持续性。

本地知识保护：非遗数字化项目有助于保护本地知识。社区通常拥有非遗的本地知识，通过数字化，这些知识可以被记录和保存，防止被遗忘。

（三）挑战与解决方案

尽管非遗数字化与社区合作有诸多好处，但也面临一些挑战。以下是一些比较常见的挑战以及可能的解决方案。

技术挑战：社区可能缺乏数字化技术的知识和设备。解决方案包括提供培训和技术支持，以帮助社区掌握数字化技术。

资金问题：非遗数字化项目通常需要资金支持，包括设备购置、数字化内容制作和存储成本。解决方案可以是寻找赞助商或政府资助。

法律和知识产权问题：在数字化过程中，可能涉及知识产权问题，如版权和专利。解决方案包括制定明确的知识产权政策，并与社区就使用和分享内容达成一致。

社区参与问题：社区成员可能缺乏兴趣或参与感。解决方案可以是建立合作伙伴关系，与社区共同制定项目目标和计划，以确保他们的需求和期望得到满足。

可持续性问题：非遗数字化项目需要长期的支持和维护，以保障数字内容的可持续性。解决方案可以是建立可持续的数字化平台，确保内容的持续更新和维护。

数据隐私和安全问题：数字化项目可能涉及个人数据和敏感信息的收集和存储。解决方案包括建立强有力的数据隐私政策和安全措施，以保护数据的安全性和隐私。

综合来看，非遗数字化与社区合作的重要性不容忽视。社区是非遗的传承者和守护者，他们的参与对于保护和传承非遗至关重要。数字化技术为记录、保存和传播非遗提供了有力工具，同时也有助于吸引更年轻的受众。通过充分的社区合作，可以更好地实现非遗的保护和传承，促进文化多样性的维护。同时，需要战胜一些挑战，如技术、资金、法律、社区参与、可持续性和数据隐私等问题，以确保项目的成功和可持续性。非遗数字化与社区合作的经验可以为其他类似项目提供宝贵的启发和指导。通过合作，我们可以更好地保存和传承我们宝贵的文化遗产，确保它们在未来继续繁荣和发展。

二、社区参与文化保护和文旅产品设计

文化遗产是一个国家或地区的独特宝藏，代表着历史、传统和身份认同。为了保护和传承文化遗产，以及为文旅产业的发展提供有吸引力的产品，社区参与变得至关重要。社区是文化遗产的传承者，他们拥有丰富的知识和技艺，可以为文化保护和文旅产品设计提供宝贵的贡献。本章节将探讨社区参与文化保护和文旅产品设计的重要性，以及如何建立有效的合作关系，以促进可持续的文化保护和文旅产品发展。

（一）社区参与文化保护的重要性

传承与保护文化遗产：社区是文化遗产的传承者和守护者。他们拥有文化传统的知识和技艺，可以传授给下一代。社区参与文化保护意味着他们可以继续保留和传承这些宝贵的文化传统。

本地知识的保护：社区通常拥有本地知识，包括植物、动物、自然资源和传统工艺等。这些知识对于生态保护和可持续经济发展至关重要。社区的参与有助于保护和传承这些知识。

社区认同和自豪感：社区参与文化保护有助于加强他们的社区认同和自豪感。通过参与保护和传承文化遗产，社区成员感到自己是文化传统的一部分，这有助于维护社区凝聚力和自尊心。

社区发展和经济机会：文化遗产可以成为社区发展和经济机会的来源。通过保护和推广文化遗产，社区可以吸引游客和投资，进而促进经济增长和创造就业机会。

可持续性：社区参与文化保护有助于确保保护工作的可持续性。当社区成员参与决策和实施过程时，他们更有动力保护和传承文化遗产。

（二）社区参与文化保护的方式

传统知识传承：社区成员可以传授传统知识和技艺给下一代，包括手工艺、音乐、舞蹈、民间医学等。

参与决策：社区可以参与制定文化保护政策和计划，确保他们的需求和期望得到考虑。

文化节庆和活动：社区可以组织文化节庆和活动，以传播文化传统和吸引游客。

教育项目：社区可以合作开展教育项目，传授文化知识和技艺，培养年轻一代的兴趣和技能。

社区博物馆和中心：社区可以建立博物馆和文化中心，用于展示和保存文化遗产。

（三）社区参与文旅产品设计的重要性

文旅产品是吸引游客的关键要素，它们可以包括文化节庆、旅游线路、手工艺品、民间音乐表演、传统工艺品制作等。社区参与文旅产品设计的重要性在于以下几个方面。

本地文化体验：社区参与文旅产品设计可以帮助游客更好地了解和体验本地文化。社区可以提供独特的文化活动和体验，从而吸引更多游客。

真实性和可信度：社区是文化遗产的守护者，他们可以为文旅产品提供真实和可信的文化元素。这有助于吸引游客寻找真正的文化体验。

经济机会：文旅产品设计可以为社区创造经济机会，包括制作和销售手工艺品、提供导游和文化演出服务等。这有助于改善社区的经济状况。

社区参与：社区参与文旅产品设计可以加强社区的凝聚力和自尊心。当社区成员看到他们的文化传统受到游客的欢迎时，他们就会感到自豪和自信。

持续发展：通过社区参与，文旅产品可以更好地满足游客的需求和期望。社区成员了解本地文化，可以为产品的发展提供有用的建议和反馈。

（四）建立有效的社区参与文旅产品设计合作关系

为建立有效的社区参与文旅产品设计合作关系，需要考虑以下因素。

建立合作伙伴关系：首要任务是建立与社区的紧密合作伙伴关系。这可能需要通过与社区领袖、文化传承者和地方政府进行沟通和协商来实现。建立互信关系和明确的合作框架是成功的关键。

听取社区声音：了解社区的需求和期望至关重要。通过举办会议、座谈会、问卷调查和焦点小组讨论等方式，听取社区成员的建议和反馈。确保社区的声音被充分考虑，并在产品设计中得到体现。

资源共享：合作关系应该涉及资源的共享。社区可以提供文化知识、技艺和场地，而合作伙伴可以提供技术、市场推广和资金支持。资源共享有助于确保项目的可持续性发展。

培训和教育：提供培训和教育机会，以提高社区成员的技能和知识。这有助于提高他们参与文旅产品设计的能力，同时也有助于传承文化遗产。

文化保护政策：制定明确的文化保护政策，以确保文化遗产的保护和传承。政策应包括知识产权保护、文化活动许可、文化产品销售和文化传承支持等方面的内容。

社会责任：合作伙伴应该承担社会责任，保障他们的业务活动不会对社区和文化遗产造成伤害。这包括可持续旅游实践、环保措施和社会投资。

举例来说，假设某个地区的社区拥有传统的手工艺制作技艺，如陶瓷制作。合作伙伴可以与社区合作，设计文旅产品，包括手工艺品展览、陶瓷工坊和文化体验活动。社区成员可以提供陶瓷制作技艺和文化知识，而合作伙伴可以提供市场推广和销售渠道。这种合作关系使社区成员能够分享他们的文化传统，同时也能够从文旅产品中获益。

社区参与文化保护和文旅产品设计是文化保护和旅游业发展的关键因素。社区是文化遗产的传承者，他们的知识和技艺是宝贵的资源，可以为文化保护和文旅产品的设计提供丰富的内容。有效的社区参与合作关系有助于传承文化遗产，提高社区的自豪感和凝聚力，创造经济机会，并促进可持续的旅游业发展。

要建立成功的社区参与合作关系，需要建立互信关系、明确合作框架、听取社区的声音，资源共享，提供培训和教育，制定文化保护政策，承担社会责任等。这些步骤有助于确保合作关系的可持续性和成功。

最重要的是，社区参与文化保护和文旅产品设计可以促进文化多样性的维护和推广。通过吸引游客体验本地文化，社区可以为他们传授传统知识和技艺，进而确保这些宝贵的文化传统得以传承。同时，游客也会受益于更丰富和深刻的文化体验。

总之，社区参与文化保护和文旅产品设计是一种双赢的合作模式。它有助于社区传承文化遗产，为旅游业发展提供有吸引力的产品，同时也丰富了游客的文化体验。通过建立有效的合作关系，我们可以实现文化遗产的可持续保护和推广，同时也为社区的社会经济发展做出贡献。这种合作模式有助于实现文化遗产的可持续性和文旅产品的成功，为文化多样性的维护和推广提供了有力的支持。

第五章 文化可持续性与生态环境

第一节 非遗数字化在文化可持续性中的作用

一、非遗数字化在文化可持续性的角色

非物质文化遗产是指人类创造和传承的各种传统实践、表演、知识、技艺和习俗，它们反映了人类文化的多样性和传统。非遗承载着社会历史、文化认同和社区生活的重要信息，但在现代社会面临许多挑战，包括人口减少、传承困难、遗失风险等。数字化技术的兴起为非遗的保护和传承提供了新的机会，本章节将探讨非遗数字化在文化可持续性中的作用。

（一）非遗数字化的概念

非遗数字化是指运用数字技术和数字媒体来记录、保存、传播和利用非物质文化遗产的实践和知识。这包括数字化档案、虚拟展览、数字化表演、在线教育、虚拟现实和增强现实等技术的应用。非遗数字化的目标是将非遗传统与现代数字技术相结合，以便更广泛地传播、保护和传承非遗元素。

非遗数字化的实践包括以下几个方面。

录音和录像：记录传统音乐、舞蹈、戏剧和口头传统等表演艺术形式。

数字档案：创建数字档案，保存和管理非遗元素的文本、图片、音频和视频。

虚拟展览：通过虚拟博物馆或在线展览，向公众展示非遗项目和传统工艺。

在线教育：开设在线课程和培训，以便更多的人学习和传承非遗技艺。

互动应用：开发手机应用和虚拟现实应用，以使人们更深入地了解和体验非遗。

非遗数字化是在数字时代出现的现象，它为非遗的保护和传承提供了新的工具和途径。这种数字化的方法不仅可以记录和保存非遗元素，而且还可以通过数字技术来激发人们的兴趣和参与，从而促进非遗的可持续传承。

（二）非遗数字化的角色

非遗数字化在文化可持续性中扮演多重角色，对保护、传承和推广非遗起到重要作用。

保护和保存：非遗数字化可以记录和保存传统文化元素，包括音乐、舞蹈、戏剧、手工艺等。数字化档案和数据库可以有效地保存这些信息，以防止遗失和损毁。这有助于保护非遗元素的原始状态，以便后代能够继续学习和传承。

传承和教育：非遗数字化提供了传播和传承非遗的新途径。通过在线教育和数字化课程，更多的人可以学习非遗技艺和传统知识。这有助于传承非遗元素，使其不断传递给下一代。

传播和推广：虚拟展览、数字化表演和互动应用可以使非遗更容易传播和推广。人们可以通过互联网和社交媒体来分享和传播非遗元素，吸引更多的人了解和学习非遗。

创新和复兴：非遗数字化可以激发非遗的创新和复兴。通过数字技术，传统元素可以与现代文化相结合，创造出新的作品和表演。这有助于使非遗更具吸引力和活力。

可持续发展：非遗数字化有助于非遗项目的可持续发展。数字化技术可以提供新的商业机会，例如数字化文化产品的销售、在线表演的票务销售等。这有助于为非遗从业者提供经济支持，推动非遗项目的发展。

非遗数字化在文化可持续性中的角色是多重的，它有助于保护和保存传统文化元素，促进传承和教育，扩大传播和推广范围，促进创新，推动可持续发展。

(三)非遗数字化的挑战和问题

尽管非遗数字化具有许多优势,但同时也面临一些挑战和问题。

技术和数字鸿沟:非遗数字化需要使用先进的数字技术,但不是所有传统非遗项目都具备这方面的知识和技能。这可能导致技术和数字鸿沟,一些非遗项目难以参与数字化进程。

版权和知识产权:数字化档案和内容的知识产权问题可能很复杂。在数字化非遗元素时,需要考虑知识产权的问题,如何保护传统知识和技艺,同时又允许广泛的传播和使用。

数字化保护:数字化档案和数据库需要得到有效的保护,以防止未经授权的访问、篡改和损毁。数字化保护措施需要得到制定和实施,以保障数字化资产的完整性和可持续性。

可持续性问题:数字化项目需要持续的投入和维护。缺乏长期的可持续性计划可能导致数字化项目的衰退和废弃。

社区参与:非遗数字化需要社区的积极参与和支持。在数字化项目的制定和实施过程中,需要与相关社区合作,以确保他们的需求和意见得到充分考虑。

文化融合问题:数字化技术的应用可能导致传统非遗元素与现代文化的融合。如何在保护非遗的同时,保留其独特性和传统性,是一个重大挑战。

资金和资源:数字化项目需要资金和资源支持。在一些地区,缺乏足够的资金和资源可能阻碍数字化项目的开展。

面对这些挑战,需要制定综合的政策和策略,以促进非遗数字化的可持续发展。政府、文化机构、学术界和社区应该共同努力,以克服这些问题,实现非遗数字化在文化可持续性中的潜力。

(四)成功案例:中国的非遗数字化

中国是一个非遗资源丰富的国家,非遗数字化在中国得到了广泛的应用和发展。以下是一些中国的非遗数字化成功案例。

传统戏曲数字化:中国的传统戏曲,如京剧、黄梅戏等,已经进行了数字化记录和保存。这些数字化档案包括音频、视频和文字资料,使传统戏曲可以在互联网上得到更广泛传播，吸引年轻观众学习和欣赏。

古代文献数字化：中国的古代文献，如《尚书》《论语》等，也已经进行了数字化处理。这些古代文献数字化项目使这些宝贵的文化遗产可以在互联网上自由访问，促进了学术研究和文化传承。

互动应用：中国的非遗数字化还包括一些互动应用，如 AR 和 VR 应用。这些应用使用户可以与传统文化元素互动，体验非遗项目的独特魅力。

在线教育：中国的一些非遗项目开设了在线教育课程，吸引了许多学生学习传统技艺。这些在线教育课程使非遗传统得以传承，同时为非遗从业者提供了经济支持。

中国的非遗数字化项目是成功的，它们有助于保护和传承传统文化元素，同时为文化产业的可持续发展提供了新的机会。这些成功案例反映了政府、文化机构和社区合作的重要性，以推动非遗数字化的发展。

非遗数字化在文化可持续性中发挥着重要作用。它有助于保护和保存传统文化元素，促进传承和教育，扩大传播和推广范围，促进创新和复兴，推动文化可持续发展。然而，非遗数字化也面临一些挑战和问题，如技术和数字鸿沟、知识产权问题、数字化保护等。解决这些问题需要政府、文化机构、学术界和社区的共同努力。

非遗数字化是一个潜力巨大的领域，它有助于将传统文化元素与现代数字技术相结合，以便更广泛地传播、保护和传承非遗。非遗数字化的发展应该是一个综合性的过程，充分考虑不同利益相关方的需求和意见，以实现文化可持续性的目标。通过不断的努力和合作，非遗数字化将继续在文化可持续性中发挥重要作用，为传统文化的传承和发展做出贡献。

二、文化可持续性与社会文化认知

文化可持续性是一个关乎社会的重要议题，它关注的是如何保护、传承和推动文化资源的可持续发展，以满足当前和未来社会的需求。文化是一个多元丰富的领域，包括语言、宗教、习俗、价值观、艺术、音乐、文学等各种元素。文化可持续性不仅仅涉及文化资源的保护，还关注了社会文化认知的重要性，即社会成员对文化的认知、理解和尊重。本章节将探讨文化可持续性与社会文化认知之间的关系，以及它们对社会的影响。

（一）文化可持续性的概念

文化可持续性是一个相对新颖的概念，它强调了文化资源的保护和传承，以满足当前和未来社会的需求。文化可持续性与生态可持续性有一些相似之处，都涉及资源的可持续使用和传承，但文化可持续性一般更侧重于人类文化的保护和传承。

文化可持续性的概念包括以下几个要点。

保护文化资源：文化可持续性强调了对文化资源的保护，包括传统技艺、历史遗迹、语言、宗教和习俗等。这些文化资源对社会的身份认同和文化传承至关重要。

传承和创新：文化可持续性鼓励传承文化传统，并在传承的基础上进行创新，以适应现代社会的需求。传承不是简单的复制，而是在传统基础上进行更新和发展。

文化多样性：文化可持续性强调了文化多样性的重要性，即不同文化之间的差异和共存。这有助于促进文化对话和互相尊重。

社会参与和共享：文化可持续性需要社会的积极参与和共享。社会成员需要参与文化资源的保护和传承，以确保文化可持续性的实现。

文化可持续性是一个综合性的概念，它旨在保护和传承文化资源，促进文化多样性和社会参与，以满足社会的发展需求。

（二）社会文化认知的概念

社会文化认知是指社会成员对文化的认知、理解和感知。它包括了社会成员对自己所属文化的认同，以及对其他文化的尊重和理解。社会文化认知涉及到个体和社会层面的认知过程，它反映了社会成员如何看待和处理文化资源。

社会文化认知的概念包括以下几个要点。

文化认同：社会文化认知包括了个体对自己所属文化的认同。这涉及个体对自己的文化背景、语言、宗教、习俗等的认同感。

文化理解：社会文化认知还包括了个体对其他文化的理解。这涉及个体如何看待和理解其他文化，以及是否愿意尊重和包容其他文化。

文化对话：社会文化认知促进文化对话和互相交流。这有助于不同文化之间的相互理解和互相尊重。

文化教育：社会文化认知还包括了文化教育的重要性。教育系统应该有助于培养学生对文化的理解和尊重。

社会文化认知是一个重要的概念，它反映了社会成员如何看待和处理文化资源。它对文化可持续性具有重要意义，因为社会文化认知的提高有助于保护和传承文化资源，促进文化多样性和社会参与。

（三）文化可持续性与社会文化认知的关系

文化可持续性与社会文化认知之间存在紧密的关系。它们互相影响，相互促进。以下是它们之间的关系。

文化可持续性促进社会文化认知：文化可持续性的实现需要社会成员对文化资源的保护和传承有足够的认知和理解。这意味着社会文化认知的提高有助于文化可持续性的实现。

社会文化认知促进文化可持续性：社会文化认知有助于社会成员对文化资源的重要性有更深刻的认识。这可以推动社会成员更积极地参与文化可持续性的实现。

文化可持续性强调文化认知的重要性：文化可持续性的实现需要社会成员对文化资源的认知和理解。这可以通过文化教育和文化对话来实现，以提高社会文化认知。

社会文化认知促进文化多样性：社会文化认知有助于社会成员理解和尊重其他文化。这有助于促进文化多样性，使不同文化能够共存和互相尊重。

文化可持续性与社会文化认知的共同目标：文化可持续性和社会文化认知的共同目标是保护、传承和推动文化资源的可持续发展。它们的合作和协同努力可以实现更好的文化可持续性。

文化可持续性与社会文化认知之间的关系是相互促进的。它们共同努力以保护文化资源、促进文化多样性、加强文化教育和文化对话，以满足社会的需求。这种关系对于社会的可持续发展和文化资源的保护至关重要。

（四）文化可持续性与社会的影响

文化可持续性和社会文化认知的促进对社会有重要影响，主要包括以下几个方面。

社会认同和凝聚力：文化可持续性有助于社会成员更深刻地理解自己的文化，增强社会认同感。这有助于社会的凝聚力和稳定性。

社会和文化发展：文化可持续性对社会和文化的发展有积极影响。它促使传统文化得以传承和更新，有助于文化的创新和发展。

文化多样性和对话：文化可持续性促进了文化多样性和文化对话。这有助于不同文化之间的理解和互相尊重，避免文化冲突。

社会参与和共享：文化可持续性需要社会的积极参与和共享。这有助于社会成员更好地参与文化资源的保护和传承，同时分享文化的好处。

文化教育和意识提高：文化可持续性促使社会成员对文化资源有更深刻的认知和理解。这有助于提高文化意识，推动文化教育的发展。

文化可持续性和社会文化认知的促进对社会的影响是多方面的，它有助于社会的发展、稳定和文化多样性。这为社会的可持续发展提供了重要支持。文化可持续性与社会文化认知之间存在紧密的联系，它们互相促进，共同推动社会的发展和稳定。文化可持续性强调了文化资源的保护和传承，社会文化认知有助于提高社会成员对文化资源的认知和理解。这两者共同努力，以满足社会的需求，推动文化多样性和文化对话，提高文化教育和文化意识。文化可持续性和社会文化认知的促进对社会的可持续发展具有重要意义，它有助于保护文化资源、促进文化多样性和社会参与，以满足社会的需求。

三、生态与文化相互作用

生态与文化是人类社会和自然环境之间复杂而密切相关的两个方面。生态涵盖了自然生态系统、生物多样性、资源利用和环境质量等方面，而文化包括人类价值、信仰、传统、习俗、语言、艺术和知识等元素。这两个方面之间的相互作用对社会的可持续发展产生了深远影响。本章节将探讨生态与文化的相互作用，以及如何在这种相互作用中实现可持续性。

（一）生态与文化的相互作用

自然资源与文化传统：生态系统提供了丰富的自然资源，这些资源对于人类文化和社会发展至关重要。例如，农业、渔业和林业等传统文化活动依赖于自然资源，这些活动不仅满足了人们的生计需求，还塑造了文化传统。

文化对自然环境的塑造：文化影响了人类与自然环境的互动方式。不同文化背景下的人们可能对自然环境有不同的认知和态度。例如，一些文化强调与自然和谐相处，鼓励可持续的资源利用，而其他文化可能过度开发资源，导致环境破坏。

文化与生物多样性：文化与生物多样性之间存在紧密联系。许多文化依赖于当地生物多样性，包括草药、食物、草纸、纺织品等。同时，文化也可以起到保护生物多样性的作用。

文化景观与生态系统：文化活动塑造了地理景观，如城市、村庄、农田等。这些文化景观与生态系统之间的关系复杂，它们既提供了生态服务，又可能对生态系统产生负面影响。

知识传承与生态智慧：文化传统承载了关于自然环境的知识和智慧。这些知识有助于人们更好地理解和适应环境变化，保护生态系统，维护生态平衡。

（二）生态与文化相互作用的挑战

尽管生态与文化相互作用具有许多积极的方面，但也面临一些挑战和问题，主要包括：

自然资源过度开发：在一些文化中，过度开发自然资源可能导致资源枯竭和生态系统破坏。这对可持续性构成威胁。

文化传统的丧失：全球化、城市化和现代化等趋势可能导致文化传统的丧失。这可能影响到传统生态智慧的传承和生态系统的保护。

生物多样性丧失：生态系统破坏和资源过度开发可能导致生物多样性丧失。这可能对依赖于生物多样性的文化造成影响。

生态不平等：生态系统的破坏和自然灾害可能对社会的不同群体造成

不平等的影响。弱势群体可能更容易受到生态变化的影响，而他们的文化传统可能受到威胁。

（三）实现生态与文化可持续性的途径

为了实现生态与文化可持续性发展，需要采取一系列综合性措施。

保护生态系统：保护自然生态系统是实现生态与文化可持续性的基础。这包括保护野生动植物及栖息地、水源地、森林等。这有助于维护生态平衡，确保资源的可持续利用。

文化传统的保护：文化传统的保护至关重要。这可以通过记录口头传统、建立数字档案、设立文化遗产保护区等方式来实现。保护文化传统有助于保留生态智慧和可持续的生活方式。

教育与意识提高：教育和意识提高是实现生态与文化可持续性的关键。教育系统应该包括生态知识和文化传统的教育，以提高人们的环保意识和文化尊重。

文化对话与互相尊重：促进不同文化之间的对话和互相尊重有助于增进合作。这可以通过文化交流、多元文化教育和跨文化合作来实现。

社区参与和共享：社区参与是实现生态与文化可持续性的重要因素。社区应该参与资源管理和文化保护，以确保资源的可持续利用和文化传承。

政策和法律支持：政府应该制定支持生态与文化可持续性的政策和法律。这包括环保政策、文化遗产保护法和土地权法等。

科技创新与可持续发展：科技创新可以帮助提高资源利用的效率，减少对自然资源的依赖，促进可持续发展。同时，数字化技术也可以用于记录和保护文化传统。

参与社会和企业责任：社会和企业应该承担责任，通过可持续经营和社会投资来支持生态与文化可持续性。

生态与文化是密切相关的两个方面，它们之间的相互作用对社会的可持续发展产生了深远影响。生态系统提供了自然资源，支撑了文化传统和文化活动，而文化影响了人类对自然环境的互动方式。生态与文化可持续性的实现需要综合性措施，包括自然资源保护、文化传统的保护、教育与意识提高、文化对话与互相尊重、社区参与和共享、政策和法律支持、科技创新与可持续发展、参与社会和企业责任等。只有通过综合的努力,我们才能实现生态与文化的可持续性发展,以满足当前和未来社会的需求。这一目标不仅有助于保护自然环境,还有助于传承文化传统,实现社会的可持续发展。生态与文化的相互作用是一个复杂而重要的议题,它需要不同利益相关者的共同合作,以实现可持续性的目标。

第二节 生态环境与文旅产品的影响

一、生态环境的重要性与保护

生态环境是地球上所有生物和非生物要素的综合体,包括自然资源、生物多样性、气候、土壤和水资源等。它为人类社会和其他生物提供了生存和发展所需的基本条件。然而,由于人类活动和自然因素的影响,全球生态环境正面临严重的挑战。本章节将探讨生态环境的重要性,以及如何保护和恢复生态环境以实现可持续发展。

(一)生态环境的重要性

提供生存基础:生态环境为人类和其他生物提供了生存的基本条件,包括清洁的空气、饮用水、食物等。这些资源对人类的健康和生存至关重要。

维护生态平衡:生态环境通过生态系统的复杂相互作用维护了生态平衡。这包括食物链、能量流动、氮循环、碳循环等生态过程,对生物多样性的维护至关重要。

支持农业和食品安全:生态环境提供了农业所需的土壤、水源和气候条件,以支持食品生产。食品安全依赖于良好的生态环境。

保护水资源:生态环境通过过滤和净化水源,维护了淡水资源的质量。这对饮用水、农业和工业用水都至关重要。

调节气候:森林、湿地和海洋等生态系统对调节气候起着重要作用,通过吸收和储存碳、释放氧气,以及调控温度和降水分布。

提供生态服务：生态环境提供了各种生态服务，包括自然景观、旅游、自然资源开发和文化遗产。这些服务对社会经济发展具有重要意义。

支持生物多样性：生态环境是地球上生物多样性的栖息地，它为各种动植物提供了生存和繁衍的场所。生物多样性对生态系统的稳定性和可持续发展至关重要。

促进可持续发展：生态环境提供了可持续发展的基础。通过保护生态环境，可以确保资源的可持续利用，减少环境破坏和资源枯竭。

（二）生态环境的威胁

森林砍伐：森林是生态系统的重要组成部分，但大规模砍伐导致了生境丧失、碳排放和生物多样性丧失。

气候变化：气候变化直接导致了极端气候事件、海平面上升、气温升高和生态系统的扰动。

污染：污染源包括空气污染、水污染和土壤污染，对生态环境和人类健康产生严重影响。

过度捕捞和渔业资源枯竭：过度捕捞和海洋污染导致了渔业资源的枯竭和海洋生态系统的崩溃。

土地开发和城市化：土地开发导致了生境丧失、生物多样性丧失和自然景观的改变。

水资源过度使用：过度使用水资源导致了干旱、水源污染和生态系统受损。

生物多样性丧失：生物多样性丧失导致了物种灭绝和生态系统崩溃，影响生态平衡和生态服务的提供。

土地退化：土地退化包括沙漠化、土壤侵蚀和土地退化，威胁了农业和粮食安全。

非可持续资源利用：过度开采矿产资源、石油和天然气等非可再生资源导致了资源枯竭和环境污染。

海洋污染：塑料垃圾、化学品和废弃物对海洋生态系统造成污染，威胁海洋生物和全球气候。

这些威胁不仅对生态环境本身产生了负面影响，而且还对人类社会和全球可持续发展构成了挑战。

（三）生态环境的保护与恢复

为了保护和恢复生态环境，需要采取一系列措施，包括以下几个方面。

自然保护区和野生动植物保护：设立自然保护区、野生动植物保护区和海洋保护区，以维护生态系统和生物多样性。

森林保护和再造林：采取措施保护原始森林，同时进行再造林和森林经营，以维护森林资源。

气候行动：采取减排措施，加强气候适应性，降低气候变化对生态环境的影响。

水资源管理：加强水资源管理，包括水资源保护、节水措施和水质改善。

污染控制和清洁技术：采取措施减少污染排放，推广清洁生产和清洁技术。

土地保护和可持续土地管理：采取土地保护措施，预防土地退化和沙漠化，推动可持续土地管理。

生物多样性保护和恢复：采取措施保护和恢复濒危物种和生物多样性，包括设立保护区、野生动植物保护计划和种植濒危植物。

可持续资源管理：采取可持续资源管理措施，确保资源的可持续利用，减少资源过度开采。

教育与意识提高：通过教育和宣传活动提高公众对生态环境的意识，促使人们采取环保行动。

政策和法律支持：政府应该制定和执行环境法律和政策，提供经济激励措施，以推动环保和可持续发展。

科技创新：科技创新可以帮助提高资源利用效率，减少环境影响，推动可持续发展。

跨界合作：国际合作对于全球生态环境的保护至关重要。国际社会应该共同应对全球性环境问题，共享责任。

生态环境的重要性不仅体现在维护自然生态系统的稳定性，而且还体现在保护人类社会的健康和可持续发展。当前，全球生态环境面临严重的威胁，包括气候变化、生物多样性丧失、污染和资源过度开发等问题。为了实现生态环境的保护与恢复，需要采取一系列综合性措施，包括自然保护区的设立、气候行动、污染控制、可持续资源管理、教育与意识提高、政策和法律支持等。只有通过综合性的努力，我们才能实现可持续的生态环境，为当前和未来的世代提供一个可持续的生活环境。这一目标不仅有助于维护生态平衡和生物多样性，而且还有助于实现可持续发展和提高生活质量。生态环境的保护和可持续利用是全人类的共同责任，需要国际社会和各利益相关者的协同努力，以实现全球环境可持续性和生态平衡。

二、文旅产品对生态环境的影响

文化旅游产品（文旅产品）是指结合文化元素和旅游体验的产品，它们通常包括参观历史遗迹、文化表演、博物馆参观、文化节庆和手工艺品购物等。文旅产品不仅丰富了旅游体验，而且还有助于文化传承和经济发展。然而，随着旅游业的蓬勃发展，文旅产品对生态环境产生了一定影响。本章节将探讨文旅产品对生态环境的影响，以及如何实现文旅产品与生态环境的和谐发展。

（一）文旅产品的兴起与发展

文旅产品的兴起是文化旅游发展的重要标志。文旅产品将文化元素融入旅游体验，为游客提供了更深入的文化感受。这些产品包括文化遗产景点的导览、传统表演的观赏、民间工艺品的购买和当地美食的品尝。文旅产品有助于提高游客的文化理解和尊重，促进文化继承和保护。

文旅产品的发展对于文化遗产的保护和经济发展具有积极作用。它可以增加文化遗产景点的知名度，吸引游客，增加游客支出，促进当地经济的增长。同时，文旅产品也可以为当地社区提供就业机会，激发创业精神，促进当地文化的传承。

（二）文旅产品对生态环境的影响

尽管文旅产品在文化传承和经济发展方面有积极作用，但它们也对生态环境产生了一定的影响，包括以下几个方面。

生态破坏：文旅产品通常吸引大量游客前来参观文化遗产景点，这可能导致生态破坏。过度的游客流量可能损害自然生态系统，破坏植被、土壤和野生动植物及栖息地。

资源消耗：文旅产品需要大量资源，包括能源、水资源和建筑材料。这些资源的使用可能导致资源过度消耗和环境污染。

废物排放：文旅产品通常伴随着大量游客产生的废物排放。这包括食品垃圾、塑料容器、交通排放物等，对生态环境造成负面影响。

生物多样性丧失：文旅产品的发展可能导致土地使用变化，影响生物多样性。建筑和基础设施的建设可能导致野生动物的迁徙受阻，甚至栖息地的丧失。

气候影响：文旅产品的发展也可能对气候产生影响。大规模旅游活动可能导致温室气体排放增加，加剧气候变化。

水资源紧缺：文旅产品通常需要大量水资源，包括饮用水、卫生设施和冷却设施。这可能对当地水资源造成压力，尤其是在干旱地区。

（三）实现文旅产品与生态环境的和谐发展

为了实现文旅产品与生态环境的和谐发展，需要采取一系列综合性措施。

可持续规划和设计：在文旅产品的规划和设计阶段，应考虑生态环境的保护。选择合适的场地和建筑材料，采取节能和环保措施，降低资源消耗和废物排放。

游客管理：采取措施控制游客流量，避免产生过度拥挤和生态破坏。这包括限制参观人数、实施预约制度和规定参观时间。

教育和意识提高：通过教育和宣传活动提高游客的环保意识和文化尊重。游客应被教育如何尊重当地文化、遵守规则和减少环境影响。

生态恢复和保护：采取措施恢复和保护生态系统，包括植树造林、保护野生动植物和生态系统恢复项目。

持续监测和评估：定期监测文旅产品对生态环境的影响，评估效果，根据需要进行调整和改进。

社区参与：社区应该参与文旅产品的发展和管理，分享经济利益，参与决策,确保文旅产品对当地社区的益处。

政府监管和政策支持:政府应制定环境法律和政策,规范文旅产品的发展,提供经济激励措施,以支持环保事业和可持续发展。政府还可以设立自然保护区和生态保护项目,以维护生态系统的稳定性。

创新和技术应用:采用创新技术和绿色解决方案,以降低文旅产品对生态环境的影响。这包括清洁能源、节水技术、废物处理和碳中和等。

跨界合作:国际合作对于文旅产品的可持续发展和生态环境的保护至关重要。各国应共享经验和资源,制定共同标准,以促进生态环境的可持续发展。

责任旅游:鼓励游客选择负责任的旅游方式,包括支持环保项目、参与社区互动和减少环境影响。

文旅产品的兴起为文化传承和经济发展提供了机会,但也带来了一定的生态环境影响。为了实现文旅产品与生态环境的和谐发展,需要采取综合性措施,包括可持续规划和设计、游客管理、教育和意识提高、生态恢复和保护、持续监测和评估、社区参与、政府监管和政策支持、创新和技术应用、跨界合作以及负责任旅游。只有通过综合性的努力,我们才能实现文旅产品的可持续发展,同时保护和维护生态环境,为当前和未来世代提供一个和谐的旅游体验。文旅产品与生态环境的和谐发展不仅有助于维护自然生态系统的稳定性,而且还有助于实现社会经济的可持续发展。这一目标需要各利益相关者的共同努力,包括政府、企业、社区和游客,以实现文旅产品的可持续发展和生态环境的保护。

三、可持续旅游与生态保护

旅游业为国家和地区经济做出了重要贡献,同时也是人们了解其他文化、放松心情的方式。然而,随着旅游业的蓬勃发展,对生态环境和文化遗产的影响日益显著。可持续旅游作为一种旅游业发展的模式,强调在实现经济增长的同时最大限度地减少对生态环境和文化遗产的负面影响。本章节将探讨可持续旅游与生态保护之间的关系,以及如何实现可持续旅游的目标。

(一)可持续旅游的概念

可持续旅游是一种旅游业发展的模式,强调经济、社会和环境的可持续性。它旨在满足当前和未来世代的需求,同时最大程度地减少对自然环境和文化遗产的负面影响。可持续旅游的关键原则包括以下几个方面。

经济可持续性:旅游业应该为当地社区提供经济机会,创造就业机会,提高生活水平。同时,旅游活动应该为国家和地区经济做出贡献,支持经济增长。

社会可持续性:可持续旅游应该尊重当地文化、传统和社会价值观。旅游活动应该促进文化传承、社区参与和文化交流。

环境可持续性:可持续旅游强调减少对自然环境的负面影响。这包括资源保护、生态系统保护、水和能源节约,以及减少污染和废物排放。

满足游客需求:可持续旅游应该提供高质量的旅游体验,满足游客需求。这包括文化体验、自然景观、冒险活动和休闲娱乐。

教育和意识提高:可持续旅游应该提供教育机会,帮助游客了解当地文化和自然环境,激发他们的环保意识。

(二)可持续旅游与生态保护的关系

可持续旅游与生态保护之间存在密切的联系,它们互相影响,相辅相成。以下是可持续旅游如何与生态保护相关联的一些方面。

自然环境保护:可持续旅游强调减少对自然环境的负面影响,包括保护生态系统、减少资源消耗和污染。通过限制开发和游客流量,可持续旅游有助于维护自然环境的稳定性,保护野生动植物及栖息地,防止生态系统丧失。

生态恢复:可持续旅游可以为生态恢复提供机会。通过生态系统保护项目和恢复计划,可以修复受损的生态系统,恢复生物多样性,改善土壤和水质。

生物多样性保护:可持续旅游有助于保护野生动植物和生物多样性。保护自然景观和野生动植物及栖息地,减少野生动植物非法贸易和栖息地破坏,是可持续旅游的重要目标。可持续旅游还可以提供资金支持保护野生动植物的项目，如野生动植物保护区和保护项目。

水资源保护：许多旅游目的地依赖于水资源，包括海滩、湖泊和河流。发展可持续旅游有助于保护这些水资源，防止过度开发和污染。它还可以促进水资源管理和节水技术的应用。

气候变化应对：气候变化对自然环境产生了重大影响，包括海平面上升、极端天气事件和气温升高。可持续旅游强调减少温室气体排放，采用清洁能源和气候适应措施，有助于减轻气候变化对自然环境的不利影响。

生态教育：可持续旅游提供了教育和意识提高的机会。游客可以通过亲身体验了解自然环境的重要性，了解当地文化和生态系统。这有助于激发游客的环保意识和对生态保护的支持。

社区参与：可持续旅游强调社区参与和受益。当地社区在旅游业中发挥重要作用，分享经济利益，参与决策，促进文化传承和社会发展。这有助于保护和发展当地文化和自然环境。

监管和政策支持：政府在可持续旅游的监管和政策支持方面发挥着关键作用。政府可以制定环境法律和政策，规范旅游业的发展，提供经济激励措施，鼓励可持续旅游的实践。

（三）可持续旅游的挑战和未来展望

尽管可持续旅游在生态保护方面取得了重要成就，但仍然面临着一些挑战。其中一些挑战包括以下几个方面。

过度开发：一些旅游目的地可能受到过度开发的威胁，导致生态系统破坏和资源耗尽。

恶性竞争：一些地区可能因旅游业发展过快，导致价格上涨和过度竞争，对当地社区和自然环境产生负面影响。

污染和废物排放：旅游活动可能导致污染和废物排放，如塑料垃圾、废水和空气污染。

未来，可持续旅游为了应对这些挑战，采取更多的创新措施，提高监管和政策支持，以实现更高水平的生态保护。一些未来展望包括以下几个方面。

更多的教育和意识提高：提供更多的教育和宣传活动，帮助游客了解可持续旅游的原则和生态保护的重要性。通过提高游客的环保意识，可以减少对自然环境的负面影响。

制定更严格的环境法律和政策：政府应加强监管，制定更严格的环境法律和政策，以规范旅游业的发展。这些法律和政策可以包括资源保护、污染控制和生态系统恢复的规定。

促进生态创新：鼓励旅游企业采用生态创新技术，减少对生态环境的影响。这包括使用可再生能源、推广绿色建筑和采用清洁运输方式。

社区参与和受益：加强社区参与，确保当地社区分享旅游业的经济利益。社区应参与决策过程，共同制订可持续旅游发展计划。

国际合作：国际合作对于解决全球性旅游问题至关重要。各国应共享经验和资源，制定共同标准，共同应对气候变化、生物多样性保护和资源管理等问题。

可持续旅游是一种旅游业发展的模式，强调经济、社会和环境的可持续性。它与生态保护密切相关，通过强调经济可持续性、社会可持续性和环境可持续性，有助于减少对自然环境和文化遗产产生的负面影响。通过限制开发、采用创新技术、加强监管和社区参与，可以实现可持续旅游与生态保护的和谐发展。未来，可持续旅游需要应对挑战，采取更多的创新措施，以实现更高水平的生态保护，确保旅游业的可持续发展。

第三节 环保与可持续性的关系

一、环保意识与可持续性理念的协同

随着全球人口的不断增长和经济活动的扩大，环境问题日益引起关注。气候变化、生物多样性丧失、资源枯竭、污染等问题已经成为全球性挑战。为了应对这些挑战，人们越来越认识到需要将环保意识与可持续性理念相协同。环保意识是对环境问题的认知和关切，而可持续性理念强调满足当

前需求，同时不损害未来世代的需求。本章节将探讨环保意识与可持续性理念之间的关系，以及它们如何共同推动环境保护和可持续发展。

（一）环保意识的重要性

环保意识是人们对环境问题的认知、关切和意愿采取环保行动的程度。它包括对气候变化、生态系统破坏、资源浪费和污染等环境问题的理解。环保意识的重要性体现在以下几个方面。

环境问题的认知：环保意识使人们更加了解环境问题的严重性和紧迫性。这有助于引起人们的关注，激发对环境问题的认知。

环保行动的动力：环保意识可以激发人们采取环保行动的动力。它促使人们改变生活方式、减少资源消耗、支持环保政策等。

社会影响：环保意识的传播可以引发社会的关注和行动。通过社会压力和集体行动，可以推动政府和企业采取环保措施。

教育和意识提高：环保意识的提高需要教育和宣传活动。通过教育，人们可以了解环境问题，提高环保意识。

（二）可持续性理念的基本原则

可持续性理念强调的是在满足当前需求的同时，不损害未来世代满足其需求的能力。可持续性理念的基本原则包括以下几个方面。

经济可持续性：经济活动应当为社会提供经济利益，支持就业和经济增长，同时不损害资源和环境。

社会可持续性：社会体系应当为所有成员提供公平的机会，促进社会公正和包容性。

环境可持续性：环境应当得到保护，以确保资源的可持续使用、减少污染和维护生态系统的完整性。

国际合作：可持续发展需要国际合作，共享经验和资源，解决全球性环境问题。

（三）环保意识与可持续性理念的协同关系

环保意识与可持续性理念之间存在着密切的联系，它们相互协同，共同推动环境保护和可持续发展。以下是它们之间的协同关系。

提高环保意识促进可持续性理念的认知：环保意识的提高使人们更加了解环境问题，认识到需要采取可持续性措施。环保意识促使人们更关心资源保护、生态系统恢复和气候行动等方面的问题，与可持续性理念相协同。

可持续性理念鼓励环保行动：可持续性理念强调满足当前需求，同时不损害未来世代的需求。这概念鼓励人们采取环保行动，包括减少资源浪费、使用清洁能源、支持可持续农业等。

社会影响与环保意识的传播：可持续性理念强调社会影响和社会公正。社会影响有助于传播环保意识，促使人们对环境问题表示关切，支持环保政策和倡导环保行动。

教育和宣传：教育和宣传活动是提高环保意识和传播可持续性理念的重要工具。通过教育，可以向人们传达环保意识和可持续性理念，激发他们采取环保行动。

可持续性实践：可持续性理念不仅限于理论，而且还包括实践。人们通过实际行动来实现可持续性目标，如购买环保产品、支持可持续农业、参与气候行动等。

制定政策和法律：政府在可持续性理念的指导下，制定环保政策和法律，以保护环境、减少污染和支持可持续发展。这些政策和法律有助于推动环保意识的发展，引导人们遵守环保规定，推动环境保护措施的实施。

气候行动和可持续能源：可持续性理念鼓励减少温室气体排放，使用可再生能源，以应对气候变化。这与环保意识紧密相关，因为人们需要认识到气候变化的严重性，并采取行动来减轻其影响。

社区参与和合作：可持续性理念强调社区参与和合作，这有助于推动环保意识的传播和可持续性实践。社区合作可以促进资源共享、经验交流和共同解决环境问题。

消费习惯和可持续性产品：环保意识对人们的消费习惯产生影响，促使他们更多地选择可持续性产品和服务。这对环保和可持续性理念之间的协同关系至关重要，因为可持续性产品的需求推动了生产和供应链的改善，减少了资源浪费和污染。

资源保护和生态系统恢复：可持续性理念着重于资源保护和生态系统的恢复。这需要人们理解生态系统的价值，以及它们对人类生活的重要性。环保意识有助于引发人们对资源保护和生态系统恢复的关注，从而与可持续性理念相互协同。

（四）环保意识与可持续性理念的挑战

尽管环保意识与可持续性理念之间存在密切的协同关系，但它们仍然面临一些挑战。

缺乏教育和意识提高：环保意识和可持续性理念的传播需要广泛的教育和宣传活动。然而，一些地区和社群仍然存在教育不足的问题，导致环保意识的欠缺。

利益冲突：环保意识和可持续性理念可能与某些利益相冲突，如经济增长和资源开发。这种利益冲突可能导致人们对环保措施的抵制。

短期利益与长期目标：一些人可能更关注短期经济利益，而忽视了长期的可持续发展目标。这种短视行为可能威胁环保和可持续性理念的实现。

文化差异：不同文化和社会背景的人们可能对环保意识和可持续性理念有不同的理解和实践。跨文化和跨社会差异可能妨碍协同行动。

技术和经济限制：一些环保措施需要先进的技术和经济支持。缺乏这些资源可能影响环保和可持续性理念的实施。

克服这些挑战需要全球社会的共同努力，包括政府、企业、社区和个人。需要加强教育和意识提高，解决利益冲突，促进长期目标的实现，尊重文化差异，推动技术创新和提供经济支持。环保意识与可持续性理念之间的协同关系对环境保护和可持续发展至关重要。环保意识通过提高人们对环境问题的认知和关切，激发对环保行动的动力。可持续性理念强调满足当前需求，同时不损害未来世代的需求，推动人们采取环保行动和支持可持续发展。这两者共同推动了环境保护和可持续性实践，有助于应对全球性环境问题。然而，面对挑战，需要加强教育和意识提高，解决利益冲突，促进长期目标的实现，尊重文化差异，推动技术创新和提供经济支持，以实现环保意识与可持续性理念的协同发展，为当前和未来世代提供更加可持续的生活方式。

二、环保措施在文旅产品中的应用

文旅产品是旅游业中的一大重要组成部分，它包括各种旅游产品和服务，如酒店、景点、文化活动、旅游线路等。随着环保意识的日益增强和可持续性理念的普及，文旅业也在积极应用环保措施，以减少对环境的负面影响，并促进可持续发展。本章节将探讨环保措施在文旅产品中的应用，以及这些措施如何改善文旅业的可持续性。

（一）文旅产品中的环保措施

文旅产品中的环保措施可以涵盖多个方面，包括酒店业、旅游景点、旅游线路、文化活动等。以下是一些常见的环保措施。

1.酒店业

节水措施：酒店可以安装节水设备，减少淋浴和冲洗时的水消耗。此外，酒店还可以鼓励客人在住宿期间使用毛巾和床单时减少洗涤的频率。

节能措施：酒店可以采用能源效率高的设备，如LED照明、节能空调和太阳能电池板。这有助于减少电能的使用和碳排放。

垃圾回收：酒店可以设立垃圾分类和回收点，鼓励客人参与垃圾分类，以减少废物量和提高回收率。

使用环保清洁剂：酒店可以选择使用环保清洁剂，减少有害化学物质的排放，保护室内空气质量。

本地食材和有机食品：酒店可以选择使用本地食材和有机食品，减少食品运输的碳排放，同时支持本地农业发展。

2.旅游景点

生态保护区：一些旅游景点可以设立生态保护区，保护植被和野生动植物，限制游客活动，减少生态系统破坏。

清洁能源：景点可以采用清洁能源，如太阳能和风能，以减少能源消耗和减少环境污染。

教育和意识提高：景点可以提供教育和意识提高的活动，帮助游客了解生态系统的重要性，激发人们对环境的关切。

可持续旅游规划：景点可以进行可持续旅游规划，包括限制游客数量、分散游客流量、建设可持续设施等。

3.旅游线路

公共交通推广：旅游线路可以鼓励游客使用公共交通工具，降低私人汽车和飞机的使用，降低碳排放。

文化交流和社区参与：旅游线路可以促进文化交流和社区参与，支持当地文化传承和经济发展。

生态旅游线路：旅游线路可以包括生态旅游项目，如徒步旅行、野生动植物观察和生态农业参观。

4.文化活动

使用环保材料：文化活动可以使用环保材料，如可降解装饰品、再生纸张等，减少废物和资源浪费。

数字化技术：文化活动可以应用数字化技术，如虚拟现实和在线展览，减少纸张和能源的使用。

环保文化表演：文化活动可以推出与环保主题相关的文化表演，引发观众对环境问题的关注。

以上是文旅产品中常见的环保措施，它们有助于减少对环境的负面影响，提高文旅产品的可持续性。

（二）环保措施的优势和益处

应用环保措施在文旅产品中具有许多优势和益处。

减少资源浪费：环保措施有助于减少资源浪费，包括水、能源和原材料。这有助于节省成本，并减少资源的过度开采。

减少环境污染：采用环保措施可以减少废物和污染物的排放，改善室内和室外空气质量，减少对环境的污染。

提高可持续性：环保措施有助于提高文旅产品的可持续性，确保资源和环境的长期保护，支持可持续发展。

吸引环保游客：越来越多的游客开始关注环保问题，他们更愿意选择环保友好的文旅产品。应用环保措施可以吸引更多的环保游客。

提高品质和竞争力：环保措施可以提高文旅产品的品质和竞争力。高品质的文旅产品吸引更多的游客,有助于业务的可持续增长。

增加品牌价值:文旅产品提供环保体验可以增加品牌的价值,树立企业的环保形象。这有助于建立可持续的品牌声誉。

社会责任感:应用环保措施表明企业具有社会责任感,关心环境和社会问题。这有助于获得公众的认可和尊重。

文化保护:环保措施可以有助于保护文化遗产和自然景观,确保它们的长期保存和传承。

(三)环保措施的挑战和应对策略

尽管环保措施在文旅产品中的应用带来了许多益处,但也面临一些挑战。

初期投资成本:一些环保措施需要较高的初期投资,如安装太阳能电池板、购买能效设备等。企业可能会担心这些成本,但应该认识到这些投资通常会在较短时间内产生回报。

教育和意识提高:文旅产品的供应商和客户需要了解环保措施的重要性。因此,需要进行教育和意识提高活动,以便他们能够理解和支持这些措施。

竞争和市场需求:一些企业可能担心应用环保措施会增加成本,降低企业竞争力。然而,越来越多的游客倾向于选择环保友好的文旅产品,因此应用环保措施可以满足市场需求。

技术和政策限制:一些环保措施可能受到技术和政策限制的影响。企业需要与政府合作,推动政策的制定和技术的发展,以支持环保措施的应用。

应对这些挑战的策略包括以下几个方面。

制订长期可持续计划:企业可以制订长期可持续计划,以逐步应用环保措施,分散成本,减少风险。

教育和宣传:提高员工和客户的环保意识,解释环保措施的重要性,鼓励他们的参与。

合作和合规:与当地政府或社区合作,遵守相关环保法规和政策,共同推动环保措施的应用。

持续创新：不断寻求新的环保技术和方法，以降低成本、提高效率，并满足市场需求。

文旅产品的应用环保措施的实施有助于减少对环境的负面影响，提高产品的可持续性，满足越来越多游客的环保需求。环保措施包括在酒店业、旅游景点、旅游线路和文化活动中的各种措施，如节能、节水、垃圾回收、使用环保清洁剂、采用可再生能源等。成功案例表明，应用环保措施可以提高文旅产品的品质和竞争力，吸引环保游客，增加品牌价值，提高社会责任感，同时有助于保护文化遗产和自然景观。

然而，应用环保措施也面临一些挑战，包括初期投资成本、教育和意识提高、竞争和市场需求、技术和政策限制。为了克服这些挑战，企业可以制订长期可持续计划，进行教育和宣传，与政府和社区合作，不断创新环保技术和方法。

总之，应用环保措施在文旅产品中是非常重要的，有助于实现可持续旅游的目标，减少对环境的负面影响，提高品质和竞争力，满足环保游客的需求，并支持文化遗产和自然景观的保护。随着环保意识的不断提高，文旅业应继续努力应用更多的环保措施，以推动行业的可持续发展。

三、可持续性和生态保护的共同目标

可持续性和生态保护是当今社会面临的两个最重要的挑战之一。可持续性强调满足当前需求，同时不损害未来世代的需求，以确保资源和环境的长期保护。生态保护侧重于保护自然环境、生态系统和生物多样性，以维护地球的生态平衡。尽管它们在理论上有不同的焦点，但可持续性和生态保护有着重要的共同目标，即维护地球的健康和确保人类和其他生物的幸福和繁荣。本章节将探讨可持续性和生态保护之间的共同目标，以及它们如何相互支持和促进。

（一）可持续性的要点

可持续性的核心理念是确保资源的合理和负责任使用，以满足当前需求，同时不损害未来世代的需求。可持续性涉及经济、社会和环境三个维度的平衡。以下是可持续性的一些要点。

经济可持续性：经济可持续性强调建立健康的经济体系，以满足人们的需求，提供就业机会，促进繁荣。它强调创新、资源效率和可持续生产和消费模式。

社会可持续性：社会可持续性关注人类社会的健康和福祉。它强调社会公平、社会包容、教育、卫生和文化保护。社会可持续性的目标是消除贫困、促进公平和包容的社会结构，确保每个人都能享受生活的质量。

环境可持续性：环境可持续性强调维护地球的生态系统和生物多样性。它包括减少污染、保护自然资源、维护生态平衡和减缓气候变化等目标。环境可持续性的核心是确保自然资源的可再生和不可再生的合理使用。

跨代可持续性：可持续性不仅关注当前世代的需求，而且还考虑了未来世代的需求。这意味着我们必须采取措施，以确保资源的使用不会对未来世代的生活造成负面影响。

全球可持续性：可持续性是全球性的挑战，因为地球的资源和环境是共享的。全球可持续性要求国际合作和协调，以解决全球性问题，如气候变化和生物多样性丧失。

（二）生态保护的要点

生态保护的核心理念是保护自然环境、生态系统和生物多样性，以确保地球的生态平衡。生态保护的目标是维持健康的生态系统，确保所有生物都能生存和繁衍。以下是生态保护的一些要点。

保护生态系统：生态保护致力于保护各种生态系统，包括森林、湿地、海洋、草原等。这些生态系统提供了生命所需的空气、水、食物和庇护，维持地球的生态平衡。

保护生物多样性：生态保护关注维护地球上的生物多样性，确保各种物种能够生存和繁殖。生物多样性对生态系统的稳定和健康至关重要。

恢复和修复：生态保护也包括修复受到污染、破坏或入侵的生态系统。这包括采取措施来清理污染、重新植树、恢复湿地、修复沿海带和保护受威胁的物种。

可持续利用：生态保护不仅是保护生态系统，而且还涉及合理利用资源。这包括可持续捕捞、农业、林业和渔业，以确保资源的可持续使用。

气候适应：生态保护还与气候适应相关，因为气候变化对生态系统和物种的影响很大。生态保护可以帮助生态系统适应气候变化，维持其功能和生物多样性。

（三）可持续性和生态保护的共同目标

尽管可持续性和生态保护在理论上有不同的焦点，但它们有着共同的目标和交叠的利益。以下是可持续性和生态保护之间的一些共同目标。

维持生态平衡：可持续性和生态保护都关注维持地球的生态平衡。生态平衡是生命的基础，它确保各种生物和生态系统的健康和持续。可持续性要求我们合理和负责任地使用资源，以确保不破坏生态系统的功能。生态保护致力于保护这些生态系统，以防止生态平衡遭到破坏。

保护生物多样性：可持续性和生态保护都关注保护和维护生物多样性。生物多样性对生态系统的稳定和功能至关重要。可持续性要求我们采取措施，以减少生物多样性的损失，而生态保护专门致力于保护和恢复生物多样性。

可持续资源管理：可持续性和生态保护都涉及资源管理。可持续性要求我们合理利用资源，确保其可持续性。生态保护要求我们保护资源，以维护生态系统的功能。这意味着采用可持续资源管理方法，以确保资源的可持续使用。

气候适应：可持续性和生态保护都与气候适应相关。气候变化对生态系统和物种产生了负面影响。可持续性要求我们采取应对措施，以减缓气候变化的影响，同时生态保护可以帮助生态系统适应气候变化。

跨代可持续性：可持续性和生态保护都关注跨代可持续性。它们的共同目标是确保资源和环境的可持续性，以满足当前和未来世代的需求。这意味着我们必须采取措施，以不损害未来世代的权益。

社会福祉：可持续性和生态保护都关注人类社会的福祉。可持续性要求我们提高生活质量，保障人权，减少贫困，促进公平和包容的社会结构。生态保护可以确保自然环境的健康，提供人类所需的资源。

全球合作：可持续性和生态保护都需要国际合作和协调。由于环境和资源是全球性的，解决这些问题需要国际社区的共同努力。国际合作可以推动可持续性和生态保护的共同目标。

（五）可持续性和生态保护的相互支持

可持续性和生态保护相互支持，它们之间的联系使它们更有力量，以应对地球面临的挑战。以下是它们相互支持的几个方面。

可持续资源管理：可持续性强调资源的合理利用，而生态保护强调资源的保护。可持续资源管理方法可以确保资源的可持续使用，同时生态保护措施可以防止资源的过度开采和污染。

生态系统健康：可持续性要求我们维持健康的生态系统，以支持人类社会的需求。生态保护是实现这一目标的关键，因为它保障了生态系统的完整性和功能。

气候变化适应：气候变化对生态系统和人类社会产生了负面影响。可持续性要求我们采取减缓气候变化的措施，而生态保护可以帮助生态系统适应气候变化的影响，维持其功能。

资源保护：可持续性和生态保护都关注资源的保护。可持续性要求我们保护资源，以确保它们的可持续使用。生态保护要求我们保护资源，以维护生态系统的功能和生物多样性。

生物多样性维护：可持续性和生态保护都关注生物多样性的维护。可持续性要求我们减少对生物多样性的威胁，而生态保护致力于保护和恢复生物多样性。

可持续性和生态保护都是维护地球的健康和确保人类和其他生物的幸福和繁荣的重要目标。尽管它们在理论上有不同的焦点，但它们有着共同的目标，包括维持生态平衡、保护生物多样性、可持续资源管理、气候变化适应、资源保护和生物多样性维护。可持续性和生态保护之间的相互支持使它们更有力量，以应对地球面临的挑战。它们需要国际合作和协调，以实现共同的目标，确保地球的可持续和健康。

第四节　生态旅游与文化保护的交汇点

一、生态旅游与文化保护的联系

生态旅游和文化保护是两个重要的领域，它们之间存在紧密的联系。生态旅游强调在自然环境中旅行和参与环保活动，以推动生态保护和可持续发展。文化保护涉及保护文化遗产、传统知识和文化表现形式。本章节将探讨生态旅游和文化保护之间的联系，以及它们如何相互支持和促进。

（一）生态旅游的要点

生态旅游是一种旅游形式，强调在自然环境中旅行，强调欣赏和尊重自然景观、野生动植物和生态系统。以下是生态旅游的一些要点。

自然环境：生态旅游发生在自然环境中，如国家公园、自然保护区、森林、山脉、湖泊、海滩和草原。这些地方提供了独特的自然景观和野生动植物观察机会。

环保原则：生态旅游遵循环保原则，旨在减少对环境的负面影响。这包括减少垃圾产生、采用可持续旅游运营实践、支持当地社区和保护自然资源。

教育和意识提高：生态旅游强调教育和意识提高，以提高游客对自然环境的理解和尊重。这包括提供生态解释、生态教育和参与自然保护项目的机会。

野生动植物保护：生态旅游通常涉及野生动植物保护，以支持保护威胁物种和维护生态平衡的努力。野生动植物观察是生态旅游的一个重要组成成分。

可持续发展：生态旅游强调可持续发展，旨在确保旅游业的长期可持续性。这包括社会经济效益、文化保护和环境保护。

（二）文化保护的要点

文化保护是一种努力，旨在保护和传承文化遗产、传统知识和文化表现形式。以下是文化保护的一些要点。

文化遗产：文化保护涉及保护文化遗产，如历史建筑、遗址、文物、传统技艺和文化景观。这些文化遗产代表了一个社会的历史和文化传统。

传统知识：文化保护还包括保护和传承传统知识，如草药医学、手工艺和习俗。这些知识是一个社会的文化根基，对于维持社区的身份和认同至关重要。

文化表现形式：文化保护涉及保护文化表现形式，如音乐、舞蹈、戏剧、文学和绘画。这些表现形式反映了一个社会的艺术和创造力。

语言保护：文化保护还包括语言保护，以确保一种语言的传承和使用。语言是文化的重要组成部分，它反映了一种社会的价值观和世界观。

社区参与：文化保护通常需要社区参与，以确保文化遗产的传承和保护。社区成员通常是文化传承的关键传递者和保护者。

（三）生态旅游与文化保护的联系

生态旅游和文化保护之间存在许多联系和交叉点。以下是生态旅游如何与文化保护相关联，并如何相互支持。

保护自然和文化遗产：生态旅游的目标之一是保护自然环境，包括国家公园、自然保护区和文化景观。这些地方通常具有丰富的文化遗产，如古老的遗址、传统村庄和文化景点。通过吸引游客来欣赏和尊重这些地方，生态旅游可以帮助保护自然和文化遗产。

促进文化交流：生态旅游为游客提供了与当地社区互动的机会。这种互动可以促进文化交流，帮助游客更好地了解和尊重当地的文化和传统。这有助于文化保护，因为它促进了文化的传承和传播。

传承传统知识：生态旅游常常涉及与当地社区合作，以提供生态解释、生态教育和文化体验。这有助于传承传统知识，如草药医学、传统农业和手工艺。通过与游客分享这些知识，社区可以继续传承它们的文化遗产。

维护文化身份：生态旅游有助于维护文化身份。当地社区通常在生态旅游中扮演重要角色，分享他们的文化、传统和价值观。这有助于社区成员感到自豪和自信，维护他们的文化身份。生态旅游可以成为社区自我认同和文化传承的平台。

收入和就业机会：生态旅游可以为当地社区提供收入和就业机会。这对于文化保护至关重要，因为它可以帮助社区成员继续继承和维护他们的文化遗产。通过从生态旅游中获得经济利益，社区可以更好地维持文化传承项目。

保护自然资源：生态旅游强调可持续性和环保原则。这有助于保护自然资源，如森林、湖泊、海洋和野生动植物。保护这些资源对于文化保护也至关重要，因为它们与文化景观和传统经济活动密切相关。

教育和意识提高：生态旅游通常包括教育和意识提高的组成部分。游客有机会了解自然环境、野生动植物和生态系统。这有助于提高游客对环保和文化保护的理解和尊重。生态旅游可以成为教育和意识提高的平台，促进可持续发展和文化传承。

维护文化景观：生态旅游有助于维护文化景观，如传统农田、村庄和文化遗产遗址。这些景观通常需要维护和保护，以确保它们的完整性和美观。通过吸引游客，生态旅游可以提供资金和资源，用于文化景观的保护和修复。

社区合作：生态旅游通常涉及社区合作，以确保活动的可持续性和社区的参与。这种合作可以促进社区之间的合作，分享最佳实践和资源，以支持文化保护和环保。

可持续发展：生态旅游强调可持续发展，旨在确保旅游业的长期可持续性。这也是文化保护的目标之一，因为它有助于维持传统文化、文化遗产和自然资源。

生态旅游和文化保护之间存在紧密的联系和相互支持。生态旅游提供了机会，以促进文化保护、传承传统知识、维护文化身份、提供收入和就业机会、保护自然资源、教育和意识提高、维护文化景观、促进社区合作和支持可持续发展。同时，文化保护也有助于生态旅游，因为它提供了独特的文化和历史吸引力，增加游客的兴趣。

综上所述，生态旅游和文化保护之间的联系不仅有助于保护自然和文化遗产，而且还有助于实现可持续发展目标。这些领域的相互支持使它们成为维护地球的健康和确保人类和其他生物的幸福和繁荣的重要手段。为了实现这一目标，需要国际合作和协调，以确保生态旅游和文化保护的成功实施。

二、生态旅游的文化元素融合

生态旅游是一种旅游形式，强调在自然环境中旅行，以欣赏和尊重自然景观、野生动植物和生态系统。与此同时，文化元素也在旅游中扮演着重要的角色，因为它们提供了独特的文化体验和历史背景。文化元素融合到生态旅游中，不仅可以增强游客的体验，而且还可以促进文化保护和文化传承。本章节将探讨生态旅游的文化元素融合，以及它们如何相互支持和促进。

（一）生态旅游的基本原则

为了更好地理解生态旅游和文化元素的融合，首先需要了解生态旅游的基本原则。以下是生态旅游的一些基本原则。

自然环境保护：生态旅游强调自然环境的保护和可持续性。这包括减少垃圾产生、保护野生动植物、维护生态系统的健康和采取环保措施，以减少对环境的负面影响。

教育和意识提高：生态旅游重视教育和意识提高，以提高游客对自然环境的理解和尊重。这包括提供生态解释、生态教育和参与自然保护项目的机会。

社区参与：生态旅游通常涉及社区参与，以确保当地社区从旅游活动中获得经济利益，同时维护文化传承和社区的参与。

可持续发展：生态旅游强调可持续发展，旨在确保旅游业的长期可持续性。这包括社会经济效益、文化保护和环境保护。

自然和文化景观：生态旅游通常发生在自然环境中，但它们也可以包括文化景观，如传统村庄、遗址和文化景点。这些景观提供了丰富的文化元素，丰富了游客的体验。

(二)文化元素在生态旅游中的融合

文化元素融合到生态旅游中,可以增强游客的旅游体验,提供更深刻的文化理解和历史背景。以下是文化元素如何融合到生态旅游中的方式。

文化讲解:为了帮助游客更好地理解当地文化,可以提供文化解释和导览。这包括讲解文化背景、传统习俗、当地历史和文化景点的重要性。通过文化解释,游客可以更好地理解当地文化和传统。

文化表演:文化元素可以包括文化表演,如音乐、舞蹈、戏剧和传统庆典。这些表演可以为游客提供独特的文化体验,让他们参与和欣赏当地文化的美丽。

文化工作坊:文化元素还可以包括文化工作坊,让游客亲自参与传统手工艺或艺术活动。这些工作坊不仅提供了亲身体验的机会,而且还促进了文化传承和技艺的传递。

参观历史遗址:如果生态旅游地区有历史遗址,游客可以参观这些遗址,了解过去的历史和文化。这有助于游客更好地理解地区的文化演变和历史传承。

传统美食体验:文化元素还可以包括传统美食体验,让游客品尝当地特色食物。食物是文化的一部分,它反映了当地的烹饪传统和味道。通过品尝传统美食,游客可以更好地了解文化和当地的饮食传统。

文化活动和庆典:如果在生态旅游目的地有文化活动和庆典,游客可以参加这些活动,与当地社区一起庆祝传统节日或特殊场合。这种参与有助于游客融入文化和社区生活,以及体验当地的文化底蕴。

导游和当地居民互动:生态旅游中的导游和当地居民可以充当文化传播者,与游客互动,分享他们的文化知识和经验。这有助于游客更好地了解当地的文化、传统和生活方式。

手工艺品购物:文化元素还可以包括购物机会,让游客购买当地手工艺品和文化物品。这些手工艺品通常反映了当地的传统技艺和文化特色,是独特的纪念品。

参观当地博物馆和文化中心:生态旅游地区通常有当地博物馆和文化

中心，展示了当地的历史、传统和文化。游客可以通过参观这些机构，深入了解当地的文化和历史。

文化路线和徒步游：文化元素也可以融入生态旅游的路线和徒步游中。这些路线通常会引导游客参观文化景点、历史遗址和文化重要地点，以提供更丰富的体验。

（三）生态旅游的文化元素融合的重要性

将文化元素融合到生态旅游中具有多重重要性。

丰富游客体验：融合文化元素可以丰富游客的旅游体验。游客不仅可以欣赏自然环境，而且还可以了解和尊重当地文化、传统和历史。这使旅游更加有趣和有意义。

促进文化传承：将文化元素融入生态旅游可以促进文化传承。通过让游客参与文化体验、购买手工艺品和参观文化中心，有助于维持和传承传统文化。

提高文化保护意识：生态旅游提供了一个平台，用于提高游客的文化保护意识。通过参与文化活动、与当地社区互动和了解历史，游客可以更好地理解文化保护的重要性。

促进可持续发展：文化元素的融合有助于促进可持续发展。当地社区可以从文化旅游中获得经济利益，同时保护自然和文化资源，以确保旅游的可持续性。

保护文化遗产：将文化元素融入生态旅游有助于保护文化遗产。游客的参与和支持可以为文化遗产的保护和修复提供资金和资源。

增加旅游吸引力：融合文化元素可以增加旅游目的地的吸引力。游客通常更倾向于寻找独特的文化体验，而不仅仅是自然景观。这可以吸引更多的游客，促进地区的旅游业。

生态旅游的文化元素融合不仅能够提供丰富多彩的旅游体验，还有助于文化保护和社区的可持续发展。通过将文化元素融入生态旅游中，旅游目的地可以实现文化传承、促进文化保护、提高游客对文化和历史的理解，并增加旅游吸引力。下面总结了生态旅游的文化元素融合的关键优势。

丰富游客体验：融合文化元素可以为游客提供更加多样化、深刻的旅游体验。游客不仅可以欣赏自然景观，而且还可以与当地文化互动，参与文化活动，品味传统美食，深入了解当地的历史和传统。

促进文化传承：生态旅游的文化元素融合有助于传承和保护当地的文化遗产。通过文化工作坊、文化表演和文化解释，社区可以将传统知识和技艺传递给下一代。

增加可持续发展机会：文化元素的融合可以为当地社区提供经济机会，促进社会经济的可持续发展。通过文化旅游，社区可以从旅游业中获益，同时保护自然和文化资源，以确保旅游的长期可持续性。

提高文化保护意识：生态旅游的文化元素融合有助于提高游客对文化保护的意识。通过参与文化活动、互动和学习当地历史，游客可以更好地理解文化保护的重要性，从而支持相关保护措施。

保护自然和文化遗产：将文化元素融入生态旅游中有助于保护自然和文化遗产。游客的参与和支持可以为这些遗产的维护提供资金和资源，以确保它们的完整性和保护。

综上所述，生态旅游的文化元素融合为旅游业和文化保护提供了机会，促进了可持续发展和文化传承。这种融合反映了旅游业和文化的密切联系，强调了它们之间的相互支持和合作。通过充分发挥文化元素在生态旅游中的作用，可以创造更丰富、有意义和可持续的旅游体验，同时保护和传承当地的文化和自然资源。这对于旅游目的地、社区和游客来说都是一个双赢的局面。

三、文化保护在生态旅游中的作用

生态旅游是一种旅游形式，注重对自然环境的尊重和保护，以及提供与自然界亲近的体验。与此同时，文化保护旨在维护和传承特定文化、传统和历史的遗产。尽管生态旅游和文化保护看似有不同的关注点，但它们在实践中密切相关，并可以相互促进。本章节将探讨文化保护在生态旅游中的作用，以及它如何有助于保护文化遗产、促进社区参与、提高游客的文化意识和支持可持续旅游。

（一）文化保护的概念与重要性

文化保护是指维护和传承文化、传统和历史的遗产，以确保它们在今后的世代中得以保存和传递。文化遗产可以包括语言、习俗、宗教、建筑、艺术、手工艺、历史遗址等。文化保护的重要性在于以下几点。

保持文化多样性：文化保护有助于维护世界上不同文化的多样性。每个文化都有其独特的价值观、传统和知识，这些都是人类文明的重要组成部分。

传承文化遗产：文化保护有助于将文化遗产传递给下一代。通过教育、传统习俗和口头传统，文化得以传承，确保文化传统的延续。

弘扬文化价值观：文化保护有助于弘扬文化的价值观，包括尊重、合作、社区参与和可持续性。这些价值观在文化传承中扮演着重要的角色，也可以在生态旅游中得到体现。

保护历史遗址和文化景点：文化保护有助于维护历史遗址和文化景点，以确保它们的完整性和保存。这些遗址对于了解过去的历史和文化非常重要。

（二）文化保护在生态旅游中的作用

文化保护在生态旅游中发挥着多重作用，有助于实现可持续旅游和文化传承的目标。以下是文化保护在生态旅游中的作用。

丰富旅游体验：将文化元素融入生态旅游中可以为游客提供更丰富和深刻的旅游体验。游客不仅可以欣赏自然景观，而且还可以了解和尊重当地文化、传统和历史。文化元素的融合使旅游更加有趣和有意义。

促进文化传承：生态旅游提供了一个平台，以促进文化传承。通过文化工作坊、文化表演和文化解释，社区可以将传统知识和技艺传递给下一代。

提高文化保护意识：文化保护在生态旅游中的呈现有助于提高游客对文化保护的意识。通过参与文化活动、互动和学习当地历史，游客可以更好地理解文化保护的重要性，从而支持相关的保护措施。

保护自然和文化遗产：将文化元素融入生态旅游有助于保护自然和文化遗产。游客的参与和支持可以为这些遗产的维护提供资金和资源，以确保它们的完整性和保护。

增加旅游吸引力：融合文化元素可以增加旅游目的地的吸引力。游客倾向于寻找独特的文化体验，而不仅仅是自然景观。这可以吸引更多的游客，促进地区的旅游业发展。

促进社区参与：文化保护通过生态旅游提供了机会，让当地社区参与旅游活动。社区可以成为文化讲解员、导游、表演者、工艺品制作者等，从而获得经济利益，并保持其文化传统。

提高游客文化教育水平：通过文化保护的呈现，生态旅游可以提供文化教育的机会，让游客了解当地的文化、历史和价值观。这有助于提高游客对不同文化的尊重和理解。

支持可持续旅游：文化保护与可持续旅游原则相符。通过将文化元素融入生态旅游，可以促进社会经济效益、文化保护和环境保护，从而支持可持续旅游的目标。

（三）文化保护与生态旅游的相互关系

文化保护和生态旅游之间存在着密切的相互关系，它们可以相互促进。下面是文化保护和生态旅游的相互关系。

促进文化传承：生态旅游为文化传承提供了平台。通过文化工作坊、文化表演和文化活动，社区可以传递传统知识、技艺和价值观。这不仅有助于维护文化身份，而且还使文化得以传承至下一代。

保护文化遗产：文化保护有助于保护历史遗址和文化景点，同时这些遗址也可以成为生态旅游的一部分。通过生态旅游的推动，这些文化遗产可以得到更多的保护和修复，以确保它们的完整性和可持续性。

丰富旅游体验：将文化元素融入生态旅游可以丰富游客的旅游体验。游客不仅可以欣赏自然景观，还可以了解和尊重当地文化、传统和历史。这使得旅游的过程更加有趣和有意义。

支持社区参与：文化保护通过生态旅游提供了机会，让当地社区参与旅游活动。社区可以充当导游、文化讲解员、表演者、厨师等角色，从而获得经济利益，并保持其文化传统。

提高游客文化教育水平：通过文化保护的呈现，生态旅游可以提供文化教育的机会，让游客了解当地的文化、历史和价值观。这有助于提高游客对不同文化的尊重和理解。

促进可持续旅游：文化保护与可持续旅游原则相符。通过将文化元素融入生态旅游，可以促进社会经济效益、文化保护和环境保护，从而支持可持续旅游的目标。

提高文化保护意识：生态旅游有助于提高游客对文化保护的意识。通过参与文化活动、互动和学习当地历史，游客可以更好地理解文化保护的重要性，从而支持相关的保护措施。

保护自然和文化遗产：将文化元素融入生态旅游，有助于保护自然和文化遗产。游客的参与和支持可以为这些遗产的维护提供资金和资源，以确保它们的完整性和保护。

这些相互关系强调了文化保护和生态旅游之间的互补性。它们一起创造了更为丰富、有意义和可持续的旅游体验，同时促进了文化传承和社区参与。这种互相支持的关系有助于旅游目的地实现全面的可持续发展，促进了社会、文化和自然资源的保护。

（四）文化保护在生态旅游中的实际应用

文化保护在生态旅游中可以通过多种方式实际应用。以下是一些比较常见的实践方法。

文化解释和导览：为了帮助游客更好地理解当地文化和历史，可以提供文化解释和导览服务。导游可以分享文化故事、历史背景和文化景点的重要性，从而丰富游客的体验。

文化表演和活动：文化表演和活动可以包括音乐、舞蹈、戏剧、庆典和传统仪式。这些活动为游客提供了独特的文化体验，让他们亲自参与文化活动。

文化工作坊：文化工作坊允许游客亲自参与传统手工艺或艺术活动。这有助于传递传统技艺，同时为游客提供了亲身体验的机会。

参观历史遗址和文化中心：如果生态旅游地区有历史遗址和文化中心，游客可以参观这些机构，了解当地的历史、传统和文化。这有助于游客更好地了解当地的文化遗产。

传统美食体验：文化保护还可以包括传统美食体验，让游客品尝当地特色食物。食物是文化的一部分，它反映了当地的烹饪传统和文化特色。

社区参与项目：生态旅游可以与当地社区合作开展文化保护项目。这可以包括保护历史建筑、传统技艺的传承和文化节庆的组织。

以上方法可以根据不同的目的地和文化特点进行调整和定制。通过将文化保护融入生态旅游的各个方面，可以为游客提供更加丰富的文化体验，同时促进文化传承和社区参与。文化保护在生态旅游中发挥着重要作用，有助于保护文化遗产、促进社区参与、提高游客的文化意识和支持可持续旅游。文化保护与生态旅游之间存在着紧密的相互关系，它们可以相互促进，创造更为丰富、有意义和可持续的旅游体验。文化保护在生态旅游中的应用方法包括文化解释和导览、文化表演和活动、文化工作坊、参观历史遗址和文化中心、传统美食体验以及社区参与项目。这些方法可以根据目的地的特点进行调整，以满足游客的需求并促进文化传承。

综上所述，生态旅游与文化保护之间的紧密关系为旅游业和文化保护提供了机会，促进了社会、文化和自然资源的保护。通过将文化元素融入生态旅游，可以实现可持续旅游的目标，同时保护和传承当地的文化遗产。这有助于实现旅游目的地的全面可持续发展，促进社区参与，并提高游客对文化和历史的理解和尊重。文化保护在生态旅游中的作用不仅可以促进旅游业的繁荣，而且还可以保护和传承人类宝贵的文化遗产。因此，将文化保护视为生态旅游的重要组成部分具有重要意义，可为旅游目的地的可持续发展做出贡献。

第六章　文旅产品的创新与竞争力

第一节　创新设计与竞争优势

一、创新在文旅产品设计中的角色

文化旅游产品设计是一个多元复杂的领域，它涉及如何将文化和旅游元素融合在一起，以创造吸引力的旅游产品。随着社会、科技和市场的不断变化，创新已成为文旅产品设计中不可或缺的要素。本章节将探讨创新在文旅产品设计中的角色，包括如何创新可以丰富旅游体验、提高文化传承、促进可持续发展，并增加文旅产品的竞争力。

（一）创新的概念与重要性

创新是指开发新的想法、方法、产品或服务，以满足市场需求，提高效率，或解决问题。在文旅产品设计中，创新可以涉及新的旅游体验、新的文化元素融合、新的市场推广方法等。创新的重要性主要在于以下几个方面。

提高竞争力：创新能够使文旅产品在市场上更具竞争力。通过提供独特的旅游体验和服务，文旅产品能够吸引更多的游客，并实现市场份额的增长。

丰富旅游体验：创新可以为游客提供更加丰富多彩的旅游体验。新的旅游产品设计可以吸引游客的兴趣，让他们在旅行中获得更多的乐趣和满足感。

提高文化传承：创新也可以促进文化传承。通过创新的文旅产品设计，可以将文化元素更好地融入旅游体验中，从而保护和传承文化遗产。

促进可持续发展：创新在可持续旅游中发挥重要作用。通过创新，可以减少资源浪费、减少对环境的影响，并提高社区参与，实现可持续发展的目标。

适应市场变化：市场和消费者需求不断变化，创新可以使文旅产品适应这些变化。通过及时调整产品设计，可以更好地满足市场需求。

（二）创新在文旅产品设计中的角色

创新在文旅产品设计中扮演着关键的角色，影响着产品的各个方面。以下是创新在文旅产品设计中的主要角色。

丰富旅游体验：创新可以通过提供独特的旅游体验来丰富文旅产品。这可以包括创新的旅游路线、活动、互动体验等。通过引入新的元素和概念，文旅产品能够吸引更多的游客，提高他们的满意度。

文化元素融合：创新可以帮助将文化元素更好地融入文旅产品中。这可以包括创新的文化解释、文化活动、文化交流等。通过创新，文旅产品可以更好地传达当地文化和传统，促进文化的传承发展。

可持续发展：创新可以有助于实现可持续旅游。文旅产品的创新设计可以包括减少资源浪费、节能减排、社区参与和环保措施。通过创新，可以实现旅游业的可持续发展，同时保护自然和文化资源。

适应市场需求：市场需求不断变化，创新可以使文旅产品适应这些变化。通过市场调研和反馈，文旅产品设计可以不断调整和改进，以满足不同目标市场的需求。

提高效率：创新可以提高文旅产品设计的效率。新的技术和方法可以帮助降低成本、提高生产效率、加速服务交付等。这有助于提高产品的竞争力。

创造竞争优势：创新是创造竞争优势的关键。通过创新，文旅产品可以区别于竞争对手，吸引更多的客户，并实现市场份额的不断增长。

提高品牌价值：创新可以提高文旅产品的品牌价值。创新的产品设计可以提高品牌形象，吸引更多的消费者，并提高他们对产品的忠诚度。

（三）创新方法在文旅产品设计中的应用

创新方法可以在文旅产品设计的各个阶段应用，包括产品规划、设计和实施。以下是一些常见的创新方法在文旅产品设计中的应用。

创意工坊：组织创意工坊，邀请不同领域的专家和创意团队一起思考新的旅游产品概念。创意工坊可以帮助收集各种创新想法，并推动产品设计的创新。

用户体验设计：使用用户体验设计方法来理解用户需求和期望，以确保产品能够提供满意的旅游体验。这可以包括用户研究、原型制作和用户测试。

数字化技术应用：利用数字化技术，如虚拟现实、增强现实、移动应用程序等，为文旅产品设计增加创新元素。这可以包括虚拟旅游体验、智能导游、在线互动等。

社区参与：鼓励当地社区参与文旅产品设计，以确保产品能够更好地反映当地文化和传统。社区可以提供有关文化元素、历史背景和特色活动的宝贵信息。

可持续设计：采用可持续设计原则，以减少对环境的影响，包括资源利用、能源效率和废弃物管理。可持续设计有助于实现可持续旅游的目标。

联合营销和合作：与其他旅游业者、文化机构和相关企业合作，以创新的方式推广文旅产品。共同推出联合产品和服务，可以吸引更多的客户。

学习和适应：不断学习和适应市场的变化是创新的一部分。通过市场调研、竞争分析和客户反馈，不断改进和优化文旅产品设计。

（四）挑战与解决方案

尽管创新在文旅产品设计中有许多潜在好处，但同时也伴随着一些挑战。以下是一些常见的挑战以及相应的解决方案。

资源限制：创新可能需要额外的资源，包括资金、时间和人力资源。解决方案是在创新项目中确保资源的有效分配，同时寻找合适的合作伙伴和投资者。

技术障碍：采用新的技术和方法可能会带来技术障碍。培训员工、寻求专业帮助和持续学习可以有助于解决这些问题。

文化传承问题：在创新的同时，文化传承可能会遭受威胁。解决方案是确保创新设计是以尊重和保护文化遗产为基础的，与当地社区展开密切合作，以保护文化传统。

市场不确定性：市场需求和竞争环境不断变化，可能导致不确定性。解决方案是进行定期的市场研究，与客户和竞争对手保持联系，以适应市场的变化。

管理挑战：管理创新项目可能会引发管理挑战，包括项目范围、时间表和预算管理。解决方案是建立强有力的项目管理团队，确保项目按计划进行。创新在文旅产品设计中扮演着关键的角色，可以提高产品的竞争力、丰富旅游体验、促进文化传承、支持可持续发展，并适应市场的变化。创新方法可以包括创意工坊、用户体验设计、数字化技术应用、社区参与、可持续设计、联合营销和合作等。成功的创新案例包括酒店的文化节目、互动式导览应用程序、可持续旅游项目以及跨界合作。

然而，创新也伴随着一些挑战，如资源限制、技术障碍、文化传承问题、市场不确定性和管理挑战。这些挑战可以通过有效的资源管理、技术培训、文化保护措施、市场研究和项目管理来解决。

总之，创新是文旅产品设计的关键因素，可以提高产品的质量和竞争力，满足市场需求，促进文化传承，支持可持续发展，适应市场的变化。在不断发展和竞争的文旅产业中，创新将继续扮演着重要的角色，帮助业者取得成功。通过创新，文旅产品设计可以不断进化，为游客提供更丰富的文化体验，同时保护和传承文化遗产。这将有助于推动文旅产业的可持续发展，为旅游者提供更具吸引力的选择，同时为当地社区和文化做出积极贡献。

二、竞争市场中的创新战略

在当今全球化和数字化的商业环境中，竞争市场变得更加激烈和复杂。在这个竞争激烈的环境中，企业需要不断创新以保持竞争力和实现可持续发展。创新战略成为企业在市场中立足的关键要素之一。本章节将探讨竞争市场中的创新战略，讨论创新的定义、意义以及不同的创新类型，以及如何制定和执行创新战略。

（一）创新的定义和意义

创新是指在产品、服务、流程、商业模式或组织结构等领域中引入新思想、新方法或新技术，以实现更高价值、更高效率或更高竞争力。创新不仅仅是新产品的开发，同时还包括改进现有产品、提高生产效率、降低成本、改善客户体验等方面的改变。创新是企业生存和发展的重要因素，因为它有助于企业应对市场变化、满足客户需求、提高竞争力，并创造长期价值。

创新的意义在于以下几个方面。

增加竞争力：创新可以帮助企业在市场中脱颖而出，提供独特的价值主张，吸引客户并与竞争对手区分开来。

适应市场变化：市场和消费者需求不断变化，创新使企业能够快速调整和适应这些变化，保持竞争力。

提高效率和降低成本：创新可以改进生产流程和技术，降低成本，提高生产效率，增加盈利能力。

增加客户满意度：创新可以帮助企业提供更好的产品和服务，满足客户需求，增强客户忠诚度。

创造价值：创新可以帮助企业开发新的市场机会，创造新的收入流和增加股东价值。

（二）创新的类型

在竞争市场中，创新可以采用多种不同的形势。以下是一些常见的创新类型。

产品创新：产品创新涉及开发新产品或改进现有产品，以提供更好的性能、功能或设计。这种创新通常是消费者最容易察觉的，如手机、汽车、电子设备等领域的产品创新。

服务创新：服务创新涉及改进或重新设计服务，以提供更高质量、更高效率或更好的客户体验。例如，在线银行、共享经济平台和数字化医疗服务都是服务创新的例子。

流程创新：流程创新涉及改进生产和业务流程，以提高效率、降低成本或减少资源浪费。这种创新通常不太容易察觉，但可以带来可观的效益。例如，采用精益生产方法来提高生产效率就是一种流程创新。

商业模式创新：商业模式创新涉及重新设计企业的商业模式，以开发新的市场机会、创造价值或扩大市场份额。

组织创新：组织创新涉及重新设计企业的组织结构、文化和管理方法，以提高协作、创新和响应市场变化的能力。这种创新有助于企业更灵活地应对市场挑战。

营销创新：营销创新涉及创造新的市场营销策略和方法，以吸引客户和提升品牌形象。社交媒体营销、内容营销和影响力营销都是营销创新的例子。

（三）制定创新战略

在竞争市场中，制定有效的创新战略是至关重要的。创新战略应该与企业的整体战略相一致，并有助于实现企业的长期发展目标。以下是制定创新战略的关键步骤。

确定目标和愿景：企业应先明确创新的目标和愿景。这包括确定企业想要达到的创新目标，如提高市场份额、增加收入、降低成本等。

了解市场和竞争环境：企业需要深入了解市场和竞争环境，包括客户需求、竞争对手、趋势和机会。这有助于企业确定创新的方向和重点领域。

制定创新战略：基于目标和市场分析，企业应制定创新战略，明确如何实现创新目标。创新战略应该包括以下关键元素。

创新类型：确定采用哪种创新类型，如产品、服务、流程、商业模式、组织或营销创新，或是它们的组合。选择适当的创新类型与企业的战略定位和资源能力紧密相关。

创新范围：明确创新的范围，是集中在改进现有产品或服务，还是开发全新的解决方案？创新的范围也与企业的资源、市场定位和竞争环境有关。

创新投资：确定创新的预算和资源分配。创新通常需要资金、人力资源和技术支持，因此必须明确分配资源以支持创新项目。

创新时间表：设定创新项目的时间表，包括关键里程碑和时间节点。这有助于确保创新按计划推进，减少不确定性。

创新团队：组建创新团队，包括具有不同技能和经验的成员。跨功能团队通常更有利于创新，因为它们可以提供不同的视角和洞察力。

创新推动因素：确定推动创新的因素，如领导支持、文化和组织结构。领导层的积极支持和文化鼓励创新是创新成功的关键因素。

风险管理：制定风险管理策略，包括如何处理创新过程中的失败和挑战。创新可能伴随着风险，但通过合理的风险管理，企业可以降低不成功项目的负面影响。

监测和评估：建立监测和评估机制，以跟踪创新项目的进展和成果。这有助于及时调整战略，确保创新项目取得成功。

沟通和推广：创新战略的成功还依赖于有效的内部和外部沟通。企业应该与员工、合作伙伴和客户分享创新的进展和成果，以建立信任和支持。

（四）执行创新战略

制定创新战略只是第一步，执行创新战略同样重要。以下是一些执行的关键要点，有助于成功执行创新战略。

领导支持：高层领导必须积极支持创新战略，提供资源和指导。他们的承诺和示范作用对员工的参与和投入至关重要。

创新文化：建立鼓励创新的文化，鼓励员工提出新想法、尝试新方法，并接受失败。创新文化可以激励员工发挥创造力，推动创新。

资源分配：确保创新项目获得足够的资源支持，包括预算、人员和技术。资源短缺可能导致创新项目失败。

项目管理：采用有效的项目管理方法，确保创新项目按计划推进，达到关键里程碑。项目管理有助于管理风险和资源分配。

激励和奖励：设定激励和奖励机制，以鼓励员工积极参与创新。这可以包括奖金、晋升和其他激励措施。

合作伙伴关系：建立合作伙伴关系，与外部组织合作，分享资源和知识。

合作伙伴关系可以加速创新，提供新的视角和资源。

客户反馈：积极收集客户反馈，以指导创新项目的方向和改进。客户的需求和反馈是创新的重要驱动因素。

持续改进：不断改进创新战略和实践，根据经验教训和市场反馈调整策略。创新是一个不断演进的过程。在竞争市场中，创新战略是企业成功的关键要素。创新可以帮助企业提高竞争力、满足客户需求、降低成本、创造价值并实现可持续发展。创新不仅仅是产品和技术方面的创新，而且还包括服务、流程、商业模式、组织和营销等各个领域。制定创新战略需要明确目标、了解市场、分配资源，并建立监测和评估机制。执行创新战略则需要领导支持、创新文化、资源分配、项目管理和客户反馈。通过有计划的创新战略和执行，企业可以在竞争激烈的市场中脱颖而出，并取得成功。

三、创新设计如何提高文旅产品的竞争力

文化旅游（文旅）作为旅游业中的一个重要分支，正在逐渐崭露头角。文旅产品在满足游客旅行需求的同时，还提供了文化、历史、艺术等各种元素的体验。要在竞争激烈的旅游市场中脱颖而出，文旅产品需要注重创新设计，以提高竞争力。本章节将探讨创新设计如何提高文旅产品的竞争力，包括定义创新设计、文旅产品的特点，以及如何运用创新设计来吸引游客、提升品质和满足不同需求。

（一）创新设计的定义

创新设计是指在产品或服务的开发和改进过程中引入新思想、新方法、新技术以及提高用户体验的策略，以满足市场需求和提高竞争力。创新设计不仅仅是外观或形式上的改变，同时还包括了产品或服务的功能、性能、可用性、可持续性等方面的改进。创新设计旨在提供更好的产品和服务，以满足客户需求并创造更大的价值。

（二）文旅产品的特点

文旅产品有一些独特的特点，这些特点需要在创新设计中考虑到，以提高竞争力。

文化元素：文旅产品通常包含文化、历史、艺术等元素。这些元素需要得到妥善呈现和传达，以提供深刻的文化体验。

教育性质：文旅产品不仅仅是娱乐，还具有教育性质。游客希望从中获得知识和启发，因此创新设计也需要关注教育价值。

多样性：文旅产品涵盖了各种不同类型，如博物馆、历史古迹、文化节庆等。这意味着创新设计需要灵活适应不同的场景和需求。

情感体验：文旅产品通常与情感体验密切相关。游客希望在体验中产生情感共鸣，创新设计需要强调情感连接。

持续性：文旅产品的可持续性也是一个关键问题。保护文化遗产、降低对环境的影响以及社会责任等方面的考虑都需要融入创新设计中。

（三）创新设计如何提高文旅产品的竞争力

创新设计可以为文旅产品带来多方面的竞争优势，以下是一些关键方法。

1. 个性化体验

创新设计可以使文旅产品更加个性化，以满足不同游客的需求和兴趣。通过采用技术，如人工智能和大数据分析，文旅产品可以根据游客的偏好和历史记录提供个性化建议和体验。例如，一个博物馆可以根据游客的兴趣自动推荐相关展品或提供虚拟导游服务。这样的个性化体验可以提高游客的满意度，增加重复游客和口碑传播。

2. 融合科技

科技在文旅产品中的应用可以大大提升体验质量。创新设计可以融合虚拟现实、增强现实、互动展示和智能设备等技术，以创造更富有吸引力和互动性的体验。例如，在历史古迹的参观中，AR 技术可以呈现出古代场景，让游客时光穿越，增加趣味和深度。

3. 教育和互动

文旅产品的创新设计可以强化教育元素，使游客在体验中获得知识和启发。这可以通过制定丰富的解说、互动学习元素、互动展示以及在线资源来实现。例如，在博物馆中，交互式展示和学习应用程序可以帮助游客更好地理解展品和历史背景。

4. 叙事和情感连接

创新设计可以通过强化叙事元素，创造有深度的情感连接。一个精心策划的叙事可以将游客带入故事中，使他们在文旅产品中有更丰富的情感体验。例如，在文化节庆中，一个精彩的叙事可以增加游客的情感共鸣，使他们留下深刻的印象。

5. 可持续性和社会责任

创新设计还可以关注可持续性和社会责任。文旅产品可以通过降低能源消耗、减少废物、保护文化遗产和支持当地社区等方式来提高可持续性。这不仅有助于保护环境，而且还可以吸引那些重视可持续性和社会责任的游客。

6. 数据分析和反馈

通过数据分析，文旅产品可以了解游客的行为和偏好，从而进行持续改进。创新设计可以包括数据收集和分析工具，以跟踪游客的互动和反馈。这有助于产品经理和设计师更好地理解游客的需求，改进产品和服务，提高用户体验。

7. 多元化产品组合

创新设计还可以推动文旅产品的多元化发展。通过不断推出新的文旅产品，满足不同游客群体的需求，可以扩大市场份额。多元化的产品组合可以包括不同主题的旅游路线、不同风格的住宿和餐饮选择，以及各种文化体验项目。

8. 合作与联盟

创新设计可以推动文旅产品的合作与联盟。合作可以包括与当地文化机构、非营利组织、其他旅游业者的合作，以共同推广文旅产品。通过合作与联盟，文旅产品可以得到更多资源和支持，扩大市场影响力。

9. 客户参与

创新设计还可以引入客户参与元素，使游客更加参与和参与性质。例如，通过工作坊、文化活动、互动展示等方式，游客可以积极参与文旅产品，增加互动性和参与感，使他们更加投入体验。

10. 品质与服务

创新设计应关注品质和服务。提供高品质的文旅产品和卓越的服务是提高竞争力的基础。创新设计应注重品质控制、培训员工、提供个性化服务，以确保游客有卓越的体验。

文旅产品是一个充满机遇的领域，但也充满竞争。创新设计是提高文旅产品竞争力的关键，它可以通过个性化体验、融合科技、教育和互动、叙事和情感连接、可持续性和社会责任、数据分析和反馈、多元化产品组合、合作与联盟、客户参与以及品质与服务等方式来提高产品质量，满足不同游客需求，吸引更多游客，提高游客满意度，实现可持续发展。在文旅产品设计和经营中，创新不仅是一种策略，也是一种文化，需要全员参与和持续推动，以保障文旅产品的竞争力和可持续性。

第二节 市场分析与消费者需求

一、消费者需求的调查和分析

了解和满足消费者的需求是任何企业成功的关键。消费者需求的调查和分析帮助企业更好地了解市场、客户和产品，从而制定战略、改进产品和提供更满意的服务。本章节将深入探讨消费者需求的调查和分析，包括方法、工具和重要性。

（一）消费者需求的定义

消费者需求是指消费者对产品或服务的具体要求和期望。这些需求可以涵盖各个方面，包括产品的功能、性能、品质、价格、外观、品牌声誉、服务等。消费者需求通常受到个体的特点、文化、社会背景、经济状况和市场趋势等因素的影响。

消费者需求可以分为两种主要类型。

显性需求：这些需求是明确的、清晰可见的，通常由消费者直接表达。例如，一个消费者可能需要一台能够满足特定性能要求的智能手机，或者需要一款有特定功能的电动汽车。

隐性需求：这些需求通常不是明确表达的，但是消费者可能在使用产品或服务时感到不满意，或者存在改进的潜在机会。例如，消费者可能没有明确表示需要更环保的包装材料，但当产品的包装材料对环境产生不利影响时，他们可能感到不满。

了解和满足这两种类型的需求都对企业至关重要，因为它们可以影响产品的市场接受度、客户忠诚度和竞争力。

（二）消费者需求的调查方法

了解消费者需求需要采用多种调查方法，以收集数据和洞察。以下是一些比较常用的消费者需求调查方法。

市场调查问卷：通过制定问卷调查，企业可以向消费者提出特定问题，以了解他们的需求和期望。这可以通过在线调查工具、电话调查、面对面访谈等方式来进行。

焦点小组讨论：焦点小组是一种集体讨论方法，将一组消费者聚在一起，讨论产品、服务或市场相关的问题。这种方法有助于深入了解消费者的看法、情感和需求。

用户访谈：与焦点小组不同，用户访谈通常是一对一的面对面或电话交谈，以更深入地了解个别消费者的需求和观点。

在线社交媒体分析：通过监测社交媒体上的讨论、评论和反馈，企业可以了解消费者对产品和服务的看法和需求。

数据分析：利用销售数据、客户反馈数据和在线用户行为数据等，可以深入分析消费者的需求和行为模式。

观察和实地调查：观察消费者在使用产品或服务时的行为和体验，可以提供关于需求和偏好的重要见解。

竞争分析：分析竞争对手的产品和服务，以了解市场上的潜在需求和机会。

原型和用户测试：创建产品原型或样品，并让消费者测试和提供反馈，以了解他们的需求和反应。

这些方法可以单独或结合使用，根据企业的目标和资源来制定合适的调查策略。

（三）消费者需求的重要性

了解和满足消费者需求对企业至关重要，因为它具有以下几点重要性。

提高客户满意度：满足消费者的需求和期望可以提高客户满意度，使客户更愿意购买产品或服务，并推荐给他人。

增加市场份额：通过了解市场需求，企业可以开发符合市场趋势的产品或服务，从而增加市场份额。

创新和产品改进：了解消费者的需求有助于企业推动创新和改进产品或服务，以更好地满足客户的期望。

降低风险：满足消费者需求可以降低产品失败的风险，减少库存积压和退货率。

提高客户忠诚度：通过满足客户需求，企业可以建立客户忠诚度，促使客户重复购买和长期支持。

增加销售和利润：满足消费者需求可以帮助企业提高销售额和盈利能力，因为满意的客户更有可能购买更多产品和服务。

提高竞争力：了解市场需求和竞争对手的表现可以帮助企业制定更有效的市场战略，提高竞争力。

个性化营销：了解消费者需求有助于企业实施个性化营销策略，以满足不同消费者群体的需求。

可持续发展：满足社会和环境责任需求是现代消费者越来越关注的问题。了解这些需求可以帮助企业推进可持续发展战略。

提高品牌声誉：通过满足消费者需求，企业可以建立积极的品牌声誉，吸引更多客户和合作伙伴。

了解和满足消费者的需求是企业成功的关键。调查和分析消费者需求需要使用多种方法和工具，包括市场调查、焦点小组、用户访谈、数据分析、竞争分析等。分析工具包括数据分析工具、文本分析工具、用户画像工具、数据仪表板工具、市场调研工具、用户体验分析工具等。满足消费者需求的重要性包括提高客户满意度、增加市场份额、创新和产品改进、降低风险、提高客户忠诚度、增加销售和利润、提高竞争力、个性化营销、可持续发展和提高品牌声誉。通过深入了解消费者需求，企业可以更好地满足客户的期望，获得竞争优势，提高业绩和可持续发展。

二、市场洞察如何指导文旅产品设计

文旅产品设计是一个充满挑战和机遇的领域，需要深入了解市场，以满足不断变化的消费者需求。市场洞察是一种关键的工具，可以帮助文旅产品设计师更好地理解市场趋势、客户需求和竞争环境，从而指导产品设计过程。本章节将探讨市场洞察如何指导文旅产品设计，包括方法、工具和重要性。

（一）市场洞察的定义

市场洞察是对市场的深入了解和理解，包括市场趋势、竞争环境、客户需求和偏好等。市场洞察通常包括市场调查、数据分析、竞争分析和消费者反馈等方面。它有助于企业了解市场机会、挑战和消费者期望，以更好地制定产品设计策略。

市场洞察通常包括以下关键要素。

市场趋势：了解市场的当前和未来趋势，包括新兴市场、消费者行为、技术创新等。

竞争环境：分析竞争对手的产品和服务，了解竞争格局、竞争优势和差距。

客户需求：深入了解客户的需求、偏好和期望，以满足他们的期望。

消费者反馈：收集和分析消费者反馈和评论，了解产品的优点和不足。

数据分析：利用市场数据、销售数据和消费者行为数据，来量化市场机会和趋势。

市场洞察是文旅产品设计的关键步骤，它帮助设计师更好地理解消费市场，以便开发创新的、满足市场需求的产品和服务。

（二）市场洞察的方法

了解市场需要采用多种方法，以收集数据和信息。以下是一些常用的市场洞察方法。

市场调查：通过问卷调查、在线调查或电话调查，收集消费者反馈和意见，以了解他们的需求和期望。

竞争分析：分析竞争对手的产品和服务，了解市场上的优势和差距。

用户研究：通过用户访谈、焦点小组、用户测试等方法，更加深入了解用户的需求和反馈。

数据分析：利用市场数据、销售数据、网站分析和社交媒体数据，了解市场趋势和用户行为。

消费者调研：通过观察消费者在使用产品或服务时的行为和体验，获得有关产品使用情况的见解。

市场调查报告：查阅市场研究公司提供的市场调查报告和行业分析，获取有关市场趋势和机会的信息。

网络搜索和社交媒体分析：通过搜索引擎和社交媒体分析工具，了解公众的看法和反馈。

原型和用户测试：创建产品原型或样品，并让用户测试和提供反馈，以了解他们的需求和反应。

这些方法可以单独或结合使用，根据产品和市场的特点来制定合适的市场洞察策略。

（三）市场洞察的重要性

市场洞察在文旅产品设计中可以对产品设计师和企业产生多方面的影响。

满足客户需求：市场洞察帮助设计师更好地理解客户需求和期望，从而创造更满足客户的产品和服务。

创新和产品改进：了解市场趋势和新兴技术可以激发创新，从而开发出更具竞争力的产品。

降低风险：市场洞察可以降低产品失败的风险，因为它有助于设计师避免开发不符合市场需求的产品。

提高竞争力：通过了解竞争对手的表现和差距，设计师可以制定更有效的竞争策略，提高产品的竞争力。

个性化和定制：市场洞察有助于个性化和定制产品，以满足不同用户群体的需求。

提高客户满意度：通过满足客户需求，可以提高客户满意度，增加客户忠诚度。

提高销售和收入：满足市场需求可以帮助企业提高销售额和盈利能力。

可持续发展：市场洞察有助于企业了解可持续性问题，制定可持续发展战略，满足社会和环境责任。

提高品牌声誉：通过满足客户需求，产品可以建立良好的品牌声誉，吸引更多客户和合作伙伴。

提高产品定价策略：了解市场需求和客户价值观有助于企业制定更合理的产品定价策略，以反映产品的实际价值。

市场洞察在文旅产品设计中扮演着关键的角色，它帮助产品设计师更好地了解市场趋势、竞争环境和客户需求。通过各种方法和工具，包括市场调查、竞争分析、用户研究、数据分析和消费者反馈，设计师可以获取有关市场的深刻见解。市场洞察的重要性包括满足客户需求、创新和产品改进、降低风险、提高竞争力、个性化和定制、提高客户满意度、提高销售和收入、可持续发展和提高品牌声誉。通过深入了解市场，产品设计师可以开发创新的、满足市场需求的产品和服务，实现可持续发展，提高竞争力，并满足客户的期望。因此，市场洞察在文旅产品设计中是不可或缺的一环。

第三节　竞争市场中的战略定位

一、竞争市场的分析与竞争对手

竞争市场是一个充满挑战和机会的环境，对企业来说至关重要。在这个环境中，了解竞争对手并分析市场是制定战略和取得成功的关键。本章节将探讨竞争市场的分析与竞争对手，包括定义、方法和重要性。

（一）竞争市场的定义

竞争市场是一个允许多家企业在同一行业或市场领域竞争的环境。在竞争市场中，企业竞争资源、市场份额和客户，以实现增长和盈利。竞争市场可以涵盖各个行业，包括制造业、服务业、科技业、金融业等。

竞争市场通常具有以下特点。

多家竞争对手：在竞争市场中，通常有多家竞争对手，它们争夺相同的客户和市场份额。

产品和价格竞争：企业通过提供不同的产品和价格来吸引客户，以增加销售和盈利。

消费者选择权：消费者在竞争市场中通常有更多的选择权，可以选择最符合他们需求的产品和服务。

市场动态性：竞争市场通常是动态的，市场趋势和客户需求可能会快速发生变化，企业需要不断适应。

竞争策略：企业需要制定竞争策略，以区分自己并获得竞争优势。

竞争市场是一个充满挑战和机会的环境，企业需要深入了解市场和竞争对手，以制定成功的战略。

（二）竞争市场的分析方法

分析竞争市场需要使用多种方法，以获取有关市场和竞争对手的信息。

以下是一些常用的竞争市场分析方法。

SWOT分析：SWOT分析是一种评估企业内部优势和劣势，以及外部机会和威胁的方法。这有助于企业了解自身的位置，以及如何应对市场竞争。

PESTEL分析：PESTEL分析用于评估外部环境因素，包括政治、经济、社会、技术、环境和法律因素。这有助于了解市场的宏观环境和趋势。

五力分析：五力分析是由迈克尔·波特提出的模型，用于评估市场的竞争力。五力包括供应商力量、顾客力量、潜在竞争对手、替代品威胁和现有竞争对手。这有助于企业了解市场的竞争格局和动态。

市场调查：市场调查是通过问卷调查、焦点小组、用户访谈等方法，收集关于市场趋势和消费者需求的信息。

竞争对手分析：分析竞争对手的产品、定价、销售策略、市场份额和客户基础，以了解竞争对手的优势和差距。

数据分析：利用市场数据、销售数据和消费者行为数据，来量化市场机会和趋势。

消费者反馈：收集和分析消费者反馈和评论，进一步了解市场的优点和不足。

网络搜索和社交媒体分析：通过搜索引擎和社交媒体分析工具，了解公众的看法和反馈。

这些方法可以单独或结合使用，根据市场和企业的特点来制定合适的竞争市场分析策略。

（三）竞争对手的分析方法

竞争对手分析是竞争市场分析的一个重要组成部分，它有助于企业更好地了解竞争对手的行为、策略和绩效。以下是一些常用的竞争对手分析方法。

SWOT分析：通过SWOT分析，企业可以评估竞争对手的内部优势和劣势，以及外部机会和威胁。

竞争对手概况：了解竞争对手的背景、历史、产品和市场份额。

产品和服务分析：分析竞争对手的产品和服务，包括特性、定价、品质和创新。

定价策略分析：了解竞争对手的定价策略，包括价格水平、折扣和促销活动。

销售和分销策略分析：了解竞争对手的销售渠道、分销策略和客户关系管理。

市场份额分析：评估竞争对手在市场上的份额，以了解其市场地位。

客户基础分析：分析竞争对手的客户基础，包括客户类型、数量和忠诚度。

财务分析：分析竞争对手的财务表现，包括收入、利润、成本结构和财务稳健性。

市场趋势分析：了解竞争对手如何适应市场趋势和变化，以及其创新和产品发展策略。

可持续性分析：评估竞争对手的可持续性举措，包括社会和环境责任。

这些方法可以帮助企业了解竞争对手的实力和弱点，以便制定更有效的竞争策略和战术。

（四）竞争市场的重要性

竞争市场的分析与竞争对手对企业非常重要，因为它具有以下重要性。

指导战略制定：通过分析竞争市场，企业可以制定更明智的战略，以反映市场趋势和竞争环境。

发现机会和威胁：竞争市场的分析可以帮助企业发现市场机会和潜在威胁，从而制定相应的应对策略。

了解客户需求：分析竞争市场可以帮助企业更好地了解客户需求和期望，以满足他们的期望。

优化产品和服务：通过了解竞争对手的产品和服务，企业可以改进自己的产品和服务，以提供更高品质的产品。

制定定价策略：了解市场定价水平和竞争对手的价格策略有助于企业制定合理的产品定价策略。

提高竞争力：通过了解竞争对手的实力和弱点，企业可以制定更有效的竞争策略，提高竞争力。

提高客户忠诚度：满足客户需求和提供有竞争力的产品和服务有助于建立客户忠诚度。

增加销售和利润：通过了解市场机会和趋势，企业可以提高销售额和盈利能力。

降低风险：竞争市场的分析有助于降低产品失败的风险，减少库存积压和退货率。

实现可持续发展：通过了解市场趋势和可持续性问题，企业可以制定可持续发展战略，满足社会和环境责任。

竞争市场的分析与竞争对手是企业成功的关键。通过使用多种方法和工具，包括 SWOT 分析、PESTEL 分析、五力分析、市场调查、竞争对手分析、数据分析等，企业可以更好地了解市场和竞争对手。竞争市场的重要性包括指导战略制定、发现机会和威胁、了解客户需求、优化产品和服务、制定定价策略、提高竞争力、提高客户忠诚度、增加销售和利润、降低风险、实现可持续发展。通过深入了解竞争市场和竞争对手，企业可以制定成功的战略，取得竞争优势，提高绩效并实现可持续发展。

二、市场定位战略的制定与调整

市场定位是市场营销中的一个关键要素，它涉及确定产品或服务在目标市场中的位置，以便满足客户需求并取得竞争优势。市场定位战略的制定与调整对于企业的成功至关重要，因为它直接影响到产品定价、推广、分销和产品开发等决策。本章节将探讨市场定位战略的制定与调整，包括定义、步骤、方法、调整和重要性。

（一）市场定位的定义

市场定位是一种市场营销策略，旨在将产品或服务定位在目标市场中的特定位置，以满足客户需求、期望和价值观。市场定位帮助企业确定如何与竞争对手区分开来，为客户提供独特的价值主张，并实现市场份额的增长。市场定位通常包括以下几个方面。

目标市场：确定要定位的目标市场，包括客户的特征、需求、行为和地理位置。

定位目标：确定产品或服务在目标市场中的定位目标，即要在市场中占据的位置，以满足客户需求。

价值主张：明确产品或服务的价值主张，即为客户提供的独特优势和好处。

市场定位语句：将市场定位目标、价值主张和目标市场综合成一句简洁的市场定位语句，以便传达给内部和外部利益相关者。

市场定位是一项战略工作，旨在确保企业在竞争激烈的市场中取得成功。它有助于企业理解客户需求、指导产品开发和市场传播，并实现可持续增长。

（二）市场定位战略的制定步骤

市场定位战略的制定是一个复杂的过程，通常包括以下几个关键步骤。

市场研究：企业需要进行市场研究，以了解市场趋势、竞争环境、客户需求和竞争对手。市场研究可以涵盖定性和定量研究，包括市场调查、焦点小组讨论、数据分析和竞争分析。

目标市场确定：在市场研究的基础上，企业需要明确定位的目标市场。这包括确定客户的特征，如年龄、性别、收入、地理位置，以及其需求、喜好和购买行为。

竞争对手分析：了解竞争对手的产品、定价、销售策略和市场份额，以找到定位的机会和空白。

定位目标设定：确定产品或服务在目标市场中的定位目标，即企业希望在市场中占据的位置。这可能涉及提供更低价格、更高质量、更好的服务或其他独特的价值主张。

价值主张制定：基于市场研究和定位目标，制定产品或服务的价值主张。这包括确定产品或服务的独特特点、好处和解决方案，以满足客户的消费需求。

市场定位语句：将目标市场、定位目标和价值主张综合成一句简洁的市场定位语句。这将成为企业的市场传播和沟通的基础。

实施和监测：一旦市场定位战略制定完成，企业需要将其实施，并定期监测市场反馈和绩效，以进行调整和优化。

这些步骤构成了市场定位战略的制定过程，帮助企业确定如何在目标市场中取得竞争优势。

（三）市场定位战略的方法

制定市场定位战略可以采用多种方法和工具，以满足不同市场和企业的需求。以下是一些常用的方法。

定位图：使用定位图可以将产品或服务与竞争对手在目标市场中的位置进行比较。这有助于企业确定如何在市场中定位自己。

市场细分：将市场细分为不同的客户群体，以便更好地满足他们的需求。这有助于企业提供更个性化的产品和服务。

价值曲线：通过分析产品或服务的特点和价值，绘制价值曲线，以确定产品在市场中的位置。

战略定位：确定企业的战略定位，即是否将产品定位为成本领先、差异化还是专注领域。

竞争分析：通过分析竞争对手的市场定位和价值主张，以找到差距和机会。

品牌定位：将品牌与产品或服务的市场定位相结合，以传达品牌的特点和优势。

这些方法可以根据市场和企业的特点来选择，以制定适合的市场定位战略。同时，还可以使用市场研究数据、消费者调查和数据分析工具，来支持市场定位决策。

（四）市场定位战略的调整

市场定位战略不是一成不变的，它需要不断调整以适应市场变化和客户需求的变化。以下是一些常见的情况，需要调整市场定位战略。

市场趋势变化：市场趋势可能随着时间而变化，新技术、新竞争对手或新消费者需求可能会出现。在这种情况下，企业需要调整其市场定位战略，以适应新的趋势。

竞争加剧：竞争对手可能会加强竞争，企业可能需要重新评估自己的市场定位,以认清自己并保持竞争优势。

产品创新:当企业引入新产品或服务时,市场定位战略需要相应地调整,以反映新的价值主张。

客户反馈:客户反馈是市场定位战略调整的重要来源。企业应密切关注客户的反馈和意见,以改进产品或服务,并满足客户需求。

经济环境变化:经济环境的变化,如通货膨胀、汇率波动或经济衰退,可能会影响客户的购买决策。企业需要根据经济环境的变化来调整市场定位战略。

新市场机会:有时,新市场机会可能会出现,企业可能需要调整市场定位以利用这些机会。

品牌重新定位:如果企业进行品牌重新定位,市场定位战略也需要相应地调整,以反映新的品牌形象和价值主张。

市场定位战略的调整应该是一个反复的过程,企业需要不断监测市场,收集数据和客户反馈,以及评估竞争对手的行为。通过灵活地调整市场定位战略,企业可以更好地适应市场变化,提供更能满足客户需求的产品和服务。

(五)市场定位战略的重要性

市场定位战略的制定与调整对于企业具有重要性,它直接影响企业的市场表现和竞争力。以下是市场定位战略的重要性。

区分竞争对手:市场定位战略帮助企业区分自己,使其在竞争激烈的市场中脱颖而出。

满足客户需求:通过市场定位,企业可以更好地理解客户需求,并提供产品和服务,以满足这些需求。

提高销售和盈利:通过在市场中定位自己,企业可以提高销售额和盈利能力,因为客户更有可能选择其产品或服务。

品牌建设:市场定位有助于建立品牌形象,传达产品或服务的独特价值主张,吸引客户和建立品牌忠诚度。

产品开发和创新:市场定位战略有助于指导产品开发和创新,以满足客户需求并提供更好的产品。

提高客户满意度：通过满足客户需求，企业可以提高客户满意度，增加客户忠诚度。

提高竞争力：市场定位有助于企业提高竞争力，因为它使企业能够更好地理解市场和竞争对手。

实现可持续发展：通过适应市场变化和客户需求的发展，企业可以实现可持续发展，并保持在市场上的竞争力。

市场定位战略的制定与调整是市场营销中的重要活动，它有助于企业在竞争激烈的市场中取得成功。市场定位涉及目标市场的确定、定位目标的设定、价值主张的制定和市场定位语句的创建。市场定位战略的制定步骤包括市场研究、目标市场确定、竞争对手分析、定位目标设定、价值主张制定和市场定位语句的创建。市场定位战略需要不断调整，以适应市场变化和客户需求的演变。通过市场定位，企业可以区分自己、满足客户需求、提高销售和盈利、建立品牌、推动产品创新和提高竞争力。市场定位战略的重要性包括区分竞争对手、满足客户需求、提高销售和盈利、品牌建设、产品创新、提高客户满意度、提高竞争力和实现可持续发展。通过制定和不断调整市场定位战略，企业可以取得竞争优势，并在市场中获得成功。因此，市场定位战略的制定与调整是市场营销中的核心活动，值得企业认真对待和投入资源。

三、竞争市场中的品牌建设

品牌建设是在竞争市场中取得成功的关键因素之一。一个强大的品牌不仅可以帮助企业在市场中脱颖而出，而且还可以建立客户信任、提高产品或服务的价值、吸引更多的客户并提高销售额。品牌建设是一个综合性的过程，需要深入了解市场、竞争对手和目标客户，制定明智的战略，建立独特的品牌形象。本章节将探讨竞争市场中的品牌建设，包括定义、步骤、策略和重要性。

（一）品牌建设的定义

品牌建设是一个广泛的概念，它涉及创建、塑造和管理一个产品、服务或企业的品牌形象。品牌是一个产品或企业的身份，是一个独特的标识，代表产品或服务的特性、价值和承诺。品牌建设的目标是建立一个积极的品牌形象，以吸引客户、建立客户忠诚度、提高市场份额和提高盈利能力。

品牌建设通常包括以下几个方面。

品牌标识：包括品牌名称、标志、口号和颜色等，用于识别和区分品牌。

品牌声誉：品牌声誉是客户对品牌的看法和信任程度，它影响客户的购买决策和忠诚度。

品牌文化：品牌文化是品牌的核心价值观、使命和愿景，它对品牌的内部和外部行为产生影响。

品牌传播：品牌传播是通过广告、宣传、社交媒体、公关等途径向客户传达品牌信息和价值。

品牌体验：品牌体验是客户与品牌互动的方式，包括购买、使用、客户服务和售后支持。

品牌建设是一个长期的过程，需要不断努力和投资，以建立和维护强大的品牌。

（二）品牌建设的步骤

品牌建设是一个系统性的过程，包括以下多个步骤。

品牌定位：企业需要明确定位品牌，即确定品牌在市场中的位置和独特的价值主张。这包括确定目标客户、竞争对手和市场机会。

品牌策略：制定品牌策略，包括品牌目标、品牌声誉、品牌文化和品牌传播策略。这些策略将指导品牌建设的方向。

品牌标识设计：设计品牌标识，包括品牌名称、标志、口号和颜色。这将成为品牌的可视化表现。

品牌传播：制定品牌传播策略，确定如何向目标客户传递品牌信息和价值。这包括广告、宣传、社交媒体、内容营销和公关等手段。

品牌体验：创建积极的品牌体验，包括购买、使用、客户服务和售后支持。客户的品牌体验直接影响他们对品牌的看法。

品牌监测和调整：持续监测品牌声誉和客户反馈，以便及时调整品牌策略和传播。这有助于确保品牌保持活力。

这些步骤构成了品牌建设的基本过程。品牌建设需要全面的计划和执行，以确保品牌的一致性和连贯性。

（三）品牌建设的策略

品牌建设涉及多种策略和方法，以下是一些比较常见的品牌建设策略。

品牌定位策略：确定品牌在市场中的定位目标，即要在市场中占据的位置。这可能涉及提供更低价格、更高质量、更好的服务或其他独特的价值主张。

品牌差异化策略：通过差异化来区分品牌，使其在竞争激烈的市场中脱颖而出。差异化可以涉及产品特点、设计、技术、创新、价格策略等方面。

品牌一体化策略：确保品牌的所有元素都一致和连贯。这包括品牌标识、声誉、文化和传播。

内部品牌文化：建立一个积极的内部品牌文化，以保障员工对品牌的理解和认同。员工是品牌的重要传播者，他们的参与和忠诚度对于品牌建设至关重要。

故事叙述：通过讲述品牌故事来吸引客户和建立情感连接。品牌故事可以帮助客户更好地理解品牌的使命、愿景和价值观。

社交媒体和内容营销：利用社交媒体和内容营销来与客户互动，传达品牌信息，建立品牌忠诚度和社交资本。

品牌扩展：考虑品牌扩展，即将品牌应用到新的产品或服务领域，以增加市场份额和利润。

品牌保护：保护品牌免受盗版、侵权和负面宣传的影响。品牌保护策略可以包括知识产权保护和危机管理。

持续改进：持续改进品牌建设策略，根据市场和客户的反馈，以确保品牌的活力和竞争力。

这些策略可以根据品牌和市场的特点来选择，以制定一个综合的品牌建设计划。

（四）品牌建设的重要性

品牌建设在竞争市场中具有重要性，对于企业的成功和可持续发展至关重要。以下是品牌建设的重要性。

区分竞争对手：在竞争激烈的市场中，一个强大的品牌可以帮助企业区分自己，吸引客户并脱颖而出。

建立客户信任：一个具有积极声誉的品牌可以建立客户信任，使客户更愿意购买产品或服务。

提高产品或服务的价值：品牌建设可以提高产品或服务的价值，使客户更愿意为其支付更高的价格。

吸引更多的客户：一个强大的品牌可以吸引更多的客户，扩大市场份额。

提高销售和盈利：品牌建设可以帮助企业提高销售额和盈利能力，因为客户更有可能选择其产品或服务。

建立品牌忠诚度：品牌建设有助于建立品牌忠诚度，使客户更愿意回购并推荐品牌给其他人。

提高竞争力：一个强大的品牌可以提高企业的竞争力，因为它使企业能够更好地抵御竞争和市场波动。

品牌扩展：一个成功的品牌可以扩展到新的产品或服务领域，以增加市场份额和多样化收入。

提高品牌价值：一个强大的品牌可以增加企业的价值，因为品牌在市场中具有重要资产的作用。

品牌建设在竞争市场中是至关重要的，它帮助企业建立强大的品牌形象，吸引客户、建立客户信任、提高产品或服务的价值、提高销售额和盈利能力、建立品牌忠诚度、提高竞争力、实现品牌扩展、提高品牌价值。品牌建设是一个综合性的过程，包括品牌定位、策略、标识设计、传播、体验和监测等多个步骤和策略。通过精心制定和执行品牌建设计划，企业可以通过建立和维护一个成功的品牌，取得在市场中的成功和可持续增长。因此，品牌建设是企业成功的重要组成部分，值得企业投入时间和资源。

第四节 文旅产品的品牌推广与发展

一、品牌建设与传播策略

在竞争激烈的市场中,品牌建设和传播策略对于企业的成功至关重要。一个强大的品牌可以帮助企业在市场中脱颖而出,建立客户信任,提高产品或服务的价值,吸引更多的客户,并提高销售额。品牌传播策略是将品牌信息传达给目标客户的关键工具,它有助于建立品牌形象,吸引客户,提高品牌知名度和忠诚度。本章节将探讨品牌建设与传播策略的关系,品牌建设的重要性,品牌传播策略的类型和关键步骤。

(一)品牌建设与传播策略的关系

品牌建设与传播策略是紧密相关的,它们共同构成了建立和维护强大品牌的过程。品牌建设是一个综合性的过程,它包括了品牌定位、品牌策略、品牌标识、品牌声誉、品牌文化、品牌体验和品牌传播等多个元素。品牌传播策略则是品牌建设过程中的一个重要组成部分,它用于将品牌信息传达给目标客户,以建立品牌形象、吸引客户和提高品牌知名度。

品牌建设与传播策略的关系可以用以下方式来解释。

品牌传播是品牌建设的一部分:品牌传播策略是品牌建设过程中的一部分,它帮助将品牌的核心价值观、使命和愿景传达给客户。品牌传播有助于塑造品牌声誉和建立品牌文化。

品牌传播反映品牌策略:品牌传播策略应该反映品牌策略的目标和价值主张。品牌传播的内容、语调、渠道和工具应该与品牌策略一致,以确保品牌形象的连贯性。

品牌传播传达品牌标识:品牌传播包括传达品牌标识,如品牌名称、标志、口号和颜色等。这些元素是品牌的可视化表现,对于建立品牌形象至关重要。

品牌传播影响品牌体验：品牌传播不仅包括广告和宣传，而且还包括客户服务、售后支持和用户体验。这些方面直接影响客户的品牌体验。

综上所述，品牌建设与传播策略是相辅相成的，它们一起构成了一个综合的品牌建设过程。品牌建设提供了品牌的核心价值观、定位和文化，而品牌传播策略用于将这些元素传达给目标客户，以建立积极的品牌形象。

（二）品牌建设的重要性

品牌建设对于企业的成功和可持续增长具有重要性。以下是品牌建设的重要性。

区分竞争对手：在竞争激烈的市场中，一个强大的品牌可以帮助企业区分自己，脱颖而出。客户更容易记住和信任熟悉的品牌。

建立客户信任：一个具有积极声誉的品牌可以建立客户信任，使客户愿意购买产品或服务。客户信任是建立长期客户关系的基础。

提高产品或服务的价值：品牌建设可以提高产品或服务的价值，使客户更愿意为其支付更高的价格。品牌可以传达质量、可靠性和价值的信息。

吸引更多的客户：一个强大的品牌可以吸引更多的客户，扩大市场份额。客户更有可能选择一个值得信赖的品牌。

提高销售和盈利：品牌建设可以帮助企业提高销售额和盈利能力，因为客户更有可能选择其产品或服务。高度忠诚的客户也倾向于购买更多的产品或服务。

建立品牌忠诚度：品牌建设有助于建立品牌忠诚度，使客户更愿意回购并推荐品牌给其他人。忠诚的客户是企业的重要资产。

提高竞争力：一个强大的品牌可以提高企业的竞争力，因为它使企业能够更好地抵御竞争和市场波动。企业具有强大的品牌通常更容易应对市场挑战。

品牌扩展：一个成功的品牌可以扩展到新的产品或服务领域，以增加市场份额和多样化收入。已经建立的品牌可以为新产品或服务提供信誉和信任。

提高品牌价值：一个强大的品牌可以增加企业的价值。品牌通常被视为企业的资产，可以增加其市值和吸引投资者和合作伙伴的兴趣。

品牌建设的重要性在于，它不仅有助于企业取得短期成功，而且还有助于实现长期可持续增长。一个强大的品牌可以帮助企业建立稳定的客户基础，提高客户忠诚度，减少市场风险，增加市场份额和盈利能力。因此，品牌建设应该被视为企业战略的核心组成部分。

（三）品牌传播策略的类型

品牌传播策略是将品牌信息传达给目标客户的方法和途径。有多种类型的品牌传播策略，可以根据品牌的特点和市场的需求选择适当的策略。以下是一些常见的品牌传播策略。

广告传播：广告是一种常见的品牌传播策略，通过电视、广播、印刷媒体、互联网和社交媒体等渠道传达品牌信息。广告可以用于提高品牌知名度、宣传新产品或服务、传达品牌故事和吸引客户。

内容营销：内容营销是一种通过生产有价值的内容来吸引客户和传达品牌信息的策略。内容可以包括博客文章、社交媒体帖子、视频、白皮书和其他形式的内容。内容营销有助于建立品牌专业知识和吸引目标受众。

社交媒体传播：社交媒体是一种快速传播品牌信息的渠道，通过平台，企业可以通过与客户互动，分享品牌故事和建立品牌忠诚度。

公关传播：公关传播包括与媒体和其他利益相关者合作，以传达品牌信息和管理品牌声誉。公关可以帮助处理负面情况，提高品牌可信度。

口碑传播：口碑传播是通过客户口口相传来传达品牌信息。积极的客户口碑可以帮助建立信任，吸引新客户和提高品牌知名度。

赞助和活动传播：通过赞助活动、展会、体育赛事和其他活动来传达品牌信息。这些活动有助于提高品牌知名度，吸引客户并且建立关系。

搜索引擎优化（SEO）：SEO是通过优化网站内容，使其在搜索引擎结果中排名更高来吸引有机流量的策略。SEO有助于客户找到品牌，并提高品牌知名度。

影响者营销：影响者营销涉及与社交媒体上的影响者合作，以推广品牌和产品。影响者的支持可以帮助吸引目标受众。

这些品牌传播策略可以根据品牌的目标、目标客户和市场情况来选择和组合。综合利用多种传播策略可以更好地实现品牌建设目标。

（四）品牌传播策略的关键步骤

制定有效的品牌传播策略需要经过一系列关键步骤。以下是品牌传播策略的关键步骤。

目标设定：确定品牌传播的具体目标，例如提高品牌知名度、增加销售额、宣传新产品或服务、吸引新客户或提高客户忠诚度。

目标受众确定：确定目标受众，即将品牌信息传达给哪些人。了解目标受众的特点、需求和行为对于选择适当的传播渠道和内容至关重要。

信息和价值主张制定：明确要传达的品牌信息和价值主张。这些信息应与品牌策略一致，能够反映品牌的核心价值观和愿景。

选择传播渠道：根据目标受众的特点和需求选择适当的传播渠道。不同的渠道适用于不同的目标受众，例如广告、社交媒体、内容营销等。

制订内容计划：创建有吸引力的内容，以传达品牌信息和吸引客户。内容计划应包括不同类型的内容，如文章、视频、图像和互动。

设定预算和资源分配：明确传播策略的预算，包括广告费用、人力资源、技术和工具。确保有足够的资源来执行传播策略。

制定时间表：制定明确的时间表，确定传播策略的执行时间和截止日期。时间表可以帮助确保策略按计划进行。

实施传播策略：执行传播策略，包括创建和发布内容、管理社交媒体、与影响者合作、与媒体合作等。

监测和分析：持续监测传播策略的效果，以确保达到预定的目标。使用分析工具和指标来衡量品牌知名度、网站流量、社交媒体参与度、销售额和其他关键性能指标。

调整策略：根据监测结果对传播策略进行调整和优化。根据客户反馈和市场变化来更新内容和战略。

评估结果：定期评估传播策略的成果，检查是否达到了预定的目标。根据评估结果来决定下一步的行动。

持续改进：不断改进品牌传播策略，以适应市场变化和客户需求的变化。持续改进有助于品牌保持活力和竞争力。

这些关键步骤构成了一个有效的品牌传播策略的框架。制定和执行品牌传播策略需要细致的规划和协调，以确保实现预期的结果。

品牌建设与传播策略是企业成功的关键因素之一。品牌建设有助于建立强大的品牌形象，吸引客户，建立客户信任，提高销售额和盈利能力，建立品牌忠诚度，提高竞争力，实现品牌扩展和提高品牌价值。品牌传播策略是品牌建设的关键组成部分，它用于将品牌信息传达给目标客户，以建立品牌形象、吸引客户和提高品牌知名度。品牌建设与传播策略之间相互关联，共同构成了一个综合的品牌建设过程。品牌建设与传播策略的成功取决于明确定位、清晰的目标、有吸引力的内容和持续改进。通过有效的品牌建设与传播策略，企业可以取得在竞争市场中的成功和可持续增长。

二、数字化媒体和社交平台的运用

随着数字技术的迅速发展，数字化媒体和社交平台已经成为人们获取信息、互动交流、推广产品和建立品牌的主要工具。数字化媒体包括互联网、移动应用、社交媒体和数字广告等，它们为个人、企业和组织提供了无限的可能性，以创造有影响力的内容、建立强大的在线社区和实现营销目标。本章节将探讨数字化媒体和社交平台的运用，包括定义、重要性、优势和运用策略。

（一）数字化媒体和社交平台的定义

数字化媒体是一种基于数字技术的媒体形式，它包括了互联网、社交媒体、移动应用、数字广告、在线视频、电子邮件、博客等。这些媒体形式通过数字化技术来传播信息、内容和互动。数字化媒体允许用户创建、分享、存储和获取多媒体内容，如文字、图像、音频和视频。社交平台是数字化媒体的一个子集，它们专注于用户之间的互动和社交连接。

（二）数字化媒体和社交平台的重要性

数字化媒体和社交平台在当今社会的重要性不容忽视。以下是它们的重要性。

信息获取和分享：数字化媒体提供了快速、便捷的信息获取和分享渠道。

人们可以通过互联网搜索、社交媒体分享、新闻网站订阅等方式获取各种信息，从新闻和时事到娱乐和教育。

社交互动：社交平台使人们能够与他人互动、分享生活、建立社交连接。它们成了人们社交互动和建立社交网络的主要工具。

营销和广告：数字化媒体和社交平台为企业和品牌提供了强大的市场推广工具。通过数字广告、社交媒体宣传、内容营销等方式，企业可以更好地接触目标受众，并推广产品和服务。

品牌建设：社交平台和数字化媒体有助于企业建立品牌形象、传播品牌故事，与客户建立亲密联系，并提高品牌知名度和忠诚度。

教育和学习：数字化媒体和在线教育平台使教育资源更加容易获取。学生和专业人士可以通过在线课程、学习应用程序和数字图书等方式提升自己的技能和知识。

公众参与和政治互动：数字化媒体和社交平台也在政治和公众参与方面发挥了重要作用。人们可以使用社交媒体表达政治观点。

创新和创造：数字化媒体为创作者和艺术家提供了平台，可以展示他们的作品、创新和表达创造力。这对于文化、艺术和媒体行业来说是一个重要的机会。

数据分析和反馈：数字化媒体和社交平台提供了大量数据，可以帮助企业了解客户行为、市场趋势和用户反馈。这些数据对于制定战略决策至关重要。

综上所述，数字化媒体和社交平台已经成为现代社会的不可或缺的一部分。它们在信息获取、社交互动、营销、品牌建设、教育、政治互动、创新和数据分析等方面发挥了重要作用。

（三）数字化媒体和社交平台的优势

数字化媒体和社交平台具有多方面的优势，使其成为各种组织和个人的首选工具。以下是它们的优势。

全球覆盖：数字化媒体和社交平台拥有全球覆盖范围，可以迅速传播信息和内容到世界各地。这使得它们成为跨地域和跨文化传播的有力工具。

即时性：数字化媒体和社交平台提供即时的信息传播，用户可以随时随地获取最新的信息和新闻。这对于实时事件、突发事件和紧急通知非常重要。

互动性：社交平台允许用户之间进行双向互动，他们可以分享观点、评论、点赞、分享和参与讨论。这种互动性有助于建立社交连接和提高用户参与度。

个性化：数字化媒体和社交平台可以提供个性化的内容和体验。它们使用算法和用户数据来推荐相关内容，使用户能够获得符合其兴趣和需求的信息。

成本效益：相对于传统媒体，数字化媒体和社交平台通常更具成本效益。企业可以更精准地定位目标受众，避免广告浪费，并在数字广告中获取实时数据。

测量和分析：数字化媒体和社交平台提供了强大的分析工具，可以帮助企业了解用户行为、受众反馈和广告效果。这使得优化策略和实现更好的结果变得更容易。

扩展市场：数字化媒体和社交平台允许企业扩展其市场范围，吸引更多的潜在客户。无论企业规模如何，它们都可以通过互联网达到全球市场。

构建品牌忠诚度：社交平台可以帮助企业建立品牌忠诚度，通过与客户建立紧密联系、提供优质的客户服务和传达品牌价值观来吸引和保留客户。

这些优势使数字化媒体和社交平台成为了各种组织和个人的首选工具，用于实现各种目标和需求。

（四）数字化媒体和社交平台的运用策略

为了充分利用数字化媒体和社交平台，组织和个人需要制定明智的运用策略。以下是一些关键的运用策略。

目标设定：确定明确的目标和目标。无论是提高品牌知名度、增加销售额、建立社交社区还是提供有用的信息，都需要明确目标。

目标受众确定：了解目标受众的特点、需求和偏好。不同的平台和内容适用于不同的受众。

内容策略：制定内容策略，包括内容类型、频率、风格和格式。内容应与目标受众的需求和兴趣相匹配。

选择适当的平台：根据目标受众和内容策略选择适当的社交平台和数字化媒体。不同的平台有不同的特点和受众。

互动和参与：积极互动和参与目标受众。回复评论、提问、分享用户生成的内容和参与讨论可以建立更紧密的社交联系。

测量和分析：使用分析工具来监测和衡量运用效果。根据相关数据来优化策略和内容。

定期更新：定期更新内容和策略，以适应市场趋势和受众需求的变化。

教育和培训：对于企业和组织来说，培训员工和团队以使用数字化媒体和社交平台是至关重要的。员工需要了解最佳实践和数据隐私。

合规性：确保遵守相关法规和政策，包括数据隐私法规、版权法和广告法规。

实验和创新：不断尝试新的策略和工具，探索创新的方式来利用数字化媒体和社交平台。

这些运用策略可以帮助组织和个人最大限度地利用数字化媒体和社交平台，实现他们的目标和需求。

数字化媒体和社交平台已经成为人们获取信息、互动交流、推广产品和建立品牌的主要工具。它们在信息获取、社交互动、营销、品牌建设、教育、政治互动、创新和数据分析等方面发挥了重要作用。通过充分利用数字化媒体和社交平台，并制定明智的运用策略，组织和个人可以取得更大的成功，实现更大的目标和需求。数字化媒体和社交平台的应用将继续在未来发挥重要作用，因此，不断学习和适应新技术和趋势是至关重要的。数字化媒体和社交平台的发展将继续对社会、经济和文化产生深远的影响，因此，我们应积极探索其潜力，以更好地满足我们的需求和追求。在数字化媒体和社交平台的世界中，信息与互动永不停息，创新与变化不断前进，为我们带来了无限的机会和挑战。

三、品牌推广对文旅产品发展的影响

在现代旅游业中，文旅产品的发展和推广至关重要。文旅产品是融合

了文化和旅游元素的产品，通常包括博物馆、文化遗产、艺术展览、历史景点、文化节庆和其他与文化相关的旅游体验。为了取得在激烈的竞争市场中的成功，文旅产品需要进行有效的品牌推广。本章节将探讨品牌推广对文旅产品发展的影响，包括定义、重要性、策略和效果。

（一）品牌推广的定义

品牌推广是一种旨在提高品牌知名度、建立品牌形象、吸引客户、推广产品或服务的市场活动。品牌推广涉及多种传播渠道和方法，包括广告、公关、社交媒体、内容营销、赞助、活动、口碑营销等。品牌推广的目标是使品牌在目标受众中产生积极的印象，以便吸引更多的客户、建立忠诚度和提高销售额。

（二）品牌推广的重要性

品牌推广对文旅产品的发展至关重要，因为它能够产生多方面的影响和优势。

提高品牌知名度：品牌推广通过不同的渠道和方法将品牌信息传达给更多的人，从而提高品牌的知名度。客户更容易选择他们熟悉和信任的品牌。

塑造品牌形象：品牌推广有助于塑造品牌形象，传达品牌的核心价值观、愿景和使命。一个清晰的品牌形象可以吸引目标受众，并建立品牌的独特性。

吸引客户：品牌推广有助于吸引新客户，特别是那些对文旅产品感兴趣的客户。广告、宣传和推广活动可以激发客户的兴趣，并鼓励他们了解产品和服务。

提高客户忠诚度：品牌推广不仅吸引新客户，而且还有助于保留现有客户。建立强大的品牌形象和传达品牌价值观可以提高客户忠诚度，使他们更愿意回购和推荐品牌。

增加销售额和收入：品牌推广有助于提高销售额和盈利能力。客户更有可能购买熟悉和信任的品牌，因此，品牌推广可以增加产品和服务的销售。

竞争优势：一个强大的品牌可以为文旅产品提供竞争优势。在竞争激烈的市场中，一个独特的品牌形象可以帮助产品脱颖而出。

品牌扩展：通过品牌推广，文旅产品可以扩展到新的领域，以增加市场份额和多样化收入。已经建立的品牌可以为新产品或服务提供信誉和信任。

建立品牌资产：一个成功的品牌可以被视为企业的资产，增加其市值，吸引投资者和合作伙伴的兴趣。

综上所述，品牌推广对文旅产品的发展具有关键性影响。它不仅提高品牌知名度，还建立了品牌形象、吸引客户、提高销售额和客户忠诚度，为产品提供竞争优势，同时有助于品牌扩展和建立品牌资产。品牌推广是文旅产品成功的关键因素之一。

（三）品牌推广策略

为了实现有效的品牌推广，文旅产品需要制定明智的策略。以下是一些关键的品牌推广策略。

目标受众确定：确定目标受众，了解他们的特点、需求和偏好。不同的文旅产品适用于不同的受众，因此需要针对性的推广策略。

品牌定位：明确文旅产品的品牌定位，即产品在市场上的独特卖点和价值主张。品牌定位应与目标受众的需求相匹配。

多渠道推广：使用多种传播渠道和方法来推广文旅产品。这包括广告、社交媒体、内容营销、公关、赞助、活动、口碑营销等。不同的渠道适用于不同的目标受众和宣传目标。

故事讲述：利用品牌故事来建立情感连接。一个吸引人的品牌故事可以帮助客户更好地了解产品的背后故事和文化价值。

社交媒体营销：利用社交媒体平台来与客户互动、分享品牌故事、宣传特别活动和提高品牌知名度。社交媒体提供了直接与受众互动的机会。

内容营销：创建有吸引力的内容，包括文章、视频、照片、博客和其他形式的内容，以吸引受众并传达品牌价值观。

客户参与：鼓励客户参与和分享他们的体验。口碑传播和用户生成的内容可以帮助扩大品牌影响力。

赞助和合作：考虑与相关的文化和旅游机构、艺术家、艺术团体和其他合作伙伴合作，进而共同推广产品和服务。

数据分析和反馈：使用分析工具来监测和衡量推广活动的效果。根据数据来优化策略和活动。

持续改进：不断改进品牌推广策略，以适应市场变化和客户需求的变化。品牌推广应该是一个持续的过程。

（四）品牌推广的效果

品牌推广的成功与否可以通过多种方式来衡量，包括以下一些效果。

品牌知名度：品牌推广应该有助于提高品牌的知名度。可以通过调查、在线搜索、社交媒体跟踪和其他指标来测量品牌知名度的提高。

客户忠诚度：一个成功的品牌推广策略应该有助于提高客户忠诚度。客户更有可能回购和推荐品牌。

销售额和收入：品牌推广的最终目标是提高销售额和盈利能力。通过监测销售数据和收入变化，可以衡量推广活动的效果。

社交媒体参与度：如果品牌推广包括社交媒体营销，可以通过关注数、点赞、评论和分享等指标来衡量社交媒体参与度。

口碑和用户生成的内容：品牌推广活动是否激发了客户的兴趣，他们是否开始积极传播品牌和分享他们的体验。

网站流量和在线互动：通过监测网站流量、页面浏览次数、用户互动和在线转化率等指标，可以衡量网站上品牌推广的效果。

综上所述，品牌推广对文旅产品的发展具有深刻影响，可以提高品牌知名度、吸引客户、增加销售额和客户忠诚度。通过制定明智的品牌推广策略，并监测和衡量推广效果，文旅产品可以在竞争激烈的市场中脱颖而出，取得成功。

第七章　研究发现与分析

第一节　非遗数字化在文旅产品中的潜在机会

一、非遗数字化带来的商机和创新机会

非遗代表了一个国家或地区独特的文化和传统，具有重要的历史、文化和社会价值。然而，在现代社会，非遗面临着保护和传承的挑战，因为它们往往难以适应快速变化的数字化世界。然而，数字化技术也为非遗提供了新的商机和创新机会。本章节将探讨非遗数字化带来的商机和创新机会，以及其对非遗保护和传承的重要性。

（一）非遗数字化的概念

非遗数字化是指将非遗元素、技艺、传统和文化数字化，以便更好地保存、传承、推广和分享。这包括数字化记录、存档、展示和传播非遗的方法和工具。非遗数字化可以通过数字化技术来捕捉、存储和传播非遗的信息、图像、音频、视频和其他媒体。这些数字资源可以在互联网上共享，以进一步推广非遗、教育公众和吸引投资。

（二）非遗数字化的商机

旅游和文化体验：数字化技术为非遗的旅游和文化体验提供了新的机会。通过虚拟现实和增强现实技术，游客可以在虚拟世界中体验非遗的历史和传统。这种数字化的文化体验可以吸引更多游客，增加旅游收入。

教育和研究：数字化非遗资源可以用于教育和研究。学生、学者和研究人员可以访问数字化档案，以学习和研究非遗元素。这有助于非遗的传承和保护。

商品和礼品：数字化非遗元素可以应用于商品和礼品的制作。例如，数字化图案可以用于纺织品、陶瓷和珠宝的设计。这有助于创造有市场竞争力的非遗产品。

文化创意产业：数字化非遗可以促进文化创意产业的发展。数字媒体、设计和文化创意公司可以利用非遗元素来创造新的艺术品、产品和媒体内容。

跨界合作：数字化非遗为不同领域的跨界合作提供了机会。例如，数字艺术家和传统工匠可以合作创造数字化艺术品。这有助于促进文化创新和交流。

网络销售和电子商务：数字化非遗产品可以在线销售，通过电子商务平台将非遗产品推向国际市场。这有助于提高产品的可见性和销售额。

文化节庆和活动：数字化非遗资源可以用于文化节庆和活动的策划和宣传。数字化元素可以增加节庆的吸引力，并吸引更多的观众。

投资和资金筹措：数字化非遗可以吸引投资和资金。企业和机构可能会对数字化项目感兴趣，以推广非遗和支持文化遗产。

这些商机表明，非遗数字化不仅有助于保护和传承非遗，而且还有助于经济和社会发展。它可以创造就业机会、吸引游客和投资、促进文化创新和促进非遗产品的市场化。

（三）非遗数字化的创新机会

非遗数字化还提供了创新发展机会，可以推动非遗的传承和发展。

虚拟现实和增强现实：利用虚拟现实和增强现实技术，可以创建与非遗元素相关的虚拟世界，让人们亲身体验非遗文化。这种沉浸式体验有助于年轻一代更好地理解和欣赏非遗。

云存储和数字档案：数字化非遗资源可以存储在云端，以确保长期保存和传承。数字档案可以包括照片、录音、视频、文件和其他相关信息。

社交媒体和在线社区：通过社交媒体平台和在线社区，人们可以分享非遗经验、观点和故事。这有助于建立非遗的支持者和爱好者社群。

开放数据和共享平台：建立开放数据平台，使非遗资源对公众和研究人员开放，以促进文化研究和创新。

数字艺术和创造力：数字化非遗资源可以用于数字艺术的创作。数字艺术家可以将非遗元素与现代艺术相结合，创造新的作品。

在线教育和培训：数字化非遗资源可以用于在线教育和培训。学生和相关爱好者可以通过在线课程学习非遗技艺和传统。

文化创新和跨界合作：数字化非遗为文化创新和跨界合作提供了机会。数字媒体、设计和艺术领域可以与传统工匠和非遗传承者合作，创造创新的文化作品。

文化遗产保护和维护：数字化非遗可以用于文化遗产的保护和维护。例如，数字技术可以用于修复和保护古老的文物和建筑。

在线市场和销售：创建在线市场和销售平台，使非遗产品能够全球销售，吸引更多的客户和收入。

创业和就业机会：数字化非遗为创业者和文化从业者提供了就业机会。他们可以开展非遗数字化、内容创作、教育和旅游服务等业务。

这些创新机会使非遗能够更好地适应数字化时代，促进其传承、保护和发展。数字化技术不仅提供了保存非遗的工具，而且还为其注入了新的活力和创新力。

（四）非遗数字化的重要性

非遗数字化对保护和传承非遗具有重要意义。

传承和保护：数字化非遗资源有助于记录和保存非遗元素，以防止其消失。这对于传承和保护非遗文化至关重要。

教育和宣传：数字化非遗资源可以用于教育和宣传。它们可以帮助人们更好地了解非遗文化、传统技艺和历史背景。

文化交流和互动：数字化非遗资源可以促进文化交流和互动。人们可以通过互联网分享和了解不同地区和文化的非遗元素。

经济和社会发展：非遗数字化可以促进经济和社会发展。它创造了就业机会、吸引游客和投资，增加文化创意产业的贡献。

创新和文化创意：数字化非遗为创新和文化创意提供了机会。它可以将传统元素与现代艺术和技术相结合，创造新的作品和产品。

可持续发展：数字化非遗有助于非遗的可持续发展。它使非遗文化更具吸引力，吸引更多的年轻人投身非遗传承。

非遗数字化为保护、传承和发展非遗文化提供了新的商机和创新机会。数字化技术可以帮助非遗更好地适应现代社会，吸引更多的支持者、投资和爱好者。这对于保护和传承非遗具有重要意义，同时也有助于经济和社会发展。非遗数字化不仅提供了新的文化体验和商业模式，而且还为非遗注入了新的活力和创新力。因此，非遗数字化应该得到更多的关注和支持，以促进非遗的持续传承和发展。

二、潜在市场和受众分析

在市场营销和业务发展中，深入了解潜在市场和目标受众是至关重要的。潜在市场是指尚未被充分开发或利用的市场领域，其中可能存在商机和潜在客户。目标受众是企业或组织希望吸引的特定人群，他们具有对产品或服务兴趣和需求。潜在市场和受众分析有助于企业更好地了解市场趋势、竞争情况和客户需求，从而制定更有效的营销策略和业务计划。本章节将深入探讨潜在市场和受众分析的重要性、方法和实施步骤。

（一）潜在市场分析的重要性

识别商机：通过潜在市场分析，企业可以识别到未被充分开发的市场领域，从而抓住商机。这有助于企业在竞争激烈的市场中找到自己的定位。

预测市场趋势：深入了解潜在市场可以帮助企业预测市场趋势，包括需求变化、消费习惯、竞争情况等。这有助于企业调整战略，进而适应市场的发展。

降低风险：潜在市场分析有助于企业降低经营风险。通过了解市场需求和竞争情况，企业可以更有针对性地制定战略，减少失败的可能性。

提高市场拓展效率：企业在拓展市场时，通过潜在市场分析可以更好地定位目标市场，避免资源的浪费，提高拓展效率。

支持决策制定：潜在市场分析为企业决策制定提供了数据支持。决策者可以更好地了解市场情况，从而做出明智的决策。

了解竞争对手：潜在市场分析还可以帮助企业了解竞争对手的策略和市场表现。这有助于企业调整自己的策略，以保持企业竞争优势。

（二）潜在市场分析方法

潜在市场分析涉及多种方法和工具，以下是一些常用的方法。

市场调查：市场调查是通过问卷调查、访谈、焦点小组讨论等方式，获取市场信息的方法。这可以帮助企业更好的了解客户需求、喜好和行为。

数据分析：数据分析是利用现有数据来研究市场情况的方法。这包括销售数据、消费者数据、市场份额数据等。数据分析可以揭示市场趋势和客户行为。

竞争分析：竞争分析涉及研究竞争对手的市场表现、定价策略、产品特点等。这有助于企业了解市场上的竞争情况。

市场细分：市场细分是将市场分成不同的细分市场，以便更好地满足不同受众的需求。这有助于企业更有针对性地开展营销活动。

调研和趋势分析：通过对市场趋势和消费者趋势的调研，企业可以了解未来可能的发展方向。

市场模型和预测：使用市场模型和预测方法，企业可以预测市场未来的发展趋势和市场规模。

（三）潜在受众分析的重要性

受众分析是为了更好地理解目标市场中的不同人群，包括他们的需求、喜好、行为和特点。以下是开展受众分析的重要性。

定制营销策略：通过受众分析，企业可以更好地定制营销策略，以满足不同受众的需求。这有助于提高营销活动的效果。

提高客户满意度：了解目标受众的需求和喜好，可以帮助企业提供更符合客户期望的产品和服务，从而提高客户满意度。

拓展目标市场：受众分析还可以帮助企业拓展目标市场，吸引更多的受众。这有助于扩大客户群体和市场份额。

竞争优势：了解受众需求和行为可以帮助企业创造竞争优势。企业可以提供更符合市场需求的产品和服务。

定义目标受众：受众分析有助于企业明确定义目标受众，以便更有针对性地开展营销和广告活动。这可以提高广告投资的回报率。

提高产品开发效率：了解受众的需求和喜好可以帮助企业更高效地开发新产品或改进现有产品。这有助于减少产品开发失败的风险。

提高品牌忠诚度：通过满足受众需求和建立深度联系，企业可以提高客户对品牌的忠诚度，鼓励重复购买和口碑传播。

提高广告效果：受众分析可以帮助企业更精确地选择广告渠道和内容，以确保广告能够吸引目标受众。

降低市场风险：了解受众需求可以降低市场风险。企业可以更好地预测受众反应，减少产品或服务的失败风险。

（四）受众分析方法

受众分析涉及多种方法和工具，以下是一些常用的方法。

市场调查：市场调查可以帮助企业了解受众的需求、偏好和行为。这可以通过问卷调查、访谈、焦点小组讨论等方式进行。

数据分析：数据分析是使用现有数据来研究受众行为和特点的方法。这包括消费者数据、社交媒体数据、在线行为数据等。

人口统计数据：人口统计数据包括受众的年龄、性别、地理位置、收入水平等信息。这些数据可以帮助企业更好地了解受众特点。

市场细分：市场细分是将市场分成不同的细分市场，以便更好地了解不同受众的需求。这可以帮助企业更有针对性地开展营销活动。

消费者洞察：消费者洞察涉及观察和了解受众的需求、偏好和行为。这可以通过观察和交流来实施。

竞争分析：竞争分析涉及研究竞争对手在市场上的表现和受众争夺。这可以帮助企业了解受众的选择和反应。

用户画像：用户画像是通过整合各种数据和信息来创建受众的详细画像。这包括受众的兴趣、行为、需求和特点。

社交媒体分析：社交媒体分析涉及分析受众在社交媒体上的互动和反应。这可以帮助企业了解受众对品牌和产品的看法。

实施潜在市场和受众分析的关键步骤。

确定研究目标：企业需要明确定义潜在市场分析和受众分析的研究目标。这可以帮助企业更有针对性地收集和分析数据。

数据收集：企业需要收集相关的市场数据和受众信息。这可以通过市场调查、数据分析、人口统计数据、竞争分析等方式来实施。

数据分析和整合：收集的数据需要进行分析和整合，以得出更有用的见解和结论。这可以通过数据分析工具和统计方法来实施。

制定策略：基于潜在市场分析和受众分析的结果，企业可以制定更有效的市场营销策略和业务计划。

实施和监测：一旦制定了策略，企业需要实施并监测其效果。这包括跟踪市场趋势、监测受众反应和调整策略以适应市场变化。

定期更新：市场和受众都会随时间变化，因此潜在市场分析和受众分析需要定期更新。这有助于企业保持竞争优势和满足客户需求。

总之，深入了解潜在市场和目标受众对企业的发展至关重要。潜在市场分析可以帮助企业抓住商机，预测市场趋势，降低风险。受众分析可以帮助企业定制营销策略，提高客户满意度，创造竞争优势。通过合理的方法和实施步骤，企业可以更好地了解市场和客户，提高业务绩效和市场地位。

三、非遗数字化在文旅产品领域的未来展望

非遗（非物质文化遗产）是一个国家或地区独特的文化和传统的象征，具有重要的历史、文化和社会价值。然而，在现代社会，非遗面临着保护和传承的挑战。数字化技术的发展为非遗的保护、传承和创新提供了新的机会。本章节将探讨非遗数字化在文旅产品领域的未来展望，包括数字化技术的应用、潜在的商机和创新机会。

（一）非遗数字化的现状

非遗数字化已经在文旅产品领域取得了一定的成就。数字化技术包括

虚拟现实、增强现实、云存储、数字档案、社交媒体和在线教育等，已经被广泛应用于非遗的保护和传承。

虚拟现实和增强现实：虚拟现实和增强现实技术可以用于创造沉浸式的非遗体验。游客可以通过 VR 头戴设备或智能手机应用，亲身体验非遗元素，如传统表演、手工艺品制作和古老的建筑。

云存储和数字档案：非遗数字化可以通过云存储来保存和传承。数字档案主要包括照片、录音、视频、文件和其他相关信息。这有助于长期保存非遗资源，并提供给学者、研究人员和爱好者。

社交媒体和在线社区：社交媒体平台和在线社区提供了一个分享非遗经验、观点和故事的平台。这有助于建立非遗的支持者和爱好者社群，推广非遗。

在线教育和培训：非遗数字化资源可以用于在线教育和培训。学生和爱好者可以通过在线课程学习非遗技艺和传统。

数据分析和市场趋势：数字化技术可以用于分析非遗市场的趋势和受众需求。这有助于企业更好地了解市场，制定更合理有效的市场营销策略。

尽管已经取得了一些进展，但非遗数字化仍面临着一些挑战，包括技术问题、知识保护、可持续发展和文化适应。因此，展望未来，需要继续探讨非遗数字化的潜力和挑战。

（二）未来展望

1. 虚拟现实和增强现实的发展

虚拟现实和增强现实技术的不断发展将为非遗的传承和体验提供更多的机会。未来，我们可以展望以下发展趋势。

更多的虚拟非遗体验：通过 VR 和 AR 技术，游客将能够在虚拟世界中体验非遗元素，这将吸引更多的年轻人增加对非遗的兴趣。

文化教育和互动体验：虚拟现实和增强现实技术可以用于文化教育和互动体验。学生和游客可以参与虚拟课程和活动，了解非遗文化和技艺。

跨界合作和创新：虚拟现实和增强现实为不同领域的跨界合作提供了机会。数字艺术家、游戏开发者和传统工匠可以合作创造虚拟作品和产品，推动文化创新。

2.云存储和数字档案的普及

随着云存储和数字档案技术的普及，非遗资源的保存和传承将更加方便和可持续。未来可能出现以下趋势。

全球合作和共享平台：云存储和数字档案可以用于建立全球合作和共享平台，以促进非遗资源的跨国传承和合作。

长期保存和修复：数字档案可以用于长期保存和修复古老的文物和建筑。数字技术可以帮助保护文化遗产，防止其受到自然灾害和人为破坏。

开放数据和文化研究：数字化非遗资源可以用于开放数据和文化研究。这将有助于学者、研究人员和教育工作者更深入地研究非遗文化和传统文化。

3.社交媒体和在线社区的发展

社交媒体和在线社区将继续在非遗数字化中发挥重要作用。未来可能出现以下发展趋势。

文化交流和互动：社交媒体和在线社区将继续促进文化交流和互动。人们可以分享非遗经验、观点和故事，从而推广非遗。

文化创新和合作：社交媒体和在线社区为文化创新和跨界合作提供了平台。不同领域的艺术家、工匠和文化从业者可以通过社交媒体合作创造新的文化作品。

基层参与和社群建设：社交媒体和在线社区有助于基层参与和社群建设。非遗保护者和传承者可以与支持者和爱好者之间建立联系，共同推动非遗传承和保护。

4.在线教育和培训的普及

在线教育和培训将为更多人提供学习非遗技艺和文化的机会。未来可能出现以下趋势。

个性化学习和远程教育：在线教育平台将提供个性化学习体验，满足不同学生的需求。远程教育将使学生能够随时随地学习非遗技艺。

跨文化教育和国际合作：在线教育将促进跨文化教育和国际合作。学生可以与来自不同国家和文化背景的教师和学生互动，了解不同地区的非遗文化。

职业培训和创业机会：在线教育还将提供职业培训和创业机会。学生可以学习非遗技艺，成为传承者或开展相关业务，推动非遗的可持续发展。

5. 数据分析和市场趋势的应用

数据分析和市场趋势分析将帮助企业更好地了解非遗市场的需求和潜力。未来可能出现以下发展趋势。

客户个性化体验：通过数据分析，企业可以提供更个性化的非遗体验，满足不同客户的需求和偏好。

智能推荐和定制服务：数据分析可以帮助企业实现智能推荐和定制服务。客户可以根据其兴趣和行为获得个性化的建议和服务。

市场定位和战略调整：通过市场趋势分析，企业可以更好地定位目标市场，并根据市场的发展调整战略。

6. 跨界合作和创新

非遗数字化将继续促进跨界合作和文化创新。未来可能出现以下趋势。

数字艺术和文化作品：数字艺术家和传统工匠可以合作创造数字化的文化作品，将传统元素与现代技术相结合，创新文化表达形式。

文化创意产业发展：非遗数字化将促进文化创意产业的发展。数字技术、设计和营销将帮助非遗产品更好地适应现代市场，吸引更多的客户和投资。

国际文化交流：跨界合作将促进国际文化交流。不同国家和文化之间的合作将促进非遗传承和保护，促进文化多样性。

7. 文化遗产保护和维护

非遗数字化将继续在文化遗产保护和维护方面发挥作用。未来可能出现以下趋势。

数字技术在文物保护中的应用：数字技术可以用于文物和建筑的保护和维护。例如，3D打印技术可以用于制作文物复制品，以减少原物的磨损。

数据分析和文化遗产管理：数据分析可以帮助管理者更好地了解文化遗产的状况，包括损耗、修复和维护需求。这有助于制订更有效的管理计划。

国际合作和资源共享：非遗数字化将促进国际合作和资源共享，以更好地保护和维护文化遗产。

非遗数字化在文旅产品领域具有巨大的潜力，可以促进非遗的保护、传承和创新。未来，虚拟现实和增强现实技术将为游客提供更丰富的非遗体验，云存储和数字档案将帮助长期保存和传承非遗资源，社交媒体和在线社区将促进文化交流和互动,在线教育和培训将为更多人提供学习非遗技艺的机会,数据分析将帮助企业更好地满足市场需求,跨界合作和创新将推动文化创意产业的发展,文化遗产保护和维护将收获更多的国际合作和支持。

第二节 非遗数字化带来的挑战与问题

一、非遗数字化可能带来的困难和挑战

非遗数字化是保护和传承非物质文化遗产的一种新兴方法,它利用数字技术来记录、保存和传播传统文化和技艺。尽管非遗数字化带来了许多机会和好处,但也伴随着一些困难和挑战。下面将探讨非遗数字化可能面临的问题,包括技术挑战、知识保护、文化适应、可持续发展和伦理问题等。

(一)技术挑战

技术障碍:非遗数字化需要先进的技术设备和专业知识。传统非遗保护者和传承者可能不熟悉数字技术,难以应对技术障碍。

资金和资源限制:随着数字化需要大量的资金和资源,包括设备、软件、培训和维护。在一些贫困地区或资源有限的地方,数字化可能是一项昂贵的任务。

技术更新和维护:数字技术不断发展,需要定期更新和维护。这可能对资源和技术能力提出更高的要求。

数据安全和隐私问题:数字化涉及大量数据的存储和传输,因此涉及数据安全和隐私问题。泄露非遗信息可能对文化和知识的保护造成威胁。

数字鸿沟:数字化可能加大数字鸿沟,使那些缺乏数字素养和技能的人无法参与或受益于数字化进程。

（二）知识保护

知识外流：数字化可能导致非遗知识的外流，使其容易被未经授权的人获取和复制。这可能损害传承者和社区的权益。

知识丧失：数字化技术的快速变化可能导致传统知识的丧失。一些非遗传承者可能倾向于使用数字工具，而不再传授口头传统知识。

版权问题：数字化可能引发版权和知识产权问题。谁拥有数字化内容的版权，如何保护非遗文化的知识产权等问题可能引发争议。

信息质量和真实性：数字化内容的质量和真实性可能受到质疑。虚假信息和误导性内容可能对非遗传承和保护造成损害。

（三）文化适应

数字文化价值观冲突：数字文化和传统文化价值观之间可能存在冲突。一些数字内容可能不符合传统文化和道德价值观，引发文化适应问题。

受众需求和期望：数字化可能受到受众需求和期望的影响。一些数字内容可能更加商业化和流行，而忽略了传统文化的深层内涵。

文化异化：过度数字化可能导致文化异化，使非遗内容失去了原汁原味和传统的感觉。一些数字内容可能失去了与传统非遗的深刻联系。

（四）可持续发展

经济可持续性：非遗数字化可能带来经济可持续性的问题。数字化需要大量的资源和投资，但不一定能够获得足够的回报。

社区参与和支持：数字化可能影响社区的参与和支持。一些社区可能感到数字化是外部干涉，而不是本地自主发展。

文化生态系统破坏：数字化可能破坏传统的文化生态系统，使文化元素变得分散和不连贯。一些非遗元素可能失去了其原本的环境和背景。

文化资本流失：过度商业化的数字化可能导致文化资本流失，一些非遗元素可能成为商品化的工具，而非文化遗产的一部分。

（五）伦理问题

文化权益和社会正义：非遗数字化引发了一些文化权益和社会正义的问题。一些社群可能感到他们的文化权益受到了侵犯，而数字化受益者可能是外部人员而非传统非遗传承者。

营销和商业化：数字化可能导致非遗的过度商业化和市场化。文化元素可能被用于商业目的，而不是传承和保护。

数据主权和控制：数字化涉及数据的主权和控制问题。谁拥有和管理非遗数字化数据，以及如何保护数据的权利可能引发伦理问题。

文化尊重和文化冒犯：数字化可能引发文化尊重和文化冒犯的问题。一些数字内容可能由于不尊重传统文化，引发文化冲突和争议。

（六）应对困难和挑战

虽然非遗数字化可能面临各种困难和挑战，但可以采取一系列措施来应对这些挑战。

技术培训和支持：提供传统非遗保护者和传承者所需的技术培训和支持，以帮助他们克服技术障碍。

资金和资源筹集：筹集足够的资金和资源，以支持非遗数字化项目。这可以包括政府资助、国际合作和慈善捐赠。

数据安全和隐私保护：建立严格的数据安全和隐私政策，以确保非遗数字化数据的安全和保护。

社区参与和民主决策：将社区参与作为非遗数字化项目的关键要素，进行民主决策和共同管理。

文化教育和宣传：加强文化教育和宣传，提高公众对非遗数字化的理解和尊重。

知识保护和法律规定：建立知识保护机制和法律规定，以确保非遗知识的合法权益和传承。

文化适应和文化对话：推动文化适应和文化对话，促进数字化内容与传统文化的有机结合。

可持续发展和社会责任：将可持续发展和社会责任作为非遗数字化的

重要原则,确保其经济、社会和文化可持续性。

伦理准则和道德规范:建立伦理准则和道德规范,以引导非遗数字化的发展和实践。

非遗数字化是一项有潜力的工具,用于保护、传承和创新非物质文化遗产。然而,它也面临着技术挑战、知识保护、文化适应、可持续发展和伦理问题等一系列困难和挑战。为了充分发挥非遗数字化的潜力,我们需要采取综合性的措施,包括技术培训、资源筹集、数据安全、社区参与、文化教育、知识保护、文化适应、可持续发展、伦理准则等。只有通过综合性的努力,非遗数字化才能在尊重传统文化的同时,适应现代社会的需求,实现非遗的可持续传承和保护。

二、法律与伦理问题的应对

非遗数字化在保护、传承和创新非物质文化遗产方面提供了强大的工具,但同时也引发了众多法律与伦理问题。在数字时代,如何平衡文化保护、知识传承、技术创新和个体权益之间的关系成为一个复杂而敏感的议题。本章节将探讨非遗数字化所面临的法律与伦理问题,以及如何应对这些问题。

(一)法律问题

1. 知识产权问题

非遗数字化可能引发知识产权问题,包括版权、专利和商标等。数字化内容可能牵涉不同权利持有人之间的权益冲突,如何平衡这些权益是一个复杂的问题。

版权问题:数字化内容的创作者可能要求版权保护,以保障其作品不被未经授权的使用。然而,非遗数字化项目可能包含传统知识和文化元素,这些元素的版权归属可能不清晰。如何平衡创作者权益和文化共享是一个挑战。

商标问题:非遗数字化可能涉及商标使用。商标是企业的标识,用于区分其产品或服务。如果非遗数字化项目包含商标元素,可能引发商标侵权问题。

专利问题：非遗数字化可能包含创新技术，可能涉及专利申请。专利持有人可能要求专利保护，以保护其创新。然而，一些人认为专利保护可能妨碍非遗传承和创新。

2. 数据隐私问题

非遗数字化涉及大量的数据收集、存储和传输，因此可能引发数据隐私问题。个体信息的保护是一个重要的法律和伦理关切。

数据安全：非遗数字化项目需要确保数据的安全，以防止未经授权的访问和数据泄露。数据泄露可能对知识产权和个体隐私构成威胁。

用户同意：数字化项目需要获得用户的明确同意来收集和使用其个人数据。不合规的数据收集可能触犯隐私法律。

数据共享：在一些情况下，非遗数字化项目可能需要分享数据，以促进合作和共享知识。如何平衡数据共享和隐私保护是一个复杂的问题。

3. 文化资源保护问题

非遗数字化涉及文化资源的保护和传承，但同时也可能对文化资源产生负面影响。

文化资源保护：非遗数字化可能帮助保护和传承文化资源，但同时也可能对文化资源构成威胁。数字化技术的快速变化可能导致传统文化的流失，数字化内容的商业化可能使文化资源失去原本的价值和意义。

文化合适性：非遗数字化可能引发文化合适性问题。数字化内容可能与传统文化和价值观不符，引发文化冲突和争议。

商业化问题：非遗数字化可能导致文化资源的过度商业化。文化资源可能变成商品化的工具，而非文化遗产的一部分。

4. 跨国问题

非遗数字化可能涉及跨国合作和数据传输，因此可能出现跨国法律问题。

跨国合作：非遗数字化项目可能涉及来自不同国家的合作者和参与者，因此需要解决跨国合作问题，包括知识产权、数据隐私、跨境数据传输等。

数据传输：数字化项目可能涉及跨国数据传输，需要确保合规性和数据隐私保护，以避免触犯国际法律。

文化保护问题：不同国家有不同的文化保护法律和政策，可能对非遗数字化项目产生影响。跨国项目需要遵守各国的法律法规，这可能引发合规性问题。

（二）伦理问题

面对非遗数字化可能引发的众多法律问题，有必要采取一系列措施来应对这些问题。

制定法律法规：国家和国际社会应制定相关法律法规，以明确非遗数字化的法律地位和权责。这包括知识产权、数据隐私、文化资源保护等方面的法律法规。这些法律法规应根据当地文化和社会情况进行调整和修订，以确保平衡不同权益。

保护文化资源：非遗数字化项目应致力于保护和传承文化资源，而不仅仅是商业化和流行化。项目管理者应制定政策和准则，以确保能够文化资源的原汁原味得以保存。

促进文化对话和适应：非遗数字化应促进文化对话和适应，尊重传统文化和价值观。项目管理者应与社区和文化传承者密切合作，确保数字化内容与传统文化相契合。

加强数据隐私和安全：非遗数字化项目应加强数据隐私和安全措施，确保个人数据的安全和隐私保护。用户应明确同意数据收集和使用，同时必须遵守相关法律法规。

促进社区参与和共同管理：非遗数字化项目应促进社区参与和共同管理。社区应有机会参与项目的决策和实施，确保其权益得到充分尊重。

跨国合作和合规性：跨国非遗数字化项目需要遵守各国的法律法规，确保合规性。法律问题需要在项目初期考虑并妥善解决。

伦理准则和道德规范：制定伦理准则和道德规范，以引导非遗数字化的发展和实践。这些准则应包括文化尊重、社会正义、知识产权和社区参与等方面的原则。

持续监测和评估：持续监测和评估非遗数字化项目的影响和成效，及时调整和改进项目策略。这有助于及早发现和解决法律和伦理问题。

非遗数字化是一项强大的工具，用于保护、传承和创新非物质文化遗产。然而，它也引发了众多法律与伦理问题，包括知识产权、数据隐私、文化资源保护、跨国问题和伦理问题等。为了应对这些问题，需要采取一系列综合性措施，包括制定法律法规、保护文化资源、促进文化对话、加强数据隐私和安全、促进社区参与、确保合规性、制定伦理准则和道德规范，以及持续监测和评估项目的影响。只有通过综合性的努力，非遗数字化才能在尊重传统文化的同时，实现知识传承、技术创新和个体权益的平衡。

三、非遗数字化在文旅产品中的实际问题

非物质文化遗产（非遗）是世界各国宝贵的文化遗产，代表了人类历史和传统的重要部分。为了传承、保护和推广非遗，数字技术已被广泛应用于文旅产品的开发和推广中。然而，非遗数字化在实践中面临着一系列实际问题。本章节将探讨非遗数字化在文旅产品中的实际问题，包括技术挑战、文化适应、可持续发展、社区参与和市场竞争等方面的问题。

（一）技术挑战

技术设备和资源限制：许多传统非遗保护者和传承者可能没有适当的技术设备和资源来进行数字化工作。他们需要培训和支持来克服技术挑战。

数据采集和处理：非遗数字化需要大量的数据采集和处理工作，包括录音、摄影、视频拍摄和文档编制。这需要专业技能和资源。

数据存储和管理：数字化内容需要存储和管理，以确保能够长期保存。这需要合适的数据存储设备和系统。

数字化技术的更新和维护：数字技术不断发展，需要定期更新和维护。这对资源和技术能力提出了更高的要求。

数据安全和隐私问题：数字化涉及大量数据的存储和传输，因此涉及数据安全和隐私问题。泄露非遗信息可能对文化和知识的保护造成威胁。

数字化工具的可访问性：数字化工具和平台的可访问性可能受到地理和经济条件的限制。一些地区可能无法获得高速互联网连接和先进的技术设备。

（二）文化适应问题

数字文化价值观冲突：数字文化和传统文化价值观之间可能存在冲突。一些数字内容可能由于不符合传统文化和道德价值观，引发文化适应问题。

受众需求和期望：数字化内容需要适应受众的需求和期望。一些数字内容可能更加商业化和流行，而忽视了传统文化的深层内涵。

文化异化：过度数字化可能导致文化异化，使非遗内容失去了原汁原味和传统的感觉。一些数字内容可能失去了与传统非遗的深刻联系。

商业化问题：数字化可能导致非遗的过度商业化和市场化。文化元素可能被用于商业目的，而不是传承和保护。

（三）可持续发展问题

经济可持续性：非遗数字化可能带来经济可持续性的问题。数字化需要大量的资源和投资，但不一定能够获得足够的回报。

社区参与和支持：数字化可能影响社区的参与和支持。一些社区可能感到数字化是外部干涉，而不是本地自主发展。

文化生态系统破坏：数字化可能破坏传统的文化生态系统，使文化元素变得分散和不连贯。一些非遗元素可能失去了其原本的环境和背景。

文化资本流失：过度商业化的数字化可能导致文化资本流失，一些非遗元素可能成为商品化的工具，而非文化遗产的一部分。

（四）社区参与问题

社区权益和参与：非遗数字化项目需要确保社区的权益得到充分尊重和保护。社区应有机会参与项目的决策和实施，以保障其文化传承的可持续性。

传承者的地位和权益：非遗数字化项目应确保非遗传承者的地位和权益得到尊重。传承者的知识和技艺是非遗数字化的核心资源，他们应该得到公平的报酬和尊重。

社区参与的挑战：社区参与可能面临各种挑战，包括社区内部的分歧、意见冲突、资源限制和文化差异。项目管理者需要解决这些挑战,以促进有效的社区参与。

(五)市场竞争问题

市场竞争和商业化:非遗数字化项目可能面临市场竞争和商业化的问题。数字化内容可能被用于商业目的,而不是传承和保护。

受众需求和期望:数字化内容需要满足市场受众的需求和期望。一些数字内容可能变得更加商业化和流行,而忽视了传统文化的深层内涵。

品牌建设和传播:市场竞争需要强调品牌建设和传播策略。如何将非遗数字化内容有效地传播给受众是一个挑战。

合作与竞争:数字化项目可能需要合作与竞争并存。合作可以促进资源共享和互补,但竞争可能是市场规则的一部分。

可持续收益模式:非遗数字化项目需要制定可持续的收益模式,以确保项目的长期可行性。这可能包括门票销售、文化产品销售、文化旅游和文化体验等。

(六)应对实际问题的措施

为了应对非遗数字化在文旅产品中的实际问题,可以采取一系列措施。

技术培训和支持:提供传统非遗保护者和传承者所需的技术培训和支持,以帮助他们克服技术障碍。

资金和资源筹集:筹集足够的资金和资源,以支持非遗数字化项目。

数据安全和隐私保护:建立严格的数据安全和隐私政策,以确保非遗数字化数据的安全和保护。

社区参与和民主决策:将社区参与作为非遗数字化项目的关键要素,进行民主决策和共同管理。

文化教育和宣传:加强文化教育和宣传,提高公众对非遗数字化的理解和尊重。

知识保护和法律规定:建立知识保护机制和法律规定,以确保非遗知识的合法权益和传承。

文化适应和文化对话:推动文化适应和文化对话,促进数字化内容与传统文化的有机结合。

可持续发展和社会责任：将可持续发展和社会责任作为非遗数字化的重要原则，确保其经济、社会和文化可持续性。

市场竞争策略：制定市场竞争策略，强调品牌建设和传播，满足客户需求和期望，与竞争对手合作和竞争，并制定可持续收益模式。

持续监测和评估：持续监测和评估项目的影响和成效，及时调整和改进项目策略。这有助于及早发现和解决实际问题。

非遗数字化在文旅产品中具有重要的潜力，用于传承、保护和推广非物质文化遗产。然而，它面临着一系列实际问题，包括技术挑战、文化适应、可持续发展、社区参与和市场竞争等。为了充分发挥非遗数字化的潜力，需要采取综合性的措施，包括技术培训、资源筹集、数据安全、社区参与、文化教育、知识保护、文化适应、可持续发展和市场竞争策略等。只有通过不断的综合性的努力，非遗数字化才能在尊重传统文化的同时，实现知识传承、技术创新和文旅产品的发展。

第三节　文旅产品设计中的成功因素

一、成功文旅产品的关键要素

文旅产品是文化与旅游相结合的产品，它融合了文化、历史、自然风光和旅游体验，提供了一种独特的旅行方式。成功的文旅产品能够吸引游客，促进地区经济和文化的发展，同时保护和传承当地的文化遗产。本章节将探讨成功文旅产品的关键要素，包括文化资源、可持续发展、市场营销、品质管理和社区参与等方面的因素。

（一）文化资源

丰富的文化遗产：成功的文旅产品需要依赖于丰富的文化遗产，包括传统工艺、习俗、美食、音乐、舞蹈、传说等。这些元素能够吸引游客，提供深度的文化体验。

历史和传统：文旅产品通常与历史和传统有关，因此成功的产品需要有悠久的历史和传统。历史建筑、遗址、古老的仪式和传统节日都是吸引游客的要素。

自然和环境：自然景观也是文旅产品的一部分。自然公园、风景名胜、海滩和山脉都可以成为吸引游客的元素。

地方特色：文旅产品需要强调地方特色，突出当地的文化、历史和自然特点。这有助于区分产品并吸引不同的游客。

传承和保护：成功的文旅产品需要将文化资源传承和保护。这意味着需要采取措施来保护文化遗产，确保其可持续性。

（二）可持续发展

社会经济效益：文旅产品应当为当地社区提供社会经济效益，创造就业机会，提高居民收入，促进地方经济的发展。

环境可持续性：文旅产品需要重视环境可持续性。可持续的旅游开发和管理可以减少对自然环境的负面影响，确保自然资源的可持续利用。

文化传承：文旅产品应促进文化传承和保护。这意味着需要尊重当地的文化和传统，鼓励传统文化的传承。

社区参与：社区参与是可持续发展的关键要素。当地居民应当参与到文旅产品的开发和管理中，以确保他们的权益得到尊重。

教育和宣传：可持续发展还需要教育和宣传。游客需要了解可持续旅游的原则，鼓励他们在旅行中采取环保和文化尊重的行为。

（三）市场营销

市场定位：成功的文旅产品需要明确市场定位，了解目标受众是谁，他们有什么需求和期望。根据市场定位来开发产品，能够提高产品的吸引力。

市场研究：市场研究是了解目标受众的关键。了解他们的兴趣、偏好和行为可以帮助产品开发和市场营销。

品牌建设：品牌建设是市场营销的关键。成功的文旅产品需要建立独特的品牌形象,以吸引游客。

宣传和广告:宣传和广告是吸引游客的重要手段。使用多种媒体和渠道来宣传产品,能够增加产品的曝光度。

网络营销:互联网已成为市场营销的重要工具。利用社交媒体、网站和在线预订平台来推广产品,可以扩大受众。

(四)品质管理

服务质量:品质管理包括提供高质量的服务。成功的文旅产品需要关注服务质量,确保游客有愉快的体验。

安全和卫生:安全和卫生是品质管理的一部分。游客的安全和健康需要得到保障。

游客体验:游客体验是成功的文旅产品的关键。提供独特和难忘的体验可以吸引游客。

反馈和改进:品质管理需要不断的反馈和改进。听取游客的意见和建议,改进产品和服务,以满足客户的需求。

(五)社区参与

社区合作:社区参与是文旅产品成功的关键要素。与当地社区合作,可以帮助产品更好地融入当地文化和社会,增加产品的吸引力。

社区参与计划:建立社区参与计划,以确保社区居民有机会参与产品的开发和管理。这可以包括培训、就业机会、文化传承和收益分享。

社区教育和文化传承:社区参与也可以推动文化传承。通过社区教育和培训,可以帮助当地居民传承和保护自己的文化遗产。

社区支持和参与度:社区支持和参与度是文旅产品成功的度量标准。如果当地社区积极支持和参与产品,通常意味着产品具有可持续性和吸引力。

(六)创新和适应

创新:创新是成功文旅产品的关键。产品需要不断创新,以满足变化的市场需求和游客期望。新的体验、活动和服务可以吸引更多游客。

适应市场：市场是不断变化的，成功的产品需要适应市场的变化。市场趋势、竞争情况和游客需求都需要被密切关注，以及时的做出调整。

多元化：多元化是产品的关键。提供多种不同类型的体验和服务，能够吸引不同的游客群体，增加产品的受众。

投资和技术更新：产品需要不断投资和更新技术设备和设施，以提供更好的服务和体验。这需要具备资源和计划。

（七）社会文化环境

政府支持：政府支持是文旅产品成功的重要因素。政府可以提供资金、法规、许可和宣传等支持，以帮助产品的发展。

文化政策：文化政策是产品发展的重要指导。政府的文化政策可以影响产品的方向和发展。

教育和培训：教育和培训是社会文化环境的一部分。培训当地居民和员工，提高他们的文化意识和服务技能，有助于产品的成功。

社会接受度：社会接受度是产品的关键。产品需要受到当地社区和游客的尊重和支持。

（八）风险管理

风险评估和管理：风险管理是成功的文旅产品的一部分。产品需要评估和管理风险，包括自然灾害、安全问题、健康问题和法律问题等。

应急计划：应急计划是应对紧急情况的关键。产品需要制订应急计划，以应对突发事件，确保游客的安全和舒适。

成功的文旅产品需要综合考虑多个关键要素，包括文化资源、可持续发展、市场营销、品质管理、社区参与、创新和适应、社会文化环境和风险管理。这些因素相互关联，相互支持，共同塑造了产品的成功。只有在这些要素得到充分考虑和整合的情况下，文旅产品才能在竞争激烈的市场中脱颖而出，吸引游客，促进地区经济和文化的发展，同时保护和传承当地的文化遗产。

二、用户体验与满意度的关联

用户体验是指用户在使用产品或服务时的主观感受和情感反应。而用户满意度则是用户对产品或服务的满意程度。用户体验和用户满意度密切相关,它们之间存在着复杂的关联。本章节将探讨用户体验与满意度的关联,包括它们之间的定义、影响因素、测量方法以及如何提高用户体验以提升用户满意度。

(一)用户体验与满意度的定义

用户体验:用户体验是用户与产品或服务互动的全过程中产生的主观感受。它包括用户的情感、态度、情感和认知。用户体验不仅仅关注产品或服务的功能性和性能,而且还包括用户的感知、情感和情感反应。

用户满意度:用户满意度是用户对产品或服务的整体满意程度的评价。它反映了用户是否对产品或服务感到满意,以及满意的程度。用户满意度通常包括用户对产品或服务的喜好、期望是否得到满足,以及是否愿意再次使用或推荐给他人等因素。

(二)用户体验与满意度的关联

用户体验和用户满意度之间存在着紧密的联系。一个良好的用户体验通常会导致更高的用户满意度,而一个差劣的用户体验则可能导致用户不满意。以下是它们之间的关联方式。

用户体验影响用户满意度:用户体验的质量直接影响了用户对产品或服务的满意度。当用户在使用产品或服务时感到愉快、无障碍和高效时,他们更有可能对这种体验感到满意。

用户满意度反映用户体验:用户满意度是用户对其整体体验的评价。用户满意度调查通常涵盖了多个方面,包括产品的功能、界面设计、性能、响应速度、可用性、可靠性、支持服务等。这些因素直接反映了用户体验的质量。

用户体验与情感反应相关:用户体验不仅包括功能性和性能方面的体验,而且还包括用户的情感和情感反应。用户对产品或服务的情感反应会影响他们的满意度。例如，用户在使用产品时感到愉快、满足和舒适，会更有可能对产品感到满意。

用户满意度影响再次购买和口碑传播：用户满意度与再次购买和口碑传播密切相关。满意的用户更有可能再次购买相同的产品或服务，同时也更有可能向他人推荐产品或服务。这进一步强调了用户体验与用户满意度之间的关联。

用户体验改善可提升满意度：通过改善产品或服务的用户体验，可以提高用户满意度。用户体验设计、界面优化、性能提升、响应速度加快等措施都可以改善用户体验，从而提高用户满意度。

（三）影响用户体验和满意度的因素

用户体验和满意度受诸多因素影响，包括但不限于以下几个方面。

产品或服务的质量：产品或服务的质量是用户体验和满意度的基础。如果产品或服务存在质量问题，无论用户体验如何设计，都难以满足用户的期望。

设计和界面：产品或服务的设计和界面对用户体验至关重要。直观的设计、清晰的界面和用户友好的交互方式可以提高用户体验。

性能和响应速度：产品或服务的性能和响应速度影响用户的体验。快速的响应速度和高性能可以提高用户的满意度。

可用性和易用性：可用性和易用性是用户体验的关键因素。产品或服务应该易于理解和操作，用户不应该遇到复杂的操作或困难的学习曲线。

支持和客户服务：支持和客户服务是用户体验和满意度的延伸。用户在使用产品或服务时可能需要支持或解决问题，良好的支持和客户服务可以提高用户满意度。

个性化体验：个性化体验可以根据用户的需求和偏好来提供定制化的服务。个性化体验可以提高用户满意度，因为用户感到被重视和理解。

情感因素：情感因素如用户的情感状态、情感需求和情感反应也会影响用户体验和满意度。产品或服务应该考虑用户的情感需求，以满足他们的情感反应。

期望管理：用户的期望也会影响他们的满意度。产品或服务的营销和沟通应该能够明确传达产品的特点和能力，以帮助管理用户的期望。

文化和背景：用户的文化和背景也会对他们的体验和满意度产生影响。产品或服务的设计应该尊重不同文化和背景的用户，以避免引发文化冲突和偏见。

用户反馈和参与：用户的反馈和参与是改善用户体验和满意度的重要途径。通过听取用户的建议和意见，产品或服务可以不断改进，以更好地满足用户的需求。

社交因素：社交因素如用户与他人的互动和社交体验也会影响用户满意度。一些产品或服务强调社交互动，可以提高用户的满意度。

竞争环境：竞争环境也会对用户满意度产生影响。在竞争激烈的市场中，用户更有选择，他们对产品或服务的期望也更高。

价值感受：用户对产品或服务的价值感受也会影响他们的满意度。用户需要感到他们获得了物有所值的体验，以提高满意度。

（四）测量用户体验和满意度的方法

为了了解用户体验和满意度，可以使用各种方法和工具进行测量和评估。以下是一些比较常用的方法。

用户调查：用户调查是一种常见的测量用户体验和满意度的方法。通过向用户提供问卷调查，可以了解他们的看法、意见和满意度水平。用户调查可以包括开放性问题、封闭性问题和评分等。

用户测试：用户测试是观察用户在使用产品或服务时的行为和反应的方法。研究人员可以观察用户的操作、交互和情感反应，从中了解他们的体验。

咨询和焦点小组：咨询和焦点小组是通过与用户进行深入交流和讨论，来了解他们的需求和意见的方法。这可以提供更多的定性数据。

数据分析：通过分析用户的行为数据和使用数据，可以了解他们的偏好和行为模式。这可以帮助识别用户的需求和改进产品或服务。

技术工具：还可以使用各种技术工具来测量用户体验，如热图分析、用户行为分析等。这些工具可以提供详细的数据和见解。

基准比较：将用户体验和满意度与竞争对手或同行进行比较，可以帮助确定产品或服务的相对水平。

客户反馈：听取客户的建议和意见是改进用户体验的关键。客户反馈可以来自不同渠道，如社交媒体、客户服务和在线评论等。

（五）提高用户体验以提升用户满意度

提高用户体验以提升用户满意度是许多组织的目标之一。以下是一些方法和策略，可用于提高用户体验。

用户中心设计：采用用户中心设计方法，将用户需求和期望置于产品或服务设计的核心。这包括用户研究、用户测试和用户反馈的应用。

界面优化：界面设计应该直观、简单和易用。清晰的导航、明了的布局和可视化元素的精心设计都可以提高用户体验。

响应速度和性能优化：确保产品或服务的响应速度快，性能稳定。用户通常不喜欢等待，他们希望立即获得反馈和结果。

个性化体验：根据用户的需求和偏好提供个性化体验。这可以通过推荐系统、定制选项和个性化建议来实现。

客户服务和支持：提供及时和高质量的客户服务和支持，以解决用户的问题和提供帮助。这可以通过多种渠道，如电话、电子邮件、在线聊天和社交媒体来实现。

持续改进：不断听取用户的反馈和建议，进行产品和服务的改进。定期审查和更新，以适应用户的需求和市场的变化。

培训和教育：为用户提供培训和教育资源，以帮助他们更好地使用产品或服务。培训可以包括视频教程、在线帮助文档和培训课程。

制定清晰的期望：通过有效的沟通和宣传，帮助用户了解产品或服务的特点和能力，以避免期望不符合实际情况。

社交互动：鼓励用户参与社交互动和分享体验。社交媒体、用户社区和论坛都可以提供社交互动的机会。

用户体验与满意度之间存在紧密的关联，用户体验的质量直接影响用户对产品或服务的满意度。了解用户体验与满意度之间的关联是关于如何改善产品或服务的关键，以满足用户的需求和期望。通过考虑用户体验的各个方面，如设计、性能、响应速度、支持和个性化，组织可以提高用户满意度，增强用户忠诚度，并在竞争激烈的市场中取得成功。

不断改进用户体验是一个持续的过程，需要不断听取用户的反馈和建议，适应不断变化的需求和市场环境。同时，组织也应该关注竞争对手的实践，以保持竞争力。通过积极地关注用户体验和满意度，组织可以更好地满足用户的需求，提供更有竞争力的产品或服务，实现长期的业务成功。

三、团队合作与项目管理的重要性

在现代商业环境中，团队合作和项目管理已经成为组织成功的关键要素。无论是大型企业还是中小型企业，无论是科技公司还是传统产业，都需要有效的团队合作和项目管理来实现目标、提高效率、降低风险、满足客户需求并保持竞争力。本章节将探讨团队合作与项目管理的重要性，包括它们的定义、关联、优势以及实际应用。

（一）团队合作的重要性

定义：团队合作是一种通过协同工作、信息共享和互相支持来实现共同目标的工作方式。它关系不同个体或部门之间的合作，以实现更大范围的目标。重要性如下。

专业知识和技能的整合：团队合作可以将不同个体的专业知识和技能整合到一个项目中，进而提高了项目的质量和效率。

创新和问题解决：团队合作鼓励创新和问题解决，因为不同的观点和经验可以帮助找到更好的解决方案。

适应能力：团队合作使组织更具适应能力，因为它可以更快速地应对变化和挑战。

提高员工满意度：通过团队合作，员工可以更好地合作和互相支持，从而提高了员工满意度。

提高效率：团队合作可以提高工作效率，减少时间浪费和资源浪费。

促进学习和发展：团队合作为员工提供了学习和发展的机会，他们可以从团队成员和合作伙伴中获得新知识和技能。

(二) 项目管理的重要性

定义：项目管理是一种计划、组织、执行和监控项目活动的过程，以实现特定目标。它涉及资源分配、时间表制定、风险管理和绩效监控等方面。项目管理的重要性如下：

目标实现：项目管理有助于确保项目按照计划和目标进行，从而提高了项目的成功率。

资源管理：项目管理可以有效分配和管理资源，以最大程度地提高资源利用率。

风险管理：项目管理有助于识别、评估和管理风险，减少项目失败的风险。

时间管理：项目管理可以帮助确保项目按时完成，从而减少延迟和额外成本。

质量控制：项目管理有助于确保项目交付的质量符合标准和客户需求。

通信和沟通：项目管理提供了有效的沟通和报告机制，以确保团队成员、利益相关者和领导之间的协调和合作。

优化资源：项目管理可以帮助组织优化资源，减少浪费，提高效率。

(三) 团队合作与项目管理的关联

团队合作和项目管理密切相关，它们通常是相辅相成的。以下是它们之间的关联。

团队合作是项目管理的基础：项目通常由团队完成，团队合作是项目管理的基础。项目经理需要有效地协调和领导团队，以确保项目达到预期的目标。

项目需要团队合作：项目往往涉及多个部门、个体和利益相关者之间的协作。团队合作是确保项目成功的关键，因为它可以协调各方之间的工作和资源。

项目管理促进团队合作：项目管理提供了结构和流程，以支持团队合作。它可以帮助确定任务和责任，建立时间表，制订计划，并监督项目的进展。

团队合作可以提高项目管理的效率：有效的团队合作可以提高项目管理的效率，因为团队成员可以共享信息、知识和资源，从而减少重复工作和浪费。

项目管理可以优化团队合作：项目管理可以帮助团队制定清晰的目标和计划，提供资源和支持，从而优化团队合作。

（四）团队合作和项目管理的优势

团队合作和项目管理都具有许多优势，它们对组织和项目的成功都有积极的影响。

以下是团队合作的优势：

促进创新：不同背景和技能的团队成员可以共同合作，促进创新和问题解决。

提高工作满意度：团队合作可以提高员工满意度，因为员工感到被理解和支持。

提高生产力：团队合作可以提高工作效率，减少时间浪费，从而提高生产力。

促进学习和发展：团队合作为员工提供了学习和发展的机会，他们可以从团队成员中学到新知识和技能。

促进多样性：团队合作可以促进多样性，因为它将不同背景和经验的个体聚集在一起，从而促进多元化和包容性。

以下是项目管理的优势：

目标导向：项目管理有助于确保项目按照计划和目标进行，从而提高项目的成功率。

优化资源：项目管理可以帮助组织优化资源，减少浪费，提高效率。

风险管理：项目管理有助于识别、评估和管理风险，减少项目失败的风险。

质量控制：项目管理有助于确保项目交付的质量符合标准和客户需求。

通信和沟通：项目管理提供了有效的沟通和报告机制，以确保团队成员、利益相关者和领导之间的协调和合作。

时间管理：项目管理可以帮助确保项目按时完成，从而减少延迟和额外成本。

监督和评估：项目管理提供了监督和评估项目进展的机制，以确保项目按计划进行。

（五）团队合作与项目管理的实际应用

团队合作和项目管理在各种组织和行业中都有广泛的应用，以下是一些实际应用的例子。

企业：企业通常使用项目管理来管理新产品开发、市场推广、成本控制和业务扩展等项目。团队合作在各个部门和团队之间有助于有效地协调和合作。

科技公司：科技公司通常需要快速开发新产品和解决技术问题。项目管理和跨职能团队合作可以帮助他们在竞争激烈的市场中保持竞争力。

制造业：制造业通常需要管理供应链、生产和质量控制等项目。项目管理和跨职能团队合作可以提高生产效率和产品质量。

医疗保健：医疗保健行业通常需要处理复杂的医疗项目。项目管理和跨职能团队合作可以帮助提供高质量的医疗服务。

政府部门：政府部门通常需要处理各种项目，如基础设施建设、社会福利和法律改革。项目管理和跨部门团队合作可以帮助政府实现政策目标。

非营利组织：非营利组织通常需要筹款、项目实施和社区支持。项目管理和跨团队合作可以帮助他们实现使命和目标。

团队合作和项目管理在现代商业环境中具有重要性，它们有助于实现组织的目标、提高效率、降低风险、满足客户需求并保持竞争力。团队合作促进创新、提高工作满意度、提高生产力、促进学习和发展、促进多样性，而项目管理目标导向、优化资源、风险管理、质量控制、时间管理、通信和沟通、监督和评估。组织应该积极推动团队合作和项目管理，以保障它们在竞争激烈的市场中取得成功。通过合理规划和组织资源，领导和团队成员可以共同协作，共同实现组织的愿景和目标。

第四节 可持续性与社会经济影响

一、可持续性经济模型的影响

可持续性经济模型已经成为全球关注的焦点,因为它强调经济增长应该与环境保护、社会公平和资源管理相协调。传统的经济模型通常以经济增长为唯一目标,而可持续性经济模型更加关注长期可持续性,以满足当前和未来世代的需求。本掌机将探讨可持续性经济模型的定义、原则、影响以及在全球范围内的实际应用。

(一)可持续性经济模型的定义

可持续性经济模型是一种经济体系,旨在在满足当前和未来世代的需求的同时,保护和维护生态系统、社会和经济的健康。它强调经济增长应该与环境保护、社会公平和资源管理相协调,以避免不可逆转的破坏性影响。可持续性经济模型的核心原则包括以下几个方面。

环境保护:可持续性经济模型将环境保护置于至关重要的位置。它强调减少环境破坏、降低碳排放、保护生物多样性和资源可持续性利用。

社会公平:可持续性经济模型注重社会公平,以确保资源和机会的公平分配,减少贫困和不平等,提高社会福祉。

经济稳定:可持续性经济模型追求经济稳定和可持续的增长,以满足人们的需求,创造就业机会和提高生活质量。

资源管理:可持续性经济模型强调有效的资源管理,以确保资源的可持续利用和保护。

长期规划:可持续性经济模型采用长期规划,以考虑未来世代的需求和环境冲击。

（二）可持续性经济模型的原则

可持续性经济模型遵循一些关键原则，以确保经济增长与环境和社会的可持续性相协调。以下是一些重要的基本原则。

维护生态平衡：可持续性经济模型强调维护生态系统的平衡，以确保资源的可持续利用和生态系统的健康。

最大化资源效率：可持续性经济模型追求资源的最大化效率，浪费和资源枯竭。

社会公平：可持续性经济模型注重社会公平，以确保资源和机会的公平分配，减少贫困和不平等。

负责任消费和生产：可持续性经济模型鼓励负责任的消费和生产，避免浪费和环境破坏。

长期规划：可持续性经济模型采用长期规划，以考虑未来世代的需求和环境冲击。

多元化经济：可持续性经济模型鼓励多元化经济，减少对有限资源的依赖。

科学和技术创新：可持续性经济模型注重科学和技术创新，以提高资源效率和环境友好性。

（三）可持续性经济模型的影响

可持续性经济模型对各个方面都产生了积极的影响，包括经济、环境和社会。以下是一些主要的影响。

1. 经济影响

经济增长与环境保护：可持续性经济模型将经济增长与环境保护相协调，以减少资源浪费和环境破坏。这可以提高长期经济稳定性和可持续性。

新的商业机会：可持续性经济模型鼓励新的商业模式和机会，如可再生能源、绿色技术、循环经济等。这些领域的发展为企业和创业者提供了新的市场和竞争优势。

资本流动：越来越多的投资者和资本机构关注可持续性经济模型，他们愿意投资环保和社会责任项目。这可以帮助企业融资并吸引更多的投资。

资源效率：可持续性经济模型鼓励资源的最大化效率，以避免浪费和资源枯竭。这可以降低生产成本和提高竞争力。

2. 环境影响

碳减排：可持续性经济模型强调减少碳排放和气候变化。它推动了可再生能源和能源效率的发展，减少了对化石燃料的依赖。

生物多样性保护：可持续性经济模型强调生物多样性的保护，以避免物种灭绝和生态系统崩溃。这有助于维持生态平衡和生态系统的稳定性。

水资源管理：可持续性经济模型强调水资源的有效管理和保护。这对于饮用水供应、农业和工业过程都及其重要。

资源可持续性：可持续性经济模型鼓励资源的可持续利用，以避免资源枯竭和土地退化。这有助于保护土地和自然资源。

3. 社会影响

社会公平：可持续性经济模型注重社会公平，以保障资源和机会的公平分配。这有助于减少贫困和不平等。

健康和福祉：可持续性经济模型追求经济稳定和社会福祉。它有助于提高健康、教育和生活质量。

参与和合作：可持续性经济模型鼓励政府、企业、社会和公民之间的合作和参与。这有助于解决复杂的社会和环境问题。

教育和意识：可持续性经济模型促进可持续性教育和意识，以增强社会对可持续性问题的理解和支持。

（四）全球范围内的实际应用

可持续性经济模型在全球范围内得到了广泛的应用，主要包括政府政策、企业实践和社会活动。以下是一些实际应用的例子。

政府政策：许多国家和地区制定了可持续性政策和法规，以支持可持续性经济模型。这包括碳排放减少目标、可再生能源发展、资源管理和社会公平政策。

企业实践：越来越多的企业采用可持续性经济模型，以减少环境影响、提高社会责任、开发绿色产品和服务。这包括公司的可持续性报告、供应链管理和社会责任项目。

社会组织：非政府组织和社会组织积极参与可持续性倡议，推动环境保护、社会公平和资源管理。这包括环保组织、社会福祉组织和人权组织。

国际合作：国际组织和国际合作项目也支持可持续性经济模型，以解决全球性的环境和社会问题。这包括联合国可持续发展目标、国际气候协定和国际援助项目。

教育和宣传：教育机构和媒体也起到推动可持续性经济模型的重要作用，通过教育和宣传增强公众对可持续性问题的理解和支持。

（五）挑战和障碍

尽管可持续性经济模型具有许多优势和潜在的影响，但也面临一些挑战和障碍。以下是一些主要的挑战。

利益冲突：可持续性经济模型可能与传统的经济利益和政治利益相冲突。一些利益相关者可能不愿意改变现有的经济体系和做法。

资金和资源限制：推动可持续性经济模型需要投入资金和资源，包括技术、基础设施和培训。一些国家和组织可能面临有限的资金和资源。

文化和社会习惯：传统的文化和社会习惯可能不适应可持续性经济模型。改变人们的消费习惯和生活方式可能需要时间和教育。

不均衡的影响：可持续性经济模型可能对不同群体和地区产生不均衡的影响。一些社区可能受到负面影响，特别是在资源依赖性行业。

政策不一致性：不同国家和地区的政策和法规可能不一致，使跨国企业面临复杂的法律和监管环境。

复杂性和不确定性：可持续性经济模型涉及许多复杂的环境和社会因素，同时还受到气候变化、自然灾害和全球市场波动等不确定性的影响。

可持续性经济模型是一种强调经济增长与环境保护、社会公平和资源管理相协调的经济体系。它遵循一些关键原则，包括维护生态平衡、最大化资源效率、社会公平、负责任消费和生产、长期规划、多元化经济和科学创新。这一模型对经济、环境和社会产生积极的影响，包括经济增长与环境保护的协调、新的商业机会、资本流动、资源效率、碳减排、生物多样性保护、水资源管理、资源可持续性、社会公平、健康和福祉、参与和合作、教育和意识。

尽管可持续性经济模型具有许多优势,但它也面临挑战和障碍,包括利益冲突、资金和资源限制、文化和社会习惯、不均衡的影响、政策不一致性和复杂性和不确定性。然而,通过合作、创新和教育,可以克服这些挑战,推动可持续性经济模型的发展和实施。可持续性经济模型不仅有助于维护地球的生态平衡,而且还有助于提高社会公平和经济稳定性,从而更好地满足当前和未来世代的需求。它是全球社会、政府和企业共同努力的目标,以实现更可持续的未来。

二、社会经济效益与地方发展

社会经济效益与地方发展之间存在紧密的关联。社会经济效益是指一个社会、社区或地区在经济、社会和环境方面取得的可持续的正面结果。地方发展涉及提高地区的经济活力、社会福祉和环境质量。本章节将探讨社会经济效益与地方发展之间的关系,以及它们如何相互促进和影响。

(一)社会经济效益的定义

社会经济效益是指一定行动或政策所产生的可持续性、积极的结果,覆盖了经济、社会和环境方面的影响。社会经济效益可以在各种层面上实现,包括个体、社区、城市、地区和国家。以下是一些常见的社会经济效益的类型。

经济效益:包括创造就业机会、促进经济增长、提高生产力、增加收入和创新。

社会效益:包括提高社会福祉、减少贫困和不平等、改善教育和卫生、增强社会联系和社会资本。

环境效益:包括减少碳排放、保护生态系统和生物多样性、降低能源消耗、减少废物和污染。

文化效益:包括保护和传承文化遗产、促进文化创意产业、提高文化参与和认同。

社会经济效益是可持续发展的核心概念之一,它强调经济增长应该与社会和环境的可持续性相协调。社会经济效益不仅关注短期利益，而且还关注长期可持续性，以满足当前和未来世代的需求。

（二）地方发展的定义

地方发展是指一定地区或地方的经济、社会和环境状况的改善。地方发展的目标是提高地区的经济活力、社会福祉和环境质量。地方发展可以涵盖各种层面，包括城市、乡村、地方社区和行政单位。以下是一些常见的地方发展的要素。

经济发展：包括吸引投资、创造就业机会、提高生产力、推动创新和增加地区的经济增长。

社会发展：包括改善教育、卫生、住房、文化、社会服务和社会福祉，以提高居民的生活质量。

环境可持续性：包括保护环境、减少污染、提高能源效率、推动可再生能源和降低碳排放。

城市规划和基础设施建设：包括城市规划、基础设施建设、交通和住房，以提高城市和地区的质量和可达性。

社会参与和治理：包括社会参与、民主决策、政府与社会组织的合作，以促进社区的共同发展。

地方发展是实现可持续发展的关键要素之一，因为它重视特定地区的需求和挑战，同时也与全球可持续发展目标相一致。地方发展需要综合考虑经济、社会和环境因素，以确保地区的可持续性和繁荣。

（三）社会经济效益与地方发展的关系

社会经济效益与地方发展之间存在紧密的关系，它们相互促进和影响。以下是一些关系的示例。

社会经济效益促进地方发展：社会经济效益，特别是社会和经济效益，可以促进地方发展。例如，创造就业机会、提高社会福祉、增加收入和提高生产力可以提高地区的经济活力和社会福祉。

地方发展实现社会经济效益：地方发展是实现社会经济效益的途径之一。通过改善地区的经济、社会和环境条件，可以实现社会经济效益，如减少贫困、改善教育和卫生、保护环境和增加文化效益。

环境效益和资源可持续性：社会经济效益也可以与环境效益和资源可持续性相互关联。通过减少碳排放、降低能源消耗和保护生态系统，社会经济效益可以促进地区的环境可持续性。

社会参与和治理：社会参与和治理是实现社会经济效益和地方发展的关键要素。社会参与可以促进民主决策和政府与社会组织的合作，以实现社会经济效益和地方发展。有效的治理结构可以帮助协调各方的利益，推动可持续的地方发展。

文化效益和社区发展：文化效益也可以与社区发展相互关联。通过保护和传承文化遗产，社区可以增强文化参与和认同，增加社区的社会福祉和经济活力。

社会创新和发展项目：社会创新项目通常关注社会经济效益和地方发展。这些项目旨在解决社会和环境问题，同时也推动地方经济和社会发展。

社会经济效益和地方发展之间的关系是复杂而相互依存的。它们可以通过政策、项目、合作和社会动力来实现，以实现可持续发展的目标。

（四）社会经济效益对地方发展的重要性

社会经济效益对地方发展具有重要的意义，因为它们可以帮助改善地区的生活质量、经济活力和可持续性。以下是一些社会经济效益对地方发展的重要性。

经济增长和就业机会：社会经济效益可以促进经济增长，创造更多的就业机会，提高地区的经济活力。这有助于改善居民的生活水平和经济状况。

社会福祉和减贫：社会经济效益可以改善社会福祉，减少贫困和不平等。通过提高教育、卫生、住房和社会服务，可以提高居民的生活质量。

环境保护和资源管理：社会经济效益也包括环境效益和资源管理。通过减少碳排放、保护生态系统和资源可持续利用，可以提高地区的环境质量。

城市规划和基础设施建设：社会经济效益可以改善城市规划和基础设

施建设，提高城市的质量和可达性。这有助于吸引投资和改善城市的生活条件。

社会参与和治理：社会经济效益可以促进社会参与和治理，增强社区的共同发展。有效的治理结构可以协调各方的利益，推动可持续的地方发展。

文化参与和认同：社会经济效益还包括文化效益，通过保护和传承文化遗产，可以增强文化参与和认同，促进社区的社会福祉和经济活力。

社会经济效益对地方发展的重要性在于它们不仅关注经济增长，而且还关注社会和环境的可持续性。这有助于改善地区的整体质量和繁荣，满足居民的需求，同时也保护地区的生态系统和文化遗产。

（五）社会经济效益与地方发展的实际案例

以下是一些实际案例，展示了社会经济效益如何促进地方发展。

可再生能源项目：许多地方政府和企业投资于可再生能源项目，如太阳能和风能。这些项目不仅减少碳排放，而且还创造就业机会，提高经济活力。

社会企业和创新中心：社会企业和创新中心在地方社区中兴起，推动创新和创业。它们不仅创造就业机会，还解决社会和环境问题，提高社区的生活质量。

城市公共交通项目：城市公共交通项目改善了城市的交通状况，减少了交通拥堵和空气污染。这有助于提高城市的可达性和经济活力。

社会住房计划：社会住房计划提供了负担得起的住房，改善了低收入居民的生活条件。这有助于减少贫困和不平等，提高社区的综合社会福祉。

文化活动和节庆：文化活动和节庆吸引游客和居民参与，提高了城市的文化参与和认同。它们也创造了文化创意产业的机会，促进了城市的经济发展。

这些案例表明，社会经济效益可以在各种领域和项目中实现，从而促进地方发展。通过综合考虑经济、社会和环境因素，可以实现可持续的地方发展，满足居民的需求，提高社区的生活质量，并保护地区的生态系统和文化遗产。

（六）社会经济效益与地方发展的挑战和机会

社会经济效益与地方发展虽然有着许多潜在的机会，但也面临一些挑战和机会。以下是一些社会经济效益与地方发展的挑战和机会：

1. 挑战

资金限制：实施社会经济效益项目和政策通常需要资金投入。许多地方政府和社区可能面临有限的资源，难以实施雄心勃勃的项目。

利益冲突：社会经济效益的实现可能会导致不同利益相关者之间的冲突。一些人可能关心经济增长，而其他人可能更关心环境保护或社会公平。

社会文化因素：社会文化因素可能对社会经济效益产生影响。不同社区可能有不同的文化价值观，需要在项目规划和实施中考虑。

2. 机会

创新和技术：创新和技术的发展为社会经济效益和地方发展提供了新的机会。数字技术、绿色技术和社会创新可以帮助解决社会和环境问题。

合作和伙伴关系：合作和伙伴关系可以加强社会经济效益和地方发展的实施。政府、企业、社会组织和社区之间的合作可以协调资源和知识，共同推动项目和政策。

意识和教育：提高社会对社会经济效益和增强对地方发展的认识和理解可以强化支持。教育和宣传可以帮助公众更好地了解项目的意义和价值。

国际合作：国际合作项目和援助可以提供资金和资源，支持社会经济效益和地方发展。国际组织和国际合作项目可以解决全球性问题，如气候变化和贫困。

社会经济效益与地方发展之间存在紧密的关系，它们可以相互促进和影响。社会经济效益包括经济、社会、环境和文化效益，可以帮助改善地区的生活质量、经济活力和可持续性。地方发展的目标是提高地区的经济、社会和环境状况，以满足居民的需求和保护地区的资源和生态系统。

社会经济效益与地方发展之间的关系是复杂而相互依存的。它们可以通过政策、项目、合作和社会动力来实现,以实现可持续发展的目标。尽管社会经济效益与地方发展面临一些挑战,但它们也提供了许多机会,如创新、技术、合作和教育,以实现更加繁荣和可持续的社区和地区。

最终,社会经济效益与地方发展共同构建了一个更加可持续和有益于人们生活的未来。社会经济效益的实现有助于提高地区的经济活力、社会福祉和环境质量,同时也保护了地区的资源和文化遗产。这是一个共同的目标,需要政府、企业、社会组织和社区共同努力,以实现更好的未来。

三、可持续性文旅产品对社会的积极影响

可持续性文旅产品是指那些在经济、社会和环境方面均取得可持续积极影响的旅游产品。这类产品不仅满足游客的需求,而且还考虑了社会和环境的长期可持续性。在当今社会,可持续性已经成为全球关注的焦点,可持续性文旅产品不仅有助于保护自然资源和文化遗产,还对社会产生积极的影响。本章节将探讨可持续性文旅产品对社会的积极影响,包括社会经济效益、社区发展、文化保护和社会参与等方面。

(一)可持续性文旅产品的定义

可持续性文旅产品是那些在旅游活动中积极考虑社会、环境和文化因素的产品。这些产品通过减少负面影响、促进积极影响和改善可持续性,为游客提供独特的文化体验,同时也有助于社会和环境的可持续发展。可持续性文旅产品包括文化旅游、生态旅游、社区旅游、农村旅游和可持续性度假村等。

可持续性文旅产品通常具备以下特点。

社会经济效益:这些产品不仅关注经济利益,而且还重视社会经济效益,如创造就业机会、提高生活水平、促进经济增长和社会福祉。

环境可持续性:可持续性文旅产品注重减少负面环境影响,包括节能减排、资源可持续利用、生态系统保护和碳减排。

社区参与:这些产品通常涉及社区参与,鼓励当地居民参与旅游业,

分享收益，推动社区的可持续发展。

文化保护：可持续性文旅产品强调文化遗产的保护和传承，帮助保存传统知识、技艺和文化表现形式。

游客教育：这些产品还鼓励游客的教育和文化交流，使游客更好地理解和尊重当地文化和环境。

（二）可持续性文旅产品对社会的积极影响

可持续性文旅产品对社会的积极影响是多方面的，它们有助于提高社会福祉、促进社区发展、保护文化遗产和增强社会参与。以下是一些具体的影响。

社会经济效益：可持续性文旅产品可以创造就业机会，提高生活水平，促进经济增长和社会福祉。这些产品通常涉及当地居民，包括导游、手工艺品制作者、农民、餐馆和住宿业者等。通过旅游活动，当地居民可以获得收入，提高生活质量。

社区发展：可持续性文旅产品有助于社区发展，通过促进基础设施建设、教育、卫生、文化和社会服务等方面的投资。这些产品通常涉及社区参与，鼓励当地居民共同决策，共同分享旅游业的利益，并参与可持续发展项目。社区发展可以改善居民的生活条件，提高社会福祉。

文化保护：可持续性文旅产品强调文化遗产的保护和传承。这些产品有助于保存传统知识、技艺和文化表现形式。通过旅游活动，游客可以了解当地文化，参与文化体验，促进文化传承和保护。文化保护有助于维护文化多样性，促进跨文化交流和理解。

社会参与：可持续性文旅产品鼓励社会参与，通过民主决策、合作和社区参与，促进社会和政府之间的互动。社会参与可以帮助解决当地问题，改善社区的治理和决策，增强社会联系和社会资本。

游客教育：可持续性文旅产品强调游客教育，通过提供信息和文化交流，使游客更好地理解和尊重当地文化和环境。游客教育有助于提高游客的文化敏感性，避免文化冲突和环境破坏。

总之，可持续性文旅产品对社会产生了积极影响，包括社会经济效益、社区发展、文化保护和社会参与。这些产品不仅满足了游客的需求，还有助于实现社会的可持续发展目标。在未来，可持续性文旅产品将继续发挥重要作用，为社会的可持续繁荣做出贡献。我们应该鼓励和支持这一领域的发展，以创造更美好的未来。

参考文献

[1] 王巍，刘正宏，孙磊. 数字造型基础"非遗"数字化应用 [M]. 北京：中国轻工业出版社，2016.

[2] 孙磊，李伟明，李宝军. 摄影摄像基础"非遗"影像数字化应用 [M]. 北京：中国轻工业出版社，2018.

[3] 肖远平，柴立. 中国少数民族非物质文化遗产发展报告 2019 少数民族非遗的数字化保护 [M]. 北京：社会科学文献出版社，2020.

[4] 谭坤. 指阅读下的非遗数字传播 [M]. 北京：中国纺织出版社，2022.

[5] 谭坤，吕悦宁，刘正宏. 跨终端数字读物设计 非遗选题应用 [M]. 北京：中国轻工业出版社，2016.

[6] 刘正宏，张峻，孙磊. "非遗"文化创新实战与应用 [M]. 北京：中国轻工业出版社，2018.

[7] 石晓蕾. 文化产业化建设背景下文化遗产传承的空间策略 [M]. 北京：北京工业大学出版社，2019.

[8] 胡惠林，单世联. 新型城镇化与文化产业转型发展 [M]. 上海：上海人民出版社，2014.

[9] 王霄冰，胡玉福. 非物质文化遗产保护标准研究资料汇编 [M]. 广州：中山大学出版社，2021.

[10] 詹真荣. 浙江工商大学思政课社会实践报告 第 5 辑 [M]. 杭州：浙江工商大学出版社，2021.

[11] 章建刚. 中国社会科学院中国文化研究中心文化中国书系 大众文化时代的创意表达 [M]. 北京：中国书籍出版社，2020.

[12] 钱欢欣. 星天地 新天地 [M]. 上海：上海教育出版社，2019.

[13] 王朝红，舒平，赵春梅. 河北省历史文化名镇名村及传统村落图录 3 [M]. 天津：天津大学出版社，2019.

[14] 钱茸. 探寻音符之外的乡韵 [M]. 北京：中国青年出版社，2019.